風是我的母親

一位印第安薩滿巫醫的傳奇與智慧

熊心 Bear Heart／茉莉・拉肯 Molly Larkin 著
鄭初英 譯

The Wind is My Mother

The Life and Teachings of a Native American Shaman

謹將本書摯愛地獻給一九六四年五月十一日於菲律賓為國捐軀、我心目中的英雄——我的兒子馬克・納森・威廉斯（Marc Nathan Williams）。

——熊心（Bear Heart）

致謝

能在有生之年從不同的學術機構、從種族相異的各原住民教義中累積智慧，是我莫大的榮幸。同時，我也從那些不是原住民身分的專業和非專業的個人身上，得到了許多寶貴的知識。假如要一一列出我想感謝的人名，那得佔去本書很多篇幅，而且我還會擔憂是否遺漏、忽略或忘記了那些曾在我的工作領域中對我伸出援手的人。基於這個原因，我只提及最親密的家人：我的妻Edna；我的女兒Mari；還有五個孫子Robert、Stephanie、Angela、Caitlin和Michelle，他們的愛和奉獻的精神，是不斷鼓舞我此生前進的動力。對於所有親戚、朋友、血親和我大家庭的成員們，因爲你們成爲我人生的一部分，所以請接受我的愛和感謝。

Mah-doh！（謝謝！）

——熊心

人生的目標永遠不可能獨力完成，即使是孤獨如寫作的過程，一路走來也需要很大的勇氣和導引才可能順利完成。

首先我要感謝家人無條件的愛和支持，尤其是在必須穿越許多小路才能到達此地的期間。

Marshall Thurber、Terry-Cole Whittaker、Jeff Alexander和Warrior Spirit讓我了解，每個人的極限都是自己估計制定的，所以也意味著可以被突破。

練達的經紀人Jane Dystel和出色的編輯Carol Southern發現這個題材的潛力，並促成本書的問世。

給了我進入此門鑰匙的，則是Leonard Felder和Elinor Lenz。

Larry Russ、Laura Stanton和Russ的合夥人、August、Kabat都是高瞻遠矚的老闆，在我進行此書的寫作期間，寬厚地容忍我不穩定的工作時間表。

感謝Glenn Schiffman、Christopher Gibson、Charles Cameron、Patricia Duncan、Terry Hekker、Patricia Kost、Gary Ruffin和許許多多鼓勵我及給我建言的朋友們。

最後，但同樣重要的，要感謝熊心和他的先祖們，教我如何生活。

——茉莉・拉肯（Molly Larkin）

目次

推薦序

老鷹的羽毛、熊的爪、野牛皮衣、弓箭、菸斗、補夢網、圓錐帳篷、鑽木取火、陶壺、泥屋、勇士、獵人、追蹤師、藥師、薩滿、熱血奔騰的太陽舞、撫慰靈魂的歌聲與鼓聲、烏鴉和草原狼的神話故事、祈雨的祝禱、與祖靈對話的儀式，還有太陽在皮膚上印記的紅、風在烏黑髮上梳留的瀟灑、世代流傳在炯炯目光中的智慧，他們一開口，可聽聞的是與天空父親、大地母親、萬物手足、石頭祖父、流水祖母、祖靈及大靈的交流、尊敬與愛。

這些是今日多數人對印第安人的模糊印象。從《少年小樹之歌》、《西雅圖的天空》、《巫士唐望的教誨》、《追蹤師系列》、《藥女》到《印加能量療法》等等諸多關於印第安文化的書籍中，我們閱讀到的印第安人智慧總是具有某種超現實的奧祕感，他們與土地、生命和靈界的連結使其生命充滿無形的原始力量。這種原始的生命模式卻能輕易勾起人們內心深處莫名的渴望，渴望自己也能成為生命之流的一部分。

十多年前，我在「莫名而無知」的情況下，參加了一場印第安式的神聖儀式——靈境追尋。在大峽谷中獨處的四天四夜中，天空父親為我蓋被，大地母親為我鋪床，蛇族兄弟來訪，石頭祖父和流水祖母日夜守護著我，大靈召喚我前來，為我的生命開啓了新的篇章。七年後，我成爲靈境追尋保護者，在台灣爲受到召喚前來參與神聖儀式的人服務與守護。這些年來，我和外子持續學習親近大地的古法。有人問我：「在便利的現代社會中，還有必要學習古老的生活方式嗎？」

印第安人的故事引人入勝的原因之一，是其中的智慧與土地、與萬物眾生、與神靈緊密相連，所展現出來的生活哲學，不僅不神祕，而且非常眞實可行。而學習古老而原始的生活方式，無關乎背棄現代社會，更不是爲了要在末日之際求生存，眞正的目的是要爲自己流離失所的心重新扎根，這是一條歸鄉的路，回到眞實的生命之中。

熊心在《風是我的母親》中述說的，正是這種眞實不虛的生命養成之道。身爲風族與熊族後代的熊心，以風族優雅的說故事傳遞訊息的能力，一開始就告訴我們生命應該「走在美之中」。他透過自己的生命歷程，描述他的巫醫（或稱藥師）養成訓練的過程及父母族人給予的教誨，他尊敬長者、與樹對話、成爲大靈療癒的管道、守護神聖的知識。

他才出生三天，母親便將他引介給天、地、風、火和四方，他說：「由於族人與天地萬物保有緊密關係，使我得以在成長中擁有歸屬感。」與天地元素相知相依相存，才能使我們與構成生命的元素緊密相連，而這正是生命扎根的必要過程，就像大樹具有深入地底的主根一樣，與生命元素的連結也是歸屬感的根源。

要成爲一位偉大的獵人，少年必須先精熟自己的武器，要獵殺時，必須先向獵物感恩並且解釋：「我殺你是爲了養活家人。」獵到第一頭獵物時，自己不能享用，必須供養給部落長老，因爲犧牲與慷慨的行爲是好獵人應有的特質。只有在懂得尊敬長者之後，我們才有能力將這份尊敬延展到對環境的尊敬，將所有生命都視爲自己的親族。

熊心對自己身爲藥師的能力總是謙卑以對，因爲他明白療癒的力量並非源於自己，他只是個工具與管道，允許藥草、歌聲和能量透過自己，協助患者重獲心靈與生理上的健康。他說，每個人都有可貢獻之處，每個人都有給予的能力。

透過熊心簡單有力的描繪，我們得以看見歌聲和鼓聲的力量來源，明白菸斗與靈境追尋等神聖儀式所發揮的影響，老鷹的羽毛不是單純的裝飾品，獵人對生命比任何人都珍惜，唯有倒空自己才能承載更多，只有對天地萬物心懷敬意才能具備溝通能力，而這一切都不是爲了自己。

這最後少數一位北美印第安藥師，要告訴我們的不是如何愛護土地，而是爲我們展現出如何活出完整的生命，並且藉由自己的完整來加惠他人。熊心生命中的每一步都走在祈禱之中，使自己的生命目的超越自我的需求。

熊心的故事裡沒有神話傳奇，沒有神祕，這是個眞切而實際的生命與生活方式，是一條回歸眞心的道途，是值得學習複製的行動哲學。我眞誠推薦。

達娃

七世代自然生活學校共同創辦人、《松林少年的追尋》及《追蹤師的足跡》譯者

導言

一九八七年時，我準備結束自己的生命。只在短短十二個月中，我便經歷了：做事不牢靠的合夥人讓我失去了事業、申請破產、我的情人自殺，而且在和舊情人重啓新關係之後，他卻爲了一位十九歲的女接待員拋棄了我。我進入了人生最黑暗的深淵，所以抱著破釜沉舟的態度，擬定一個終結它的計畫。就在這個時候，我遇見了熊心（Bear Heart）。

他的話語帶給我希望，而且就從那時起，與他的合作戲劇性地改變了我的人生。有關他教導的書，就如我所獲得的幫助和啓發一樣，很自然地也可以鼓勵無數的人們。

回首前塵，我看到自己的人生彷彿一條迢遙的探求之旅。我的旅程，是以國二那個年紀、想成爲一位出家修道者爲起點，但到了高中卻認爲自己是無神論者而改變方向；我在大學時期嘗試過毒品，接下來禪修了十二年。這兩件事都發生在修行的聚會所裡，但不管是化學藥物或東方宗教，都無法帶給我心靈上眞正的平靜。

不知從何時起，我體悟到當身處大自然時最能覺知那份祥和的寧靜，是多年來與禪修搏鬥時從未有過的領受。因爲美國印第安人的「宗教」是植基於與大地和萬物生靈的關係上，所以，尋求一位願意與非印第安人的我合作的原住民導師，似乎是在我人生裡尋求平靜與和諧最清楚的答案。

開始尋覓原住民導師之後沒多久，我就遇到了庫格（Cougar，美洲獅），他兼容並蓄白人和印第安人的傳承，很快就成爲我摯愛的人。一九八七年他的自殺，因此帶給我重大的創傷，而這樣的悲劇時刻，往往會成爲人們一生中重大的轉折點。庫格過世三個月後，我遠赴華盛頓州參加他的紀念會，就在那樣的機緣下結識熊心。很多人爲庫格的輕生悲傷不已，熊心卻以無限的溫暖、深刻的情感、幽默的談吐和滿懷的慈悲來安慰所有人——他的能量無遠弗屆地啓發了我們的精神。

幾個月之後我返回加州的家時，熊心也來到洛杉磯主持一些儀式和工作坊。我全程參與後，有一個了解我內心深處的憂傷沮喪的朋友，建議我私底下和熊心會面。我完全沒有什麼預期，但是內心裡，也許是直覺，也或許只是絕望，告訴我自己這是個好主意。

我對熊心說了過去所發生的事，以及我想要結束生命的念頭。和他相談的三十分鐘期間，他說出的一席話令我永生難忘：「世上有很多種死亡。沒有必要爲了一部分的你不再滿足你，就離開這具臭皮囊。一旦有了這樣的體悟，你可以重獲新生，迎接更好的人生。」他同時也說，願意幫我進行一場「靈境追尋」（vision quest），之後讓我領悟到了精神層次上的重生。

會談結束後，我開始懷抱希望；從那刻起，熊心的引導和啓示對我的精神生活產生了深遠影響，他幫助我展開雙手擁抱生命，而不是逃離。我的人生歸功於「偉大的靈魂」（Great

Spirit)，而熊心的循循善誘引領我走上這樣的理解。

在美國的各色文化中，沒有像印第安原住民文化受到那麼多曲解的了。我遇過以爲印第安人已經滅絕的人，也有人認爲，所有的美國原住民都是居住在保留區裡的貧困酗酒者。這兩種看法當然都不正確。沒錯，今日美國原住民族群的人口，確實比起往日歐洲人宣稱其美洲大陸所有權之前來得更少，而且有百分之四十五住在保留區的印第安人，其生活水平低於貧窮線；居留區印第安人的平均壽命不到五十歲，而且在美國本土的任何族群中，原住民的嬰兒死亡率最高；由社會和遺傳學等等角度來看，酗酒也仍是一項大問題。不過就算險阻重重，幾世紀來原住民的很多傳統習俗和儀式，今日仍由他們的後代子孫傳承不息。

本書的目的，並不是要鼓勵讀者去尋求和參與這些儀式——它們絕大部分不是難得一見，就是不適合大多數人。很多原住民的傳統文化已經永遠失落，而有些部分應該只是由合格的醫者來代代相傳。但仍有許多是我們可以從美國原住民的教義上學得的，也就是一種生活態度、一種與大地交融的方式、或是另一種迥異於西方世界的精神。熊心是其中極少數經過傳統訓練出來，願意分享生活智慧的原住民。

自從初次會面以來，我不但在好幾次的儀式上和熊心並肩而坐，傾聽過他無數次的談話，還讓他爲我安排了五次靈境追尋。他精闢的思想、充滿智慧的話語讓我獲益良多，也都被我擷取、放進本書之中。

這段時間裡，在熊心的指導下，我吸收了這些教導與進行靈境追尋，讓我更了解自我和人生目標。在充斥五花八門的廣告、各類電視節目和電影環境下成長，徒然讓我覺得不知道自己是誰；但自今而後，我不會再以自己的成就、財富還有與別人的比較來評斷自我。這個最關鍵的轉換，帶給我窮盡一生都在追尋的、心靈上的寧靜與祥和，而我衷心地希望，本書的讀者也都能夠汲取來自熊心的話語，並且從中得到同樣的啓發。

茉莉・拉肯

第一篇

启蒙

1

走在美的光采中

出生後才三天，母親就帶我到住家附近的山頂，將我介紹給大自然。首先她爲我引見四個方向——東、南、西、北。「我要爲這個孩子祈求一份特別的祝福。您環繞著我們的生活，讓我們能夠繼續往前進。請求您照護他，並且帶給他均衡的人生。」

接著，她握著我的小腳觸摸這塊大地。「親愛的遠古之母親大地，將來有一天這個小孩會走路，會遊玩，而且奔向您的懷抱。在他成長的過程中，我會試著教導他對您心懷崇敬。無論他走到哪裡，請與他同在並支持、照料他。」

我也被引見給太陽。「遠古之父太陽，這個孩子成長之時，請將您的陽光灑落在他身上，讓他身上的每個細胞，不只在生理上還有心理上都能發展正常而且強壯。無論他身在何處，請用您溫暖和慈愛的能量擁抱他。我們都明白他的人生可能會有烏雲出現的時候，但您總是恆常的照耀——請以陽光遍灑這個孩子，讓他永保平安。」

她將我高高舉起，讓陣陣微風吹拂我身，再對著微風說：「請記住這個孩子。有時候您勢如雷霆，有時候您水波不興，但願您讓他生活在這個地球時，總是能夠明白您存在的價值。」

接著我被介紹給水流。「水呀，我們的生活裡不能沒有您。水就是生命。我祈求這個孩子永遠不知口渴的滋味。」

她在我的額頭放上一些灰燼，說道：「火啊，請爲這個孩子燒掉人生的障礙。讓他的道路通暢，不會在學習愛和尊重生命的路途上絆跌。」

那個夜晚，我被介紹給高掛的滿月和星空。成長的過程中，我在遠古大地之母所提供的綠草如茵的地毯上嬉戲追逐，這些大自然環繞著我，吸入的空氣支撐我的生命，在我的軀體內流動，呼出空氣時則帶出所有有害的物質。

由於我的族人與這些大自然的關係，在成長的過程中，我已經感受到那份歸屬感。我可以想像，爲何我們大部分的人那麼容易與環境交融。很久以前我們就已明白，生命圍繞在我們身邊——在水中，在地上，在植物草木間。孩子們被介紹認識大自然，所以當我們成長時，就不會輕忽大自然，也不會對其產生高不可攀的心理。我們都感受得到自己是大自然的一部分，與大自然平等地存在。我們尊重每一株纖細小草，愛護萬樹叢中的任何一片葉子，乃至萬事萬物。

＊＊＊

我的名字是Nokus Feke Ematha Tustanaki，譯成你們的語言是「熊心」的意思。我的另一個名字則是馬塞勒斯·威廉斯（Marcellus Williams），一九一八年出生於奧克拉荷馬州。

我的部落是馬斯科吉（Muskogee），源起於目前的喬治亞州與阿拉巴馬州的水道沿線。逐漸在這一帶定居的歐洲人並不知道我們是馬斯科吉族，只是以我們的棲息地而說我們部族是

「居住在溪（creeks）邊的印第安人」。從此這個名稱就被沿用，所以我們通常是以溪族印第安人（Creek Indians）之名爲世人所知，然而我們其實是馬斯科吉族。

一八三二年時，美國總統傑克森簽署了一項命令，強制原住民遷離美國東南方；馬斯科吉族就在那時與契卡索族、喬克托族和切諾基族一起跟著遷移。我們從家鄉千里迢迢地來到所謂的「印第安領地」（Indian Territory），也就是後來的奧克拉荷馬州——來自喬克托語的Oklahoma，字義是「紅人的土地」。歷史記錄了這次的遷徙，但是從未提到背後含藏的情感問題——我們族人的感受，他們必須拋在身後的一切，以及必須承受的苦難。

這次的遷移是被迫的，而我們對此毫無選擇。如果有族人拒絕離開家鄉，士兵們便搶走母親懷裡的幼兒，朝著樹幹猛撞，說道：「離開，否則我們會對這裡所有的小孩做出同樣的舉動。」聽說有些士兵手握軍刀，把孕婦們猛拉到部隊前列，當場開膛破肚。這就是我們如何被迫離開祖先的土地。

我的族人全程步行，從日出走到日落，一路由馬背上的士兵圍趕著成群移動。當族裡的老者在途中不支死亡時，也不給我們時間爲他們舉行得體的葬禮。許多我們珍愛的人被士兵棄於溝壑，屍身僅能用樹葉和柴枝草草覆蓋，因爲我們被迫繼續前進。這是一條迢迢長路，人人筋疲力竭，而且年幼的孩子趕不上大人的步伐，所以再累也得背著他們，或片刻不離地牽著他們的手。但是沒人有體力長時間肩負孩子的重量，所以有些孩童和他們的母親最後就只能被拋在後頭。而在那樣的千里跋涉中，這只是我們族人必須忍受的部分磨難，那些不公義的行爲所帶來的悲痛和哀傷難以抹滅，以至於我的族人稱它爲「血淚之旅」。

我認識的一個孩提時期就歷經那場千里跋涉的人，告訴了我事件的過程。他說，有一次他們一群人和幾匹馬兒被塞進十二艘老舊、破損的渡船裡，準備橫渡密西西比河，但途中渡船開始往下沉，所以他只好一把抓住妹妹、爬到朝岸邊游去的馬匹背上。爲了不讓他們待在馬背上，士兵們便一路追趕。他試著催趕馬兒，但是馬兒本來就不擅游泳，又因騷動受到驚嚇，所以反而愈來愈慢。他已見識到士兵的面目有多猙獰，超載的渡船有多危險，眼見滅頂之災在劫難逃，所以他已有告別人世的心理準備。就在那個時候，有個人騎在另一匹馬上來到他身後，一把抓走了他的妹妹。「我一到達岸邊就痛哭失聲，」他說，「因爲我以爲妹妹被士兵抓走了，後來才發現其實是族人幫助我脫離險境。」

很多人死於穿越密西西比河途中。能夠渡過河流的倖存者，也大多因爲游泳上岸而全身濕透，偏又遇上寒風刺骨的天候。有一位老婦人因爲這場磨難而筋疲力竭，陷入困惑恍神的狀態中，已經渾然不知自己身處何地——她以爲回到了老家，便開始下指示給年輕人：「沿著那條小徑走到岔口處，地面上有些乾柴。撿拾回來，架個篝火讓大家暖身。」她還記得家鄉的哪裡可以找到木柴，內心也以爲自己仍然身在故居。毫無疑問地，她但願自己就在彼處。

我的曾曾祖母也在那場被迫遷移的行列之中。不管天候如何，他們都得繼續前進，光著腳行走在雪地裡，她的雙腳因此凍傷，長了壞疽，後來腳更毫不誇張地從腿上掉落。她被埋在奧克拉荷馬州的吉布森堡，但所有逝者都沒有刻上姓名的墓碑，只矗立著許許多多的十字架。我們族人的埋骨處，竟連身分的識別都不可得。我不知道曾曾祖母埋在哪裡，只知道她與族人同眠於斯。

就算我們安頓下來了，也並不意味從此就過著平安的生活。我們的孩子被迫離開父母身邊，強制進入寄宿學校，而且從此禁止使用母語，只能說英文。因爲這是一所政府立案的寄宿學校，所以他們必須在課堂與住所間長途跋涉、整理床務，像在軍營中一樣自己打理所有事。這是強加在我們年幼孩童身上的行爲之一。當時的原住民都以一頭長髮爲傲，但到了寄宿學校後，孩子們全都必須剪成短髮。有些行政管理人員就直接將碗倒扣在孩子的頭頂，順著碗沿剪落髮絲，再大肆嘲笑這個無辜的小孩。

但那也還只是我們必須忍受的些許欺壓。時至今日，在某些祈福儀式上，我們的族人當中仍有不少人誠心爲所有人類祈禱，無論膚色是黑、黃、紅或者白。歷經無數磨難的我的族人，怎麼可能還能滋生如許的愛？

＊ ＊ ＊

我在今日奧克拉荷馬州歐基馬以西三英里遠的鄉村長大。溪族並未居住在所謂「印第安領地」的保留區裡——族裡的每個成員都可以得到由政府授予的一百八十英畝土地，而我的家人就住在母親原本獲配的土地上。當我來到這個世間時，母親已經接近生育期的尾聲，所以我和哥哥、姊姊之間都差了很多歲，也就沒有親近的兄長可以玩在一起、結伴打獵或胡鬧搗蛋。在父母親的陪伴下，我可以說孤單地長大，獨自探索生活的樂趣。

曾有一度家人認爲我會成爲一位歌手，哥哥甚至還幫我挑選了一所音樂學院，但也因爲那是他的決定，所以我並不想去。我想要做自己決定的事，做我自己感覺良好的事。我猜想，年紀很小的時候我就已經是個千山我獨行的搗蛋鬼了。無論如何，我就是不想老當人家的「小弟弟」。

我進了離家約兩公里半遠的鄉村學堂，直到我得到了一匹可以騎的雪特蘭矮種馬之前，每天都得走路上學。有些時候我從學校放學時，會站在馬背上，而牠也沒有因此就放慢腳步，母親因此經常追著我跑，「有一天你會摔下來的。」我只回答她：「我很有可能會傷了自己，是吧？」可下一次我就反向騎馬，要不就是沿路馳騁，或者跳下馬背、手還掛在鞍頭地奔跑。這種方式可以產生一股衝力，讓我一躍而至馬身的另一側。我到競技場觀賞馬術表演時，見識了一招名叫「桶式翻滾」，也就是在馬匹奔跑中，騎士滑到馬腹下方後再從另一側上來的花招，就到棉花田裡練習，摔落到地上好幾次，卻也總算學會了。

所有的農場小伙子都得做很多體力勞動，因此個個身強體壯，但我還是能夠壓倒每個人，所以在學校裡被認為是最佳的摔跤運動員。我哪兒都跑過，會四處尋找各種跑步的路徑，比如藉著穿過玉米田來練習跑步，來回急速衝刺但不准自己碰觸到莖梗。我們家離歐基馬有約五公里遠，每當要進城時，我一跳下門廊就開始跑，不到目的地絕不停下來。然後再跑回來。有一次父親在路邊發現一條鐵管，那是從一輛卡車上掉落下來的——可能就在前往歐基馬附近眾多油田之一的途中。這條鐵管的長度，正好可以連接我們家門前兩棵樹的分叉處，所以我們就把它橫掛在兩棵樹上，我還綁上一條繩子，從此經常只靠雙手上上下下、來回地攀爬這條繩索。

在給馬匹大量的運動量前，我得餵豬、餵雞、照料菜園子、擠牛奶，更得幫媽媽不停地大力攪拌牛奶成黃油。擠牛奶永遠沒有哪個時間點最恰當。夏天的時候為了趕走惱人的蒼蠅，牛隻會用力甩尾巴，動不動就掃到我的臉。冷天呢，不管天氣有多冷，我仍然得擠牛奶。難怪有人曾說牛會跳過月亮❶，我猜想應該是因為冰冷的手指吧！

我們家有一間煙燻屋，用來加工處理火腿和醃製豬肉。記得有一次大黃蜂占據了整個煙燻屋時，我老爸只頂著一片和手一樣寬的屋頂板，連襯衫都不穿就走進煙燻室，趕走所有的大

譯注：

❶ jumped over the moon，源自一首美國兒歌："Hey diddle diddle, the cat and the fiddle. The cow jumped over the moon. The little dog laughed to see such fun. And the dish ran away with the spoon." 單就 over the moon 而言，則是「欣喜若狂」或「高興得不得了」的意思。

黃蜂。我不知道他爲什麼沒被螫，因爲他並不是一位擁有自我保護能力的巫師。渾身是膽，他就是這樣子的人。對於他的這個作爲，我感到十分敬畏，所以在樹洞裡找到一些住在裡面的黃蜂，把指頭伸進去讓牠們螫，然後再拔出螫針。這會讓我痛上一陣子，有點像打針的感覺，但我漸漸習慣了那種疼痛。有時候我會用一隻手抓黃蜂，再用另一隻手扯掉牠們的螫針，再握住滿手的黃蜂到處炫耀。別人不知道牠們已經沒了螫刺，所以對我佩服不已。那時候的我好像才十歲吧。

我常做些瘋狂的事。有一天，學校的哥兒們要和我交換三明治——我母親過去會爲我做風味絕佳的夾肉三明治，而我的朋友只有臘腸三明治可吃，但我還是跟他交換著吃。不過，吃掉三明治前我會先拿出裡頭的臘腸，保存起來。回家的路上，我用刀劃開臘腸、沾濕後貼在臉上，看起來就很像一道長疤。回到家後，我的母親一看到我便大吃一驚，甚至哭了出來，「喔，兒子啊！」急忙伸出手臂抱住我。當我扯掉臘腸時，她本想責罵我一頓，卻因爲笑得太厲害而罵不出來。

＊　＊　＊

父母親總是交代我得在天黑前就回家，但是有一回，在我差不多六、七歲時，因爲和鄰居家的孩子玩得十分盡興，完全沒有察覺回到家時天色已經暗了。我走到父親跟前，說道：「對不起，我忘了你警告我們要在天黑前回家。」他覺得必須堅守自己的承諾，便纏起皮鞭狠狠地抽了我一下。打在身上並不痛，但是心裡感覺難受，想不到我竟然讓我崇敬萬分的父親生氣且鞭打我，所以我跑回房間，哭到睡著。

幾天之後，我無意間聽到母親向兄姊們說起這件事。她說，那天父親也哭了一整晚。父親說：「他都跑來跟我認錯了，我卻還處罰他。當初應該接受他的道歉才對。」那天晚上他幾乎沒睡，但他還是覺得必須履行自己的警告，所以以後無論他說什麼我都會聽從。我覺得這件事情對他的傷害比我還深，因為我很快就將之拋諸腦後。這次逾越父親訂下的底線之後，我變得更加謹言慎行。

* * *

雖然我父親從沒有放棄修持傳統智慧，他卻是一位基督徒，而且深諳《聖經》的知識。他常常會念《聖經》中的片段給我聽，然後問我：「你認為它的意思是什麼？」當時我只有九歲，但是這個過程讓我懂得去思考。

他讀諾亞方舟的故事給我聽：諾亞派出烏鴉尋找陸地，但是不見牠歸來；接著他又送出一隻信鴿，這回鴿子不辱使命，終於銜著一根橄欖枝回來，那就是為什麼我們總看到信鴿的鳥喙上叼著橄欖枝。

「這是一則好故事，但是你對這事件的看法如何？它的意義是什麼？」

我的回答是，世上有兩種人，一種是要求他去完成某事的時候，一開始朝著正確的方向行動，然後因爲被其他事物吸引而失去了興趣；但也有其他人認爲被託付責任是一種榮耀，所以會戰戰兢兢、想辦法完成任務，以滿足託付者和他們自身的需要，就像那些歸來的鴿子。

他只是點著頭，從沒對我說過「對」或「錯」，因爲他想知道的並不是答案，而只想明白我的邏輯，看我是怎麼思考的。他要教導我的也就是這個。

＊＊＊

我的母親是一位非常虔誠的基督徒，她在外的大部分活動，都以印第安浸信會教堂爲中心。她是教會裡的婦女組織領導人之一，但在工作時，有些方面她仍會沿用印第安人的方式。教會的婦女要開會時，她會要她們在之前和開會期間禁食，會後再一起用餐。她告訴我，禁食是與偉大的神靈聯繫的方式——因爲大家都禁食，所以討論教會事務有關靈性層次時會更專注。

我也聽母親說過，我們族人透過禁食而感知一些事情。我十歲的時候，雖然已經說得一口流利的溪族語，卻不認得它的文字，所以我決定禁食請求造物者幫我學習閱讀。我帶了一本溪族的唱本進入森林，一邊唱一邊非常仔細地逐字逐句對照唱本，而且前後重複了好幾次，從傍晚開始禁食到隔天下午兩、三點。我就是這麼學會溪族文的。一點也不難。

我母親的口才很好，相當懂得怎麼跟人溝通，可以毫不遲疑地對男人們下指令，告訴他們教會的需要。她有條理地組織所有事務。她讓男人們在夏天裡爲當地的一些農民挑棉花，把得來的酬勞捐給教會。這就是爲什麼教會舉行大型聚會時，有能力招待所有的來客。

耶誕節來臨時，她會規劃胡桃餅的銷售來籌措金錢，以購買教堂裡所有小朋友的禮物。耶誕夜最後的禮拜之後，耶誕老人便會揹著一袋禮物進來。印第安的耶誕老公說的是溪族語！那眞是一段令人愉快的時光。

種植棉花

我八歲的時候，父親就教我怎麼幫一組馬套上馬車和犁；十歲時，他給了我兩英畝田，說：「你想種什麼就種什麼，要是什麼也不想種，那就任它荒蕪吧。或許野兔會來吃野草，你就可以抓野兔來打牙祭。這是你的選擇。」不要讓土地完全閒置，要讓它產生效益，這就是父親要教導我的事。

所以我種了兩英畝的棉花。那是我自己的、品質優良的棉花，所以我必須下田幹活，擔起所有的農務。我學會了如果想要犁得深一點，要用哪一種犁頭，也學會如何在每行之間開犁，以防止野草往上蔓生。我從馬兒身上拉了繩子綁在我背上，所以只要我被土裡的根或石頭絆住，繩子就會將我往前拉，讓我撞上犁子把手上的槓桿。我常常跌跤，但也總是拍落身上的灰塵就繼續前進。棉花開始成長的時候，我會檢查每個圓莢，看看是否有棉子象鼻蟲的蹤跡。假如眞的出現了，雖然我們沒有任何殺蟲劑可噴，但至少我們還可以祈禱。我就是這麼照料兩英畝大的一小塊棉花田。

我的確期望自己每件事都能做得比別人好，但我還是不能不說，我在採棉花時實在是遜咖一個。採棉花時，我總是一個個從圓莢裡挑出棉花。我挑得很乾淨，但這差事眞的很耗費時間，因爲圓莢緊包著棉花，很難拉得出來，棉鈴乾巴巴的尖頭經常因此刺入我指甲的正下方，所以指頭的邊緣都是血。有的人可以一次採收兩行棉花——左邊一個棉花袋，右邊也有一袋，非常熟練地左右開弓，沿路採收下去。我在採收時，一行只能用一個袋子，而且得花上熟手四倍的時間。

因爲我有很多表兄弟住在附近，採收棉花的時間一到，我就僱用他們。我是老闆，但大家都一起下田採收。袋子一裝滿，我就負責秤重，在每個人的名字旁邊記錄重量後，再把棉花丟進馬車裡。採收完畢後，我把棉花賣了，再付薪資給他們。我記得當時棉花的價錢是一磅八分美元左右。

第一次賺到錢後，我的一位表哥開車載我從歐基馬到奧克穆吉鎭上。油資由我付，往昔一加侖只要二十五分。我在奧克穆吉買了一件麂皮夾克和一雙新的工作鞋，酷斃了。那一刻我是那座城鎮裡最趾高氣昂的男人，因為雖然我才十歲，就靠自己勞力賺來的錢買東西了。

之後不久，父親就生了重病，有段時間甚至離不開床。有一天他喚我到床邊說：「兒子，我實在不願要求你這麼做，但是我想知道你願不願意暫時輟學來幫忙媽媽打理家務？」我答應了。反正我也很開心不用上學。經常有人來探望父親，並為他祈禱，但是隨著時間的流逝，漸漸地不再有人到訪，只剩我和母親兩人守著這個家。

其他家人的援助，讓我們不至於陷入困境。每到雜貨店買東西和到加油站加油時，我們只要簽個名，哥哥就會付清帳款。他並不是個有錢人，但以這種方式照顧我們的能力還是有的。儘管如此，我們還是過得捉襟見肘。那時候沒有冷氣，就算有，我們也吹不起。我在屋子的門廊邊用樹枝蓋了一個棚架，一到夏季就把父親的床搬到那兒。我會駕著馬車到離家四公里遠的一處泉源地，裝滿兩桶水，載回家灑在父親的床邊和遮陽的棚架四周。在我們那個時代，這就是冷氣空調。

一個六月的星期六下午，我在前往泉源處裝水途中的一個交叉路上遇到了兩個騎著馬、正要從學校往城鎮去的哥兒們。因為我早就離開學校，所以有好一陣子沒看到他們了，便問他們是不是要去看電影。

「喔，不是。我們剛採收完棉花，拿到一些酬勞。明天是父親節，所以想要為我們的父親買個禮物。」

我只能「喔」的一聲，就無話可接了，只好裝作沒事地繼續前進。我也想買個東西給父親，但是別說買不起了，口袋裡甚至一毛錢也沒有。那就是爲什麼我會當場哽住說不出話來的理由。那天提水回到家裡之後，我特別爲父親做了很多額外的小事。我徹底清掃整座樹棚，多灑些水到庇蔭棚子的柳樹上方，當然也在他的床鋪四周灑水。我很希望有個什麼方法，可以讓我的爸爸過個快樂的父親節，比如送一點特別的東西來向他表示敬意。我覺得假如我多做一些額外的事，那麼就會有好事發生，我就有能力爲父親掙得一份禮物，可什麼好事也沒發生。因爲那個晚上我的腦袋裡都是這個念頭，所以睡得並不好，說不定還哭了呢。

每天晨曦乍現，起床後，我開始幹活的第一件事情，就是先爲母親點燃廚房的柴火，然後再準備一桶乾淨的水、撿雞蛋、擠牛奶和餵養馬匹。這就是我每天早晨的例行工作。料理完所有這些事情後，我就會回到屋子裡，媽媽也都會剛好在這時幫父親準備好早餐。

那一天，當母親做好爸爸的早餐時，就在送去給父親前的最後片刻，我突然有了個好點子。我衝進房間，撕下一頁我在學校用的便箋簿，匆匆寫上：「親愛的老爸，您是世界上最棒的父親。我非常愛您。祝您父親節快樂。」我簽下了名字，那便是我能提供的禮物。

我來到父親床前，遞上裝著早餐的托盤，上頭就擺著我剛寫好的字條；他拿起紙條閱覽，讀完後便將我擁在懷裡。在那我與他相擁的片刻中，我感受到，當我們離開這個世界時，會有一個多麼美好的、充滿喜悅的世界等著我們。但是在那之前，即使那等著我們的、偉大的幸福的一小片段，也可以藉由一個小小的擁抱，在父母和孩子間愛的表達中體驗到。

我經常回想那次父親節。很多時候，每當我環視自己的子孫，尋求一些美好的、可以堅實擁有的事物時，這個回憶總能推動我繼續前進，更讓我明白世界因爲有他們的存在而更美好。那也是爲什麼我願意冒著被族人批判的代價，與非印第安人分享那些來自我們祖先的哲理、愛和關懷。來到這個世上時，我們並沒有選擇這個來自特定文化的特定膚色。我們活在這個世上，但爲什麼會被送到此？我們都想知道自己在生命中扮演的角色，也因爲如此，我們都有機會見識走在印第安人所謂的「性靈之道」（Spirit Road）是什麼意思。而當我們行走在性靈之道時，是不分天主教徒、猶太教徒、佛教徒、印第安族或任何特殊身分的。大愛齊聚在那一條道路上。我們從內心散發而出的關懷和愛，既能進入其他人的生活，也能夠帶領我們往前。

我的母親是印第安浸信會婦女會的會長，連任了二十五年，退休時還榮任終生榮譽會長。教會舉行這個隆重的儀式時，有一位長者發表演說，把我們部落的語言譯成英文的話，他的祝辭大致是說：「這麼多年來，妳生命裡的愛和包容始終是這間教會的支柱，妳的足跡已經在教會前走出多條蹊徑。最後，妳的腳印上將會長出美麗的花朵，通往與神同在的美好生命。」

我一直忘不了那段講辭的精義——走在美的光采中。心中有目標，努力去完成，努力去過一個內心平靜和諧的生活，而且培養忠誠、信念和信仰的美德，這些，都是圓滿的人生不可或缺的本質。

我在孩提時曾被教導，「兒子，要獲得人生美好事物的途徑就是透過和諧。要與萬物和諧共存，但是最重要的，得先能跟自己和諧相處。你的人生有許多事情會發生，有些是美好的，有些是不如意的，有些人也許會跟你爭執，有些人會想要控制你的人生，但是『和諧』這個詞能圓緩任何問題，而且讓你的人生變得更美好。」

幾年之後，社會各界人士寫信給我時，很多人都會在信末加上一句「走在美的光采中」。但我早在人生的起步階段就擁有了它，因爲我的族人走在美的光采中。

2
全面教育

人生很早期的時候，我的父母就開始教導我「尊敬」這個字的實際意義。最重要的第一堂課，就是尊重他人的權力和財產。事實上，所有印第安孩子心中都有一條不成文法：心存敬意，尤其是對長者。

只要有長者來到家裡，我們便會馬上備好一張椅子。即使食物短缺，第一件事也仍是爲他料理一份餐點；萬一家裡一點食物也沒有，最少要奉上水。也許他會把拐杖或帽子吊掛在椅子上，但孩子們不可以把那鬆垮的帽子拿來戴，拿拐杖當馬騎，或者像家裡沒有客人時一樣到處嬉鬧。只要拐杖和帽子屬於老人家，我們就不會去碰它，甚至連起心動念都不會。父母親會用這種態度教導我們尊重長者的所有物。

父母親告訴我：「當某人正在講話時，不管是不是長者，小孩子都不可以插嘴，要等到那段對話結束後，你才可以開口。假如你老遠就看見一位長者沿著小徑走過來，而小徑只容一個人穿過，就要站到一旁讓他先過，不可以讓長者必須繞過你才走得過去。假如大熱天裡你看到他坐在外頭，不要問：『爺爺，你口渴嗎？』只要直接去爲他倒杯水，再說：『爺爺，喝點水。』他會向你道謝，更很有可能會祝福你。但是不要爲此目的而做，要出自內心的尊敬而行。」

對長者的心存敬意會延伸到每件事物上，包括對整個大自然和其中的各種生命形態。

＊

＊

＊

老人家經常藉由故事來教導我們，我們所懂得的部族傳說就是這樣學來的。長者來訪時，除非他們是在附近、過來串串門子，否則幾乎就意味著會在你家裡過夜。睡覺的時間一到，家人會爲孩子們多準備一塊睡覺用的木板，讓孩子們與長者同寢一室。這麼做是有原因的：基於天性，他們知道孩子們喜歡偷聽。雖然我們應該已經睡著了，大人心裡卻明白我們正豎起耳朵在聽他們彼此述說部落的傳奇故事。他們早已熟知這些故事，再說一次只是爲了讓我們聽。如果我們早點想通這層意義，那麼，這些老人家就不必再這麼對彼此述說故事。然而，假如他們鄭重其事地說：「我要你們聽聽這個故事……」，我們很可能會覺得無聊，更有可能聽過就忘，所以從某方面來看，他們都是偉大的心理學家，因爲只要是感興趣的事情，你大都會放進記憶裡。

那時沒有電視，而那些故事也大都在冬季時分講述，所以成了我們的娛樂項目。這些故事同時也具有教育的成分，比如族人之間什麼事可以做、什麼事不能做，所以孩子們聽故事時也在接受教育。我常在理當睡得香甜的時候學到很多事。其中的一則故事，說的是哀鴿（mourning dove）的來由。

有一位小男孩問他的祖父：「爲什麼那鴿子的歌聲這麼悲傷？」他的祖父告訴他：「那要從很久以前說起。有一隻小乳鴿的爸爸和媽媽被人類殺害了，所以牠是被十分疼愛牠的祖母扶養長大的。這隻鴿子還不是很大的時候，就開始和林子外的鳥兒們玩鬧，一到林外就大半天都不回家，所以牠的祖母說：『拜託你別再這樣了。在外面待那麼久，我會擔心。你可能會出事。』鴿子說：『好的，我不會待太久。』但是，沒多久後牠遇到一些鳥兒在玩一種叫做『賭博』的遊戲。我不知道牠們玩的是哪一種，只知道這些鳥兒爲了橡子、核桃和山核桃，從一地跑到另一地去賭。有一回小鴿子贏得一大堆核桃後，就好幾天沒有回家了。

「某天，有一隻鴿族的信使找到這隻小鴿子，對牠說：『你的祖母病得很重，你應該回去一趟。』『好的，』牠說，『等這一場結束之後。』但是那場賭局結束後，他又玩起另外一場，因爲牠的賭氣正旺，是個贏家。兩天後，另外一隻信鴿飛來。『你祖母的病情很嚴重，不知道是否能撐得過今晚。』『好吧，』牠說，但還是停不下來，又大賭特賭了一天，直到輸得精光爲止。牠本以爲自己擁有很多朋友，可這些鳥兒全都棄牠而去，牠才發現自己有多孤單。

「牠這才懷念起祖母，記起祖母是多麼愛牠，細心照顧牠，當牠生病的時候，總是陪在牠身邊。『我已經讓祖母失望了，我得趕緊回家。』可是等牠回到家時，祖母卻已經過世了，所以牠告訴其他鳥兒：『從今天起，我的歌聲將是爲祖母而唱的哀歌。』這就是哀鴿歌聲的緣由。」

成爲獵人

就像我們從父母親身上學習，美國原住民的孩子們也都從他們的長者處傳承大部分的教導。

男孩子們的老師不是某位叔伯、就是爺爺，女孩子們則大多從某個姑姑或阿姨或奶奶那裡學習婦女之道。

我的叔叔鴿熊（Jonas Bear）告訴我，很久以前人類有能力和動物對話，彼此很友善地相處在一起，牠們可以了解我們，而我們也能了解牠們。但從某個時間點起，人類陷入了一個困境：為了取得食物，我們必須殺害某些動物的生命，然後我們的身體就開始不健康。因為人類捕食動物，引發各類動物、甚至魚族對我們的憤恨，所以人類開始有了類似鹿類與魚類的疾病。

於是，族人便和所有四隻腳動物、以及不論是在海裡游的或在天上飛的所有生物開了一場會議。我們先對牠們進行供養，再告訴牠們：「我的親緣動物們，為了生存，我們十分需要你們。我們打獵的時候，會試著進行得快速一點，那麼你們就不會多受苦。同時，我們的屍體將會躺在母親大地的懷裡，讓某些生物藉此而生，如此一來，我們的親緣動物們就可以賴以維生。這將會形成一種循環、一種交換，目的則是為了所有生物的永續生命。就這個觀點來考量，請求你們讓我們明白，如何使族人從因你們而起的疾病中康復。」

所以，動物們告訴了我們如何治癒疾病，並且允許我們捕獵牠們，因為牠們明白，我們並非為了娛樂而殺害牠們；我們需要餵養挨餓的族人，而且會為了生存，善用動物的每個部分。只要我們遵守承諾，就不會再染上那些疾病。

那是我們的族人如何懂得治療不同疾病的由來。也因此，印第安人的後代在開始打獵前就會被教導：「絕不要帶著憤怒獵殺，也不要爲了競技遊樂而比賽誰能多殺多少動物。只取足以維生之數，永遠對四條腿的動物表示尊敬。假如你不得不殺戮，就得先進行一項儀式，並對動物們說話，說明『爲了家人，我需要你。』」

孩子們必須熟習他們的武器後，才被准予打獵。我們熟習每一物種的生理結構學，精確地看出能迅速致死的打擊點，大大減少了動物原需承受的苦痛。當我們帶回狩獵物時，甚至還舉行個儀式。我們會獻上供品給動物，向牠膜拜致意，並解釋爲何要取牠的性命。

青少年都被教導過，絕不可吃頭一次獵殺的動物，必須將之獻給一位長者。假如你殺了獵物而且自己吃掉，那你的能耐也就差不多如此，你再也不能成爲一位偉大的獵人，因爲你沒有對獵物表現出足夠的敬意。不過，假使你獵殺而且做出犧牲，把肉施予他人，那麼你奪取生命的動機就是植基於寬宏大量和敬意，這才是一位優秀獵者應該擁有的特質。

大約八歲左右，我第一次獵到松鼠。我用的是某種類似彈弓的工具，而且用得很順手。在射向松鼠前，我說：「我的小兄弟，我將要奪取你的性命。有一位年老的姨媽來拜訪我們，她的身體不怎麼安適，她是個盲人，就算在家裡也無法照料自己的生活。我明白四隻腳的親緣動物具有療效，可以讓人類恢復健康，而我想爲姨媽做這件事。同時，當我的身驅失去了生命埋入土裡，供養他類生物，你的族類或許可以食用、藉以延續生命。這就是你我族類之間的共識。我不會讓你受苦太久，但是我需要你的肉身。我之所以這麼做，也是源自於愛。」

我一出手就擊斃了那隻松鼠。在撿起牠之前，我先把手置放於牠的頭上，做出圓周循環的動作後，說道：「Mah-doh（謝謝）！」以手做出的環繞動作象徵的是生命的循環——動物餵養人類，而人類死後則化為塵土、滋養大地的植物，這種替換永無止盡。

接著，我從前腳開始剝除毛皮，把毛皮埋在我發現牠的那棵樹根部，以確保會有更多的松鼠出生來接替我所殺害的這隻。回家途中，我小心翼翼地攜帶松鼠。往日我們撿起獵物時，都會盡量在回到家前不讓牠掉落地面，因為在地上拖拉動物是種不敬的行為。就算不是出於自願，動物還是將自己奉獻給了我們，這也仍是一項恩賜。

一位表親為我們烹煮了這隻松鼠。我知道不可以吃自己初獵的獵物，所以一回到家就把松鼠遞給她去為姨媽料理，然後走到屋外，在臉盆上彎身洗手，突然間，冷不防身後來了一記猛擊！原來是我的表親用那隻松鼠甩打我的屁股。我已經忘了這檔事兒了，但馬上就想起這件事所代表的意義。大人會用你的第一隻獵物做這種事，好讓你成為更優秀的獵人。她代表松鼠，甩打我的屁股則有如松鼠因我殺了牠而重重反擊，這麼一來我們就扯平了——我殺了牠，但牠也回打了我。那是一個取得均衡的方式，如此一來，我便不會因為奪走牠的性命而產生罪惡感。

學習思考之道

我們必須學習的並不只有狩獵和傳說中的人或事，每個孩子都會從長者處得到十分全面性的教導。比如說，有次一位長者坐在我們三個已達青春期的男孩中間時，便提出過一個假設性的問題：「假設你結婚了，如果你的妻子和小孩即將在河中溺斃，你會救哪一個？」

男孩之一回答：「我會救妻子。」

「爲什麼？」這位長者要他當場說出一個理由。

「孩子是天眞無邪的，也就因爲單純無知，所以他可以先走一步。我和妻子隨時都可以再生一個。」

接著，這位長者轉向另一個男孩。「你會怎麼做？你會救哪一個？」

「我會救孩子。」

「爲什麼？」

「我和妻子已經一起經歷過人生，而這個孩子應該有個過自己人生的機會。」

「你呢？你會怎麼做？」

我回答：「我會用一種特別的方式愛我的孩子，也會用另一種特別的方式愛我的妻子。就算我們可能因此全都溺斃，我還是會盡量同時救起他們兩人。」

這些答案並沒有所謂的對或錯。長者的目的，只是爲了教導我們如何思考、制訂優先次序和說明爲何這麼做。

＊　＊　＊

鴿熊有一次帶我到池塘邊，要我往塘裡看，然後問我：「你看到什麼？」

「我看到自己的倒影。」

「把這樹枝伸進水裡，攪動你的倒影。」

攪動過後，他問：「現在你看到什麼？」

「我的臉孔都扭曲了。」

「喜歡你看到的倒影嗎？」

「我只知道我的臉不該是那個樣子。」

「當你遇到某人、而且一開始就不喜歡時，永遠要記得你是正在看著自身的倒影——你不喜歡某種與自己相關、卻不願坦承的那一面。當你在某人身上看到這一面時，你就會不喜歡那個人，但實際上你不滿意的根本就是你自己。永遠別忘了這一點。」

他並不是一位心理學老師，他甚至從沒聽過「心理學」這字眼。

那時，他也同時教導我：「有些孩子生來便畸形，也許缺了手或腳，或是不知怎地破了相，也可能有一隻眼睛整個被長出的肉遮蓋住。我們的訓誡、而且是很嚴謹的訓誡是，絕不盯著身體有缺陷的人瞧，只能若無其事地將眼光移向一旁，盡量不要一直看著他們。理由是，不管是什麼原因導致畸形，如果你狂盯猛瞧到彷彿你很喜歡，就可能導致你的孩子也會生而如此。你必須接受這樣的孩子，也許他們看起來異常，卻都擁有一顆和你一樣的心，感受能力與你無異。要與他們一起遊樂，如果可以的話就帶給他們歡笑。」

在我的族人看來，一個孩子的天生畸形是一份特殊的祝福，那會吸引善人的注意，而且會由此產生極大的愛。不只是同情，而是愛，如此一來，儘管天生畸形，他也能開展出一個很成功的人生。所以不管是誰，似乎都會協力相助這個家庭和這位孩子。別目不轉睛地注視，是我們最嚴格的教誨之一。

我還被教導過很多與日常生活有關的事務。在打算行走長遠的路途或者攀爬山丘前，我們的習慣是先設想肚子上生出一條繩索，而繩子的另一端就綁在你眼前的一棵樹或是一塊岩石上，讓它就像少女要把車子從泥濘裡拉出來一樣拉著你，然後以一種弧度，隨著繩索左右擺動行走，彷彿是繩子在拉著你走。到達樹或岩石之後，再想像繩子又換成纏繞在前方的某種物體上。這樣一來，即使歷經長途跋涉，你還是能以平穩的腳步行走，不疾不徐也不會氣喘如牛。以那種方式走路時，你會覺得腳程輕快而且堪行長遠路途。

我心歡愉

我屬於兩個氏族：我父親是熊氏（Bear Clan），母親是風族（Wind Clan），所以熊是我的父親，風是我的母親。

父親告訴過我，每個氏族都有各自的源起。這片大陸的南方曾被一陣濃密的霧籠罩好多好多天，霧氣厚重到讓人伸手不見五指，族人不知如何是好，只好成群地聚集在一起，甚至還有動物跑來站到族人身邊。又過了很多天後，東方才吹來一陣強風，驅散了迷霧。霧氣消散後景象一片明淨，其中一組人有一隻熊和他們一起，另一組則有一隻鹿相伴，也有人得到鱷魚的相挺，所以那時的幾個團組就變成了熊氏、鹿氏、鱷魚氏、鳥氏等等。最東邊的一組沒有鳥禽或動物相伴，但那是風吹來的方向，所以他們便成了風族。

有件事曾經很困擾我：我們有個名叫「虎氏」部落。我請教過長者：「在這世上我們什麼時候遇過老虎，以至於會有個虎氏？」但就算從長者身上，我也從未得到過一個令人滿意的答案。虎族的長者只是舉手指向西北方說：「我們來自這個方向。」

目前爲止我們所能確認的，只有馬斯科吉人是穿越白令海峽、從名爲西伯利亞的地區遷移過來的。我們的長者說：「我們翻越宇宙的主脊『落磯山脈』，再繼續朝東南方前進直到遇見海洋，然後老巫醫們開始潛入海水。」他們在海面下做了什麼我不得而知，只知道他們浮出水面後，說道：「我們要帶領族人往內陸去，在靠近水域的地方安頓下來，因爲我們可以利用那裡的植物來製藥。」所以他們帶領族人深入內陸，前往如今的喬治亞州和阿拉巴馬州，也就在那兒定居下來。

我聽說過西伯利亞有老虎。假如我們眞有族人來自彼處，虎氏之名大概也就是這麼來的，所以我便不再爲這件事傷腦筋了。

風氏是族裡的演說家，就算微不足道的細瑣之事，他們也會以一種優雅的、富於詩意的方式來描述，善用他們的辭彙編織出美妙的畫面。例如，他們絕不會說：「我很高興來此。」那種話誰都會說。他們會說：「今天前來，我滿心歡愉。」

說到這裡，我想起一位老者在一場聚會中提到他自己的情景。他是我們某個村落的首領，那天晚上的聚會則是族人都會來參加的大型舞蹈典禮。他的發言人（傳譯者）坐在他左側，當這位老者告訴發言人怎麼表達他心中的話後，這位發言人便站起來說道：「我奉命轉告各位族人。我們的首領坐在這裡，回想過去舉辦過很多次像這樣的聚會時光。那個時候他有長者們可以對話，而且一切都很美好，但是他們一個接著一個地離去，現下的他只能披上孤單的外衣、隱藏自己的落寞。但是，你們的到來讓他褪去外衣，對你們每一個人滿懷感激地展開雙手，因為你們讓這裡再度燃起生機。聽到歡笑聲，聽到話語聲，聽到孩童天眞的嬉鬧聲，讓他的心中重拾喜悅。這便是舉辦這些儀式的意義，如此一來，我們就能繁榮茁壯，相互扶持，爲我們的孩子打造一個美好的未來。今天，他說，『我心滿矣，因爲你們的相助塡補了那份空虛。』」

這就是那種風族人會發表的講辭。

3

别要求當巫師

巫術的魔力

當我還是孩童的時候，族人生病時很少看醫生，因爲族裡的男女巫師們擁有大量的草本和吟詠知識，可以治癒絕大部分的疾病。我並不是眞的很了解他們是怎麼辦到的，因爲每當有人接受巫師的診療時，小孩子就會被支開。根據他們的說法，從患者身上去除的病痛，有時候可能會彈回他們的血親，所以爲了安全上的考量，他們習慣讓孩子們忙別的活兒去，不要在附近閒蕩，不要打攪診療的過程。這當然只會讓我更想知道裡頭是怎麼回事。

我十一歲左右，母親罹患了某種疾病，要我到一位身爲巫師的親戚家，確實轉達她的指示，還準備了一個包裹做爲診療的報酬。我帶著包裹前往，告訴他有關母親的病情，但他沒有跟我回家，只說：「我去備藥，你拿回去給她服用。」

他進屋的時候，我從我坐的前廊可以聽到他哼著歌，並且用吹管送歌入藥。完事之後，他再將每個東西放進罐子裡、闔上蓋後遞給我，告訴我服藥的時間。我轉交母親的包裹之後，和他握個手就離開了。

我從沒眞正地了解母親得了什麼病，只知道她一直都覺得身體虛弱，而且無法操持家務，必須經常躺下來休息。我覺得她的症狀是腹瀉，但是服用了那個人調製的藥物之後便逐漸好轉。那是我第一次眞正親自面見一位巫醫，但是仍然不被允許提出問題；當時的我並不知道，後來自己竟然會學到那些醫療方法。

＊＊＊

溪族擁有眾多男女巫師，他們的知識和能力遠遠超乎醫術所需。在過去的年代裡，巫師們不必出外診療病患或是遠行探索時，有時會留給自己一些空間，一起聚會、暢飲，像是一種情緒上的放鬆。我不知道他們的酒從何而來，因爲那個年代，印第安人飲酒是違法行爲。但不管怎樣他們就是有辦法，不過也並不是經常如此，只是偶一爲之，做爲一種維持與大地和人性連結的方式。

母親告訴過我，酒酣耳熱時他們會如何當面相互炫耀。她小時候曾見識過一個場景：他們之中有一個人手握一瓶威士忌，口中不斷吟誦，對著它吹氣，然後竟然扭彎了手中的瓶子，再將之放下——它仍舊是玻璃，但在他手中好像變成了其他東西，某種可以讓自身重塑的東西。另一個人則是解下皮帶，對著它吹氣後再往地上擲去，皮帶就變成一條活生生的蛇。這只是他們的某種表演，就像男孩們彼此炫耀，「你看，我會做這個。」「那算什麼，看我的。」

光是他們平時的職責，就能讓他們也可以在特殊的場合演出這些技藝，譬如從部落籌組一個代表團前往華盛頓。你可能還記得，在早期西部地區的印第安人眼中，美國總統被視爲「偉大的白人父親」。我們可能永遠不明白，爲什麼會有極少數的印第安人得以親自面見偉大的白人父親。偉大白人父親的代表人會和部落的酋長談話，可是我們的酋長永遠也不能和美國人的領袖面對面，總要透過一個中間人才行。不管怎麼說，假使有一個代表團即將前往華盛頓針對特別的議題發言，族裡便會從眾多巫師裡挑選一位，就巫醫的角度安排那趟行程的代表。

爲了選擇哪一個巫師可以參加代表團，或甚至只是他到華盛頓時的隨行者，他們就得全員到齊、圍坐成一個圈子，在中間放置一根羽毛來考驗他們的本領。可以讓羽毛飛得最高的巫師，就能得到這份差事。當我還是小男孩時就親眼看過，有位巫師讓羽毛移動了，另一個則是讓羽毛尾端觸地直立，但當羽毛來到我舅公面前時，卻直接往上飄升到離地數英尺之高，所以那回他被任命了。

巫師一被選定，就會爲代表團準備一種含在口中的草本植物，如此一來，當他開口說話時便能雄辯無礙，清楚地表達意思。此時的巫師會被定調成某種人物，他的話語會被聽眾視爲經過深思熟慮而值得敬重。有時巫師也會塗上臉妝，讓代表團可以從一大群人中受到矚目，贏得尊敬和優勢。比起巫師經常施展的本事，這些只是少數幾樣。

＊　＊　＊

在成長過程中，雖然我始終對幫得上別人忙的人很感興趣，醫術卻是最不敢企求的事。除了治療疾病，我們的部落經常施行大量的巫術，而我總是著迷於那些我所聽聞和見識到的故事。

我的父親是部落裡的通譯員，經常爲那些想要從擁有礦藏的族人處購買採礦權和土地的人翻譯。他所協助通譯的人之一，是個來自聖路易斯、名叫安海瑟的人。他是安海瑟．布希啤酒釀造家族的成員，收購了大量印第安人的土地。耶誕節那天，爸爸帶了一個大袋子回家，裡頭有件十分精緻的外套，是安海瑟先生送的禮物，這讓我印象深刻。父親雖領有通譯的薪酬，但爲了表達感激之意，人們有時候會有更進一步的表示。

當訴訟牽涉到不會說英文的溪族人時，我父親也會到法庭擔任通譯工作。我母親的一位親戚殺了他的妻子，那時我還太小，不了解那些爭論的來由，但他是在白人的法庭受審，每天晚上我都會注意聽父親回到家後告訴母親的訴訟經過。有一天晚上母親說：「我猜想他們會送他進大牢。」父親則回答：「那倒未必。他會很多巫術，而我確定審判期間他會施展巫術。」他只說到這裡。判決下來時，我的親戚果然被判無罪。

＊　＊　＊

父親剛生病時，我那位不是經由傳統方式扶養長大的哥哥帶他去看一位醫生，他診斷出父親罹患了惡性貧血，因爲他的胸部、手和腳都很緊繃，而且全身無力。那時我還不是很了解惡性貧血是什麼，但是醫生似乎相當有把握，因爲他不斷地開肝精（liver extract）給我爸爸服用。也差不多就在這時，一位母系的親戚對母親說：「我覺得妳應該找位巫師來照料他的病況。」她聽從了這個建議。

母親找來的巫師，診視病情後搖頭說：「對我們族人來說，這是一種新的疾病，以前從沒人遇上過，所以假如你們要另請高明的話，我也能夠理解。但我可以開一些藥讓他減少一些痛苦，這我做得到。」我母親無奈地走在前頭、帶他去配藥，而我又得再次迴避，在他製藥的時候到穀倉附近察看牲畜。

父親服過藥之後，緊綳的情況似乎緩和下來，雖然還是很虛弱，但已經能夠從床上坐起來了。看來巫師的藥還是有作用，但也就像巫師所說的，無法根治病症，只能暫時讓父親感覺舒服一點。

差不多就在這個時間點，我首度見識到巫術的魔力——當一個人生病時，亡靈巫師是怎麼圍攏過來的。有時候我們會看到隱約的光芒在遠處亮了又熄，依印第安人的說法，就是代表施行邪惡法術的亡靈巫師來了。他們可以隱去形跡，只靠微光在暗夜中潛行。我父親仍然躺在屋外的棚架下，雖然疾病不是他們引起的，但一知道我父親病了，這些亡靈巫師就希望我們離開他的床邊，好讓他們靠近來取他的性命，吸出他的心臟——死者的心臟是亡靈巫師的力量來源。

母親的親戚告訴我：「當你看到這種亮光時，就過去察看，但是不要離你的父親太遠，那正是他們的目的。」爸爸有一把點四五口徑手槍，所以我一看到亮光便往那個方向開槍，因爲槍口稍微抬高，所以不會射到任何動物。親戚們知道了以後，晚上來訪時便邊走邊高聲唱歌，提醒我不要開槍射擊。他們怕的是我。

有人警告我們，亡靈巫師可以從遠處讓整間屋子的人都睡著，所以我們請巫師製作保護的藥材，灑在樹棚周圍。我一看到不尋常的狀況便會前去察看，但也會很快就回到樹棚下，因爲只要待在裡面我就安全；另外，我也會整晚陪著父親。

我的一位表兄偶爾會過來陪伴我們、幫忙料理一些事，有一晚他過來時說，他學會了一種吟誦，假如他在我們入睡前唱誦，亡靈巫師來到附近時，我們便會醒來。所以他滿懷自信地唱誦時，我們就在廊下睡覺而不像往常一樣熬夜。可半夜醒來時，手和腳卻都動不了。我猜想，他的吟誦一定遺漏了什麼。我們倆醒著對看，但最多也只能這樣，所以我開口說話。「那些靠過來的人，會以爲我們都睡著了。」

「是的，我們眞的騙過他們了。」

我們說個不停，希望藉著彼此的對談趕走亡靈巫師。其實我們是束手無策，但是亡靈巫師並不知道。

＊ ＊ ＊

長輩告訴我，在白人來到之前，巫術並不是用在人類身上，而都用在過去打獵時獵物不多的情況下。一旦族人發現動物時，便用巫術讓動物陷入一種恍惚狀態，進行一種儀式供祭後再取牠們的性命，才能當作食物來吃。族人從喬治亞州和阿拉巴馬州遷移到印第安領地後，就再也沒有機會打獵了，所以才開始在人類身上施法。我們族裡的某些人，因爲忍受千辛萬苦搬遷到新國度而領到一些錢。領地裡沒有銀行，就算附近有白人所開設的銀行，他們也並不信任，所以巫師知道他們一定把錢藏在屋子周圍的某處。他不但可以從遠處讓屋裡所有人睡著，而且只需往鎖具吹氣，便幾乎可以打開所有的門，進屋後他只要問：「你的錢放在哪裡？」這些人就會全盤托出。

利用吟唱把異物射入體內，是很尋常的一件事，而且不是只有人類會做這種事。藍樫鳥是偉大的保護者，護衛鳥巢不遺餘力。我的一位長者山姆．巴特勒，曾經觀察過一隻藍樫鳥怎麼對付一條朝牠的巢爬上樹的蛇。藍樫鳥先是發出響而粗的聲音、尖叫聲和噪音，想要嚇跑那條蛇，但蛇還是不爲所動地繼續往上爬，而且愈來愈接近鳥巢。藍樫鳥便往高處飛去，然後轉身呼嘯而下、直接向蛇俯衝。不一會兒，那條蛇就搖搖欲墜，然後掉落地面。

山姆說：「我開始感到好奇，想知道發生了什麼事，那隻鳥到底做了什麼事讓蛇從樹上掉落。」所以他走到還在附近翻騰的蛇旁邊，這才發現，牠頭部正上方有一枝藍樫鳥的羽毛，像箭一般筆直射入。那是貨眞價實的射獵，也就是藍樫鳥保護巢中幼鳥的方法。

山姆也說，如果有藍樫鳥在你家附近盤旋，就是來保護、照看你的。牠們之所以身著藍羽，是因爲牠是偉大的神靈所派來的。湛藍的蒼穹表示偉大的神靈在天上。藍樫鳥的保護行動，便是偉大的神靈意識到我們的存在的反應之一。

邀請

在我們族裡，你不可以到處說「我想要成爲一位巫師」。事實上，當你還年輕時，甚至連那種念頭都不會有。我當然也沒有這種妄想，但是十八歲的某一天有位老者來看我。

我們都盡量不讓老人家來訪，而是我們應該要過去見他才對。理由也許是他們需要食物，也許是他生病了或需要某種照料。老人家會主動來找你，通常都有十足的理由。他們會開門見山地說「我有一些想法」，而且會馬上就說清楚、講明白。如果爲了特定目的而來，老人家就不會和你坐上一整天，聊些政治和天氣或東拉西扯。印第安人經常對談，但我們並不善於交際，不會只爲了殺時間或尋開心而閒聊。

所以這位名叫丹尼爾·畢佛的老者來到我們家時，我們做的第一件事便是提供他一些吃的東西。他吃完後便對我母親說：「我到這兒是來看你兒子的。」

「好，那就去跟他談吧。」

他先問我：「孩子，你認得我嗎？」

「認得。」

「你知道我是做什麼的嗎？」

「我知道你幫助人。」

「沒錯。我早就注意到你了，因爲我認得你的家人，我知道他們來自哪裡，屬於哪個氏族，而且都是十分誠實正直的人。隨著年紀逐漸老大，我發現自己或許已經來日無多，只是不知道還能再活多久。但是在這些年來透過巫師的方式所認識的人之中，我一直在觀察你，看你有多自持，有多信守承諾。我也從別人口中聽說了你的事。有一天，一位老者來探望你的家人時，你一看到他提著小包站在路的那頭，就在那酷熱的八月午后一路跑過去。『爺爺，請進來跟我們一起吃飯。我來提你的袋子。』你替他拿袋子，安置他坐下，並且給了他一些食物和水。

「諸如此類的事還有很多，也不只從族人之間聽來，還包括白人的轉述。大家都認識你，事實上，整個歐基馬鎮的人都認得你，他們總是稱呼你爲『酋長』。我們都知道你有多善待和關心別人。也許你覺得這沒什麼大不了，我們卻認爲意義重大。

「我想說的是，我必須將我的本事傳給合適的人。放眼看盡本區，除了你，我再也找不到其他任何一個合格的人選。不論我在哪裡，你的身影都不斷出現在我的觀相裡，所以我知道，你就是那個傳薪者。假如你允許我傳授給你一些巫師本事，我會深感榮幸。」

打從很小的時候，我們就被教導要成爲一個好的收受者。當有人送某些東西給你時，不論是大是小，族人的態度總是：「偉大的神靈並不注重尺寸，只重視送禮物的方式。」非印第安人也知道如何給予，卻並非全都懂得如何得體地表達接受。他們可能會說：「哦，你不應該……」或「何必這麼客氣？」因而弄得好事多磨，因爲他們太習慣給予卻不習於接受。有人贈送禮物給別人時，是希望藉著這種舉動以某種方式滿足自我，假如你拒絕接受，便傷了他的情感。這一點，我是從父母那兒學來的。

我說：「爺爺，您即將給我的一定是很美好的禮物，因爲透過您的本事，不論在身體上、精神上或是超自然的聖靈方面，人們都能感覺更舒服，所以我很榮幸能有機會向您學習。我會盡我所能，以一種美好的方式來珍惜。」

那便是我和丹尼爾·畢佛如何開展關係的經過。幾個星期後，另一位巫師戴夫·路易斯又懷著相同的心思前來，我的巫術也因此來自兩個傳承。

啓始

第一天我準時前去拜見戴夫·路易斯，但是他不跟我講話，只是來來回回忙著自己的事，一會兒種植盆栽，一會兒到處收拾屋子，裝作我根本不在場。因爲我是應邀而來，所以很疑惑他爲什麼對我置之不理。我不斷地看錶，一度還以爲或許他已經改變心意。

但腦中一出現這個念頭之後我就告訴自己：「不，我要等到底，看看要等多久他才會注意到我。」他似乎讀出了我的心思，因爲他馬上轉身對我說：「你已經來了。」我下定決心要留下來，讓他覺得我是以他想要的方式前來，任何驕傲的或是自視甚高的自我感覺都要晾一邊去，我必須清空那種情緒之後再來學習。當我的心念達到那個關鍵階段時，他才肯開口說：「你已經來了。」

在習得任何念誦或藥草的前幾個星期，兩位師長都只對我諄諄告誡。丹尼爾告訴我：「我之所以挑選你，是因爲你不是報復型的人。你將會掌管可以傷害別人的能力，假如有人對你輕慢，一定不可以企圖使用那種能力來回擊。這並不容易做到，因爲我們是人，我們有感情，我們會受傷。那種時刻，我們可以仰賴智慧更高的神靈。我們都有小聰明，但神靈擁有的卻是遠高於此的智慧，所以應該讓祂來處理那些對抗我們的愚行。**把事情託交給祂，說，『您懂得比較多，請您爲我照料此事。』這才是我們處理最大衝突的方式。**說出這番話不但需要勇氣，還要眞心誠意。」

我也不能爲自己配藥，可以請別人爲我調藥，但就是不能爲自己調製。只要這麼做過一次，從此我就只能替自己看病，不能再幫助其他任何人。儘管全都來自同一個源頭，但巫師有兩個方向可供選擇：要不就純粹爲人服務，要不就只幫自己。不管做了哪個選擇，都必須遵守到底。

除了正當的醫術，我也得學習一些邪惡道，才能幫助深受其苦的受害者。舉例來說，術士可以將異物植入人的體內，導致潰爛化膿而引起感染，如果沒有接受適當的治療甚至可能致死。我必須了解異物如何被植入，才知道怎麼移除。戴夫和丹尼爾都對我再三告誡，學習那些邪惡道只能是為了這個理由。事實上，我拒絕學過一首咒誦。我告訴丹尼爾．畢佛：「只要是可以不用奪走人命的方法，我都願意學習。」他確實教過我如何致動物於死，但是我不想有奪取人命或讓人生病的能力。他答應了我的要求，但是後來我才想起人類也是動物，所以他教我的特殊咒誦一樣可以取走人命。丹尼爾並沒有對我實話實說，他讓我自己去理清楚。

＊＊＊

當男巫或女巫活到一個相當的年紀，覺得該是把本事傳承下去的時候，溪族的巫師通常會挑選至少四位人選，能有七位更好，未來再由這七位當中的每一位傳授最多可達七位的學徒，這就是巫師血脈綿延、薪火相傳的方式。我的老師之一前後只將他所學的本事傳給兩個人，當時選上了我。他說，其他人看起來都不夠資格。

一開始巫術的訓練，就有很多很多的教程和測試要進行。我必須學習有關草本植物、樹皮、樹的內部組織、樹葉，而且還要知道如何在不同的季節、甚至在冬季裡辨識它們。後來我也學到如何尊重、照料我摘取的植物。有些部分我絕不會讓它再度觸地——摘取之後就吊掛在門廊的屋簷下。假如你曾到過巫師的住處，一定都會看到四處吊掛著草本植物。

接著要學的是我們所使用的咒誦，有些咒誦甚至具有來自遠古時代的能量。平心而論，我相信自己是本族母語的專家，但有些咒誦裡的用字古老到我完全不解其意，卻是咒誦不可或缺的元素。

我們部落裡的巫師，都會透過禁食和請求天上神祇的指引和協助來習得巫術。禁食期間，造物者或許會透露一首咒誦，或是告訴巫師哪兒可以找到特別的藥草，指示不同類型疾病的治療方法，我們有許多巫術都源自於此。他們會外出禁食七天，來讓自己成爲巫師。從醫學界的觀點來說，一個人不能超過三、四天沒有水和食物的供給，但是我們寧願唱反調、而且反其道而行。有些事物是從相隔久遠的年代傳下來的，我們想要親身實驗。身爲白羊座的我，有人說「別做」時，對我而言就是一種邀請。我必須透過很多次的禁食來習得這些巫術。我能禁食七天之久，但有些老巫師卻可以沒水沒食物地獨自待上十四天，只爲了得到這一類的教導。這些老巫師的能力都非常強大。

午夜的河流中

除了學習咒誦和藥草，我的訓練還包括很多測試，以考驗我的勇氣、毅力和信仰。第一次接受測試時，戴夫．路易斯讓我在午夜時分站到河流中央，他給我一顆小白石，說：「吞下去。這是一場耐力的考驗。無論發生什麼事、看到什麼東西，你都不可以亂動。當然了，你還是有個別的選項——忍受不了時可以游回岸邊，只是你的訓練也就到此爲止。假如你想要學有所成，那就留在原地。成敗全在於你。」

雖然完全不知道半夜裡會發生什麼事，我下定決心留在原地不動。我佇立的地方是水深及胸、流經奧克拉荷馬州的南加拿大河中央，天空雲彩的變幻輕移，一會兒讓夜空從漆黑轉爲明亮，一會兒又由明變暗。駐足河中向上游眺望時，我看到河面有個載浮載沉的東西，月光下隱約可以看出是一個像牛隻的物體，但「牛角」的頂端掛著小鈴鐺，緩緩向我漂近。我不知道那個鈴鐺是什麼製成的，但應該不是黃銅或手工製品，它們是牛隻身體的一部分，鈴鐺很小，所以發出的叮噹聲雖輕但很清脆。當這頭「牛」看似就要衝撞上我時，卻突然之間沒入水中，從我身旁流過。

一波未平，一波又起。接下來我看到一隻指甲極長的巨大手臂，像觸手般衝著我伸來。同樣地，也在最後一刻繞過我繼續往下游漂去。嗯，看起來並沒有那麼糟，所以我也還站得好好的。不久後又有東西不斷上下擺動地迎面而來，看起來是一條四頭大蛇。這回更驚險了，但是我堅守陣地、毫不動搖，牠也逕自隨流而去。當牠經過我身旁時，我聽到了一首歌，由於它以這種方式呈現出來，所以我記得很清楚。終於，戴夫要我上岸對他講述所見所聞。

「你有聽到什麼嗎？」

「我聽到小鈴鐺。」

「還聽到什麼嗎？」

「我聽到一首歌。」

「什麼歌？唱出來。」

我唱給他聽之後，他說：「那條蛇賜予你的這首歌，可以在法庭之類的場所使用。你可以用它來配合菸草，讓我們的族人得到公平的判決。」

爲了接收這些歌聲的能量，我必須經受許多的測試。有些誦歌的力量非常強大，甚至不需要藥草的輔佐。比如治療耳朵疼痛時，只需誦咒後吹到那只耳朵上。假如有人割傷了自己而且血流不止，一時沒辦法找醫生注射破傷風劑，我就會抓把泥土，施予咒誦，再把泥土覆蓋在傷口上。這麼一來傷口便不再疼痛，血不再流個不停，也不會出現任何感染。有一次我到洛杉磯和孫子共度夜晚，他切起士時不小心削到了指頭。我到屋外取來一點泥土，吹了一首短短的咒誦上去，然後把泥土塗在他的指頭上，血流止住了，他也不再感到疼痛，沒多久傷口就痊癒了。像這樣的本事，都是需要花很大的心血得來的。

我也學過如何從人體吸出毒液，那要經過很多次的訓練。吸出毒液的同時，必須確實懂得如何避免讓自己吞下肚。採取行動之前，我會先唱一首自我保護的咒誦。這是一個輕忽不得的程序，因爲戴夫和丹尼爾都警告過我「你的牙齒會提早敗壞」，因爲他們都深受其害。我用最仔細的方式刷牙，但是毒素仍然弱化了我的牙齒。有時候吸吮的東西毒性太過強烈，以至於完事之後牙床酸了好幾天。很多必須透過吸吮來取出的東西，味道更只能說糟透了，會讓你感到噁心作嘔。

除了吸出毒液後，你還必須懂得如何讓流出毒液的傷口癒合，因爲如果沒做好的話，病患可能會因此受到感染。你得吟唱一首咒誦，然後吹向傷口。癒合之後，甚至完全不留疤痕。

躺在蟻丘上

對我而言，這些測試當然都是必要的，因爲我能從中確實了解巫術如何產生效果，但如果我覺得難以承受，永遠可以選擇隨時中止。我曾接受過躺在蟻丘上的訓練，但訓練我的不是戴夫．路易斯或丹尼爾．畢佛，而是父親族系的氏親、一位來自塞米諾爾（Seminole，譯註：位在佛羅里達州）的人，我只知道他叫 Nokus Ele'，是熊掌（Bear Paw）的意思。

熊掌其實住得離我不近，但是在我二十出頭歲時造訪我家，跟我說：「現在的我日漸年邁老衰，沒剩下多少時日可以與你相處，但是我希望幫你通過這個測試，因爲當你必須全心全意自我控制的時候，它會幫助你脫離許多困難的境地。」

他帶我來到我們鄉下家裡不遠處的一座巨大蟻丘，直徑大約超過九十公分，然後要我躺在上面。我身上只穿著一條短褲，讓那些大紅蟻爬滿整個身體。我想用手掃開牠們，但是又怕不小心傷了牠們，只好躺在那兒聽任牠們爬來爬去。那時的陽光十分強烈，所以我不得不閉上雙眼，這些小動物竟然也就在我的眼皮上遊走；更奇怪的是，沒有一隻會咬我。這就是我接受過的測試之一，教我如何運用自我控制。熊掌告訴我，「《聖經》說，假如有人打你的右臉，左臉也要轉過來讓他打。意思是：**你不必以暴制暴，信心十足的人並不需要自我防衛**。要是沒有這種信念，你這一方勢必會抵抗，而螞蟻也一定會咬你。這個自我控制教程的目的，是讓你在人生中擁有接納和信念的能力。」

人生裡有很多很多的實例，可以看出人們有多容易激動。爆發火災時突然忘了逃生口在哪兒，很多人也可能因爲過度驚慌而被踩踏。不管發生什麼事，都千萬不要啓動恐慌的按鈕。就算來襲的是地震，也不要只管往外衝而傷了自己。試著保持冷靜，等待一切過去。這是自然的一部分，也是自然的一部分，所以以這樣的信念前進。這就是我躺在蟻丘上所學到的東西。

小水獺與老先知

戴夫和丹尼爾開始訓練我的時候，我還是一個在學的高中生。由於有段時間必須離開學校幫忙家務，直到一九三八年我才從高中畢業，那時已二十歲了，隔年就進入奧克拉荷馬州馬斯科吉的巴康大學主修心理學。學校離家並不遠，所以我還能夠在大學期間跟隨兩位老師繼續學習。

戴夫和丹尼爾都住在偏遠的鄉下，所以他們倆難得碰頭。每次我去見他們時，通常都會另外帶上一些日常用品，臨走前再留點現金，好讓他們可以去買自己需要的東西。這種舉動其實無須多做說明：在我們族人之間的共識裡，這是一種照顧長者的方式。我一到達，就會馬上進入教導的課程。

我的族人很有耐心。當你以為他們已經忘了你時，有一天他卻對你說：「我希望你過來。」我跟著他們學習並不是以天為單位，時間會落在兩個學期之間的空檔，也許一次花上一週、兩週，或甚至是一個月。如此一來我就有時間消化所學，可以在他們帶領我進入下一個階段前融會貫通。這也就是為什麼這兩位導師教導我得花上十四年。我從他們倆身上學習，但一個月只跟一個。如果這個月的導師是丹尼爾．畢佛，下個月我跟隨的就是戴夫．路易斯。

＊ ＊ ＊

第一個找上我的老師是丹尼爾．畢佛，他的溪族名是Chote-ke E-chash-wah——「小水獺」（Little Beaver），開始教導我時他就已經大約六十歲了，還因為罹患糖尿病，腿被截肢而且雙眼失明，但是心靈仍然很有覺性。每次我拜訪他或向他請教更進一步的指示時，都會先致上菸草當作見面禮，那是我們表示敬意的方式。他總是高興得像得到一件寶物般把玩許久，才肯放在一邊。

丹尼爾總是邊嚼「櫸果嚼菸」邊說話，甚至講到一半先吐一口汁液到附近的罐子裡，才繼續侃侃而談。他的聲音裡有一種特別的腔調，而且一開口說話就絕不會跑出其他的腔調來。他會一個句子緊接另一個句子地說話，不會使用像「而且」這樣的連接詞，而是用一種像熊發出的咕嚕聲來取代。

丹尼爾都從記憶裡回想故事與誦歌，也都能說得活靈活現。不論你是否聽得懂，光是聽他邊說故事邊發出各種彷彿身歷其境的聲音，簡直就已經是一種享受了。那是老人家回憶過往的一種方式。他是在告訴我，「事情就是這麼回事。」

他告訴我，世界上有些地方會讓你覺得似曾相識，而有些地方會使你感到不舒服。本世紀之前，我們的祖先還不知道南北兩極磁場的引力。科學家已經證實，候鳥知道藉由地球磁場的引力找到飛行方向，而我們的身體也會回應這種磁場：假如你正好處在南北兩極的電磁對位（magnetic alignment）上，身體會感到舒暢；要是你不在習慣了的磁線上，例如崇山峻嶺以某種特定的方式阻撓引力，你就會覺得渾身都不太對勁。先祖不但理解這一點，還想出一個方法：出門在外時以調整自身來適應這種讓人不舒適的地點。他們會面向南方或北方佇立，一遍又一遍地反覆唱著某種歌曲，直到人們覺得好些了爲止。

丹尼爾也說，部族進入新土地時，孩子們常會難以入眠，也許是因爲才剛倉皇逃離敵人的威脅，他們需要全然的平靜，但新土地上有很多不一樣的能量，孩子們不知道先前的能量往哪兒去了，或是新能量有什麼樣的本質。所以無論何時，只要部落來到一個新的營地，巫師就會吟唱祝福的頌歌，以製造可以穩住孩子們精神的能量，能夠不再被嚇哭，一夜好眠。透過巫術，巫師可以讓一切事物進入平和狀態。

當我為了協助人從事靈境追尋而來到某地時，也會採用這種方式祝福整個區域，讓祝福的氛圍環繞即將開始靈境追尋的人，同時與我送到山上靈境追尋的人建立聯繫的舞台，而且直到最後一個人下山之前，我都能維持這種聯繫。

＊
＊
＊

眼盲的丹尼爾很難帶我到戶外做什麼身體方面的測試，所以他的教導著重於唱誦和藥草方面的鑽研。所有我曾歷經的艱辛肢體測試，都來自另一位老師Ke-tha a-cho-le，老先知（Old Seer），也就是戴夫．路易斯。他很瘦也很老，但堪稱老當益壯。戴夫是一個很有趣的人，看待事情都從幽默的角度切入。授課前，不管我是在校上課或到哪裡工作，他都會要求我星期五一整天禁食，當天晚上再到他的住處去，只有這樣他才能教導我。我還在家鄉附近的高中或大學就讀時，這當然不成問題，但是畢業之後我到奧克拉荷馬市就業，離他位在奧克拉荷馬州尤福拉的住處有將近三百二十公里遠，所以往往我趕到那兒時，他說話的樣子已經像是隨時都會睡著。他的前門不會上鎖，也會幫我留一盞昏黃的小燈。他有重聽的問題，再怎麼用力敲門他也聽不到，所以我都自己開門，直驅臥室喚醒他。他一看是我就搞笑，比如這樣說：「我應該跟警察說你擅闖民宅。」他當然知道我爲何而來，但那也是他問候人的慣用方式。他就是喜歡逗弄人。

大部分的巫師都很有幽默感，戴夫更是箇中高手。他不會取笑別人，而是那種樂意自嘲卻不捉弄他人的人。他告訴我，以幽默的態度對待病人是打破藩籬和懷疑心態的最佳方法，可以幫助他們回到現實，看待他如一介凡夫。他對人們的需求十分敏感，總是提醒我不管狀況有多嚴重，巫師都必須經常在療癒者和凡夫之間取得平衡。如此一來才能與病人產生共鳴，而不是用那種「因爲我是一位受人尊敬的巫師，他們才來找我，所以絕不可以在人前失態」的態度來應對。戴夫告訴我：「不應該這樣看待醫護工作。要誠實地面對人們，讓他們看到你幽默的一面和嚴肅的一面。這兩種面貌是互爲輔佐的，如果你能讓他們發笑，他們就會暫時忘掉煩惱，你也就能說明你即將進行的醫事，解釋他們是如何被疾病侵襲，以及你的醫療方法如何治癒他們的疾病。進行醫事之前，就要對患者詳細說明一切。知道你完全明白自己在做什麼時，他們會更添信心；整個說明過程本身就是療癒。」

你理解這種吟詠嗎？

戴夫教導過我：「往後你會經歷許多許多次禁食，因爲只有在沒有飽足的狀態下，你才能夠凝神專注。飽足的狀態讓你容易分心，而為了學習歌詠和吟誦，你必須讓自己保持清醒。有時候我會先教你吟誦，再告訴你那首頌歌的意義。我們也得在測試中加入這些吟誦，看看它們是否接受你，願意為你效勞。」

追隨他之後的第二年，戴夫要我上山禁食以尋求觀相，然後在禁食的第四天回去探訪他。一到他家，他劈頭就問我：「準備好了嗎？」我們並沒有坐在一起聊個沒完沒了，雖然那一點都不成問題——我可以聽他談天說地一整天，因為他總是能帶給我歡笑。

他說：「我教你的蛇曲，你現在能理解了嗎？」

我說：「嗯，你知道裡頭含有多少知識。我能吟誦了，但不確定是否完全理解，因為除了唱誦之外，我還沒體驗到別的東西。」

「說得一點也沒錯。我們就來看看你理解了多少。」

我們從他家裡走了好長一段路才到達一座土墩，那是個對面的一邊有棵樹木的小山丘。在奧克拉荷馬州炎熱濕潤的八月天裡，這株長在小溝壑裡的樹為土墩的另一邊提供了唯一的涼蔭。

我不知道該抱著哪種期望。他要我脫下鞋子和襪子交給他，接著抬手一指，說：「我要繞到山丘的另一邊，然後就站在那邊等你。」

我凝望坐落眼前的那座土墩許久後，才注意到上頭有一塊岩石，頂部有個看起來有點油膩的缺口。我問他：「那是油井的一部分還是別的什麼東西？我還眞不知道有人在這兒鑽過油呢。」但他只丟下一句「我走了」，便轉身走人。

走到另一邊後他才高聲對我說：「只要你感覺已經準備好了，就開始唱誦那首歌，唱到第四次時就走向我。不管你聽到或看到任何事物，只管一邊唱誦、一邊走到我這兒。」

我二話不說便開始哼唱蛇曲，直到開始唱第四次時才往土墩的頂端走。沒走幾步，我就明白爲什麼有些石頭看起來會那麼油膩了，因爲我正盯著一個響尾蛇窩瞧——滑亮的部分，就是蛇群來來回回爬行造成的。在這炎熱的午後，這邊除了響尾蛇躺在來自這棵樹提供的涼蔭下之外，沒有其他東西。我光著腳丫站在那兒，可以清晰地聽到每一條蛇發出的嘎吱聲，當牠們的頸部往後拱起、伺機攻擊我的時候，就連毒牙都看得一清二楚，我只得一邊在牠們之間遊走，一邊拚命地唱誦。我不停地唱了又唱，片刻也不敢閉上嘴巴。

我不能說自己當時不覺得害怕。我確實有過緊張的時刻和想法。但當你獲得准許吟詠巫醫之歌時，就會感受到一種言語難以形容的力量。這些頌歌擁有某種與聲音無關的特質，也許你的聲音很尖細，也許你唱到某個音時聲音會四分五裂，只要你的歌聲裡始終擁有感情、信仰和信心，你就會受到頌歌的關照。這些頌歌已由族中長者保存和照護了很久，當下的你才有緣分享，所以你要竭盡所能維護這種程度的關懷和愛。我知道這首頌歌遲早能讓我幫助別人——戴夫會教我怎麼做——但是此刻它正在照護著我。

只要還聽得到響尾蛇尾部發出的嘎吱聲，我就唱誦個不停。蛇群裡頭已有很多條豎起尾巴伺機出擊，但我只管唱個不停；當我走近時，牠們竟然後退，爲我讓出一條通道。

當我終於走到土墩的另一邊時，戴夫果然就站在那裡等我。他指向蛇群裡最大的一條說：「那是祖父。去拍牠的頭四次，再上來和我站在一起。」我往那條蛇走去時，嘴裡還唱著頌歌，直到輕拍過牠的頭四次、走上戴夫站立的地方後，我才結束詠唱。戴夫告訴我：「藉由四遍的詠誦，你讓牠們陷入被催眠的狀態。輕拍牠們的祖父則是打斷了恍惚的狀態，所以牠們又都回歸正常，恢復蛇的本能。」

那只是我必須通過的眾多考驗之一。正由於學會了這首頌歌，就算是在響尾蛇活動的旺季，我送去靈境追尋的人也從來沒有一個被蛇咬過。

4

環抱一棵樹

一棵樹的智慧

我們的長者不會採用學校式教導，有第一課、第二課、第三課……，也從來不使用背後有答案的教科書，大多時候甚至不會主動說明，所以你必須靠自己去思索。我們不會用各種問題來困擾長者：「告訴我，爲什麼？」完全相信他們的所說、所行都有一定的目的。我們對長者所存有的敬意之一，就是當他們告訴我們某些事情的時候，絕對不可以質疑。

第一年的訓練接近尾聲時，戴夫．路易斯再次要我禁食三天，然後在禁食的第四天前去找他。清晨時分我依約前往，他立刻帶我到離他住處約一點六公里遠的一座山丘上。我腦海裡跳出來的第一個景象是蜱（tick，壁虱），你可能會因爲牠們而染上十分嚴重的疾病❶。但是我認爲他知道自己在做什麼，所以我就緊跟著他。

他對著老早就挑好的一棵樹對我說：「雙腳交纏樹幹，再展開臂膀環抱它。就像那樣坐好，等一下我就會回來。」話聲一落，他就逕自離開了。

我很想問：「爲什麼要我抱著這棵樹？你什麼時候才會回來？這段時間裡我該想些什麼？我該尋求什麼？萬一我必須到樹叢裡方便一下呢？」這些疑問在我的腦海裡輪番上陣，可我一

❶蜱是吸血性昆蟲，叮咬處可能發炎，還會帶來很多種傳染病。

個都沒說出口，他也沒多說半句話就只是把我丟在那兒。

我完全猜不到他何時才會回來。可能是夜晚時分，也說不定是隔天。我甚至懷疑他能再找到我！可我還是必須坐在那兒，環抱著那棵樹，而偏偏我遇上的第一件事就是有個路人問我：「這棵樹在跟你說話嗎？」我說：「不，它只會吠叫。」

接受這些考驗一點也不好玩。我只能呆坐在那兒，緊抱著那棵樹，讓滿腦子的思緒天馬行空地恣意奔馳。爲什麼我這樣一個人模人樣的成人會擺出死纏著一棵大樹的這副德性？我開始回想每一個我認識的人，要是這個人或那個人看到我抱著一棵大樹不放，我該怎麼辦？那時我剛從高中畢業，是很多人公認最有前途的學生，假如他們瞧見我這副德性，究竟會做何感想？「這是我們原本認爲會平步青雲的傢伙，現在你瞧，竟然死抱著一棵大樹。」

佛洛伊德說過一則我永難忘記的名言。有一回，一群精神科學家爲了對某些行爲想出一些象徵意義，便從每個角度切入分析。佛洛伊德原本嗜抽雪茄，後來好不容易才戒掉時，他說：「有時候，一根雪茄也不過就是一根雪茄而已。」

有時候，我們會將事情過於複雜化，每件事未必都另有所指地暗示這個或暗示那個。一想到這兒，我便理解戴夫爲何以這種不告訴我任何原因的方式來教導我。他之所以如此，是希望我能透過我的自尊、自我和自重來通過考驗。我逐漸明白，歸根究柢地說，我們本來就空無一物，直到這樣的空無變得可以奉獻，就像容器可以裝入美好的事物、或成爲接收或與有需要的他人分享知識的**工具**。你可能會想我這裡要控制那裡要自大，可你的這副軀體價值幾何？沒你想的那麼多，這副軀體裝著什麼才重要。「我瞭了，這就是他要我用功的方向。既然如此，他要我坐，我就乖乖地坐，不再抵抗。」

接受的當下，感應就來了。樹木無法言語，但是造物者卻可以透過各種方式來和我們溝通——一隻鳥、一隻動物、或甚至只是一片草葉。感召我的溝通型式是思想和概念，但我還是無法回應心中的疑問。

首先跳出來的與其說是問題，更像是有關我的陳述：「你自認爲懂得很多事嗎？」我沒辦法回答，就只是呆坐當場。更何況，如果我眞的對著一棵樹喃喃自語，看起來也挺傻氣的。「難道你不知道你所能表達的、你眞正明瞭的事，只有親身體驗過的事物？除此之外，都只是道聽塗說罷了。」立即浮上我心頭的，是圖書館裡汗牛充棟的書籍：數學類、物理類、哲學類和心理學的書，還有近代社會的社會學、人類學、以各種不同文化爲背景的人類行爲學。念頭像一波波洪水般湧上心頭——圖書館裡所有書籍的價值。而這棵樹似乎看透了我的想法：「沒錯，你讀過不少書，但那些書籍裡蘊含的是別人的思想和經驗，對你而言純屬傳聞，因爲你並沒有身歷其境。你只知其然，不知其所以然。」

你可以爲了想當個稱職的父母去修習兒童發展的課程，但除非你自己有小孩，否則學到多少都意義不大。所以這又回到了我們的老教條：「**不經一事，不長一智**。」這並不意味你可以不再上學或閱讀。你還是要廣泛選擇各種科目，閱讀任何一種你想要激起的潛力的書籍，但只要是從某人的經驗學來的東西，就不能當眞宣稱是你自己的知識。起而行、眞正去實踐後，才能說你擁有這項知識。

這就是爲什麼他要求我抱著大樹坐在那兒。有些人總是忙著解釋某些東西、嘗試分析某種過程，但我只是順其自然，因爲對我而言，體驗完整的過程更重要。一開始我並不明白隱含其中的深意，但整套教程就明擺在那兒。光是爲了成爲一個平凡的人類，我就必須把過度膨脹的自尊拋到身後。

日落時分，戴夫回來了。「好了，你可以休息一下。我要你學會像那棵樹。假如那棵樹眞能說話，那麼它能告訴我們的事可多著呢。正在學習某件事的時候，千萬不要七嘴八舌。要學習傾聽，聆聽風的聲音。走在平靜的路上時，如果看到鳥群突然拔地直竄空中，就該停下腳步，因爲顯然有什麼事情打擾了牠們。那到底是什麼事？別的動物？你之外的某人？」從日落黃昏直到夜幕低垂，他都這麼對我諄諄教誨學習觀察的重要性。

一旦我們覺察到任何情勢，不管是一種活動、一種運動、還是一場爭執，都要能夠不帶情緒地去觀察，這很重要。當你看到某人處於極度的痛苦中時，你的情感也許想要你跟著跳進去，那麼你們兩個就能抱在一起好好大哭一場——有人和他們哭在一起或許小有助益，卻小到微不足道。假如你夠強大到可以提升那個人的精神，還能不讓你的情緒跟著捲入，這才能說是幫了大忙。這叫作同理心——把自己的心思放在他人的處境上，但也僅止於心思，你自己得站在一個安全的地方，再試著將那人拉到和你同樣的地方。

很多很多情境都會讓你想讓情緒接手，但當眞這麼做卻不會有多大好處。走過有些孩子包紮著繃帶的兒童病房時，有些可能正處在痛苦之中，而且用充滿期待的眼神看著你，好像在說：「你能幫幫我嗎？」你垂頭喪氣地看著他，覺得自己很沒用，但就算如此，你也不能任由情緒攻佔你的心房。透過觀察他眞正需要的是什麼，試著溫柔地給予他鼓勵，緩和這孩子感受到的恐懼和痛苦。

經由置身度外，你就能給人援助、力量，以及希望。你常拿自己的難題去請教上帝，與祂聯繫，看祂這次是否願意插手幫忙。「請盡可能以您那雙療癒的手觸摸他。如果這不違背您的意志，請您讓這個孩子脫離痛苦，笑逐顏開並且享受人生。」

看到這一類的情境時，或許你會忍不住熱淚盈眶，但眞想幫忙的話卻得被動些。如果想讓自己能夠不被情緒淹沒地仔細觀察，你可以先來個深呼吸，在心裡想像你呼吸的是來自上蒼的大能，而祂能夠給你力量。你並沒有拋棄你的情緒，也沒有壓制它們，它們仍在那裡，但你想要強壯到足以做些利己利人的事。吸入能量之後，呼出崩潰與哭泣的渴望。這麼做不是爲了讓你變得無情或冷感，而是幫你學會確實控制自己的情緒，讓你有能力幫助別人。

我的訓練課程中，最困難的一個部分是不帶判斷、不帶情緒地觀察，但那才是你可以更能

發揮力量、眞正幫助人們的方式。

＊　＊　＊

幾天之後，戴夫又讓我一整天無所事事地從早晨觀察到晚上，我必須動也不動地成天坐在田裡，他對我說，我得將眼睛慢慢地從一邊移向另一邊。我到底得觀察什麼？風從哪個方向吹來嗎？其中可能含有多少濕氣嗎？它的下方一片陰霾，頂部卻是光亮的？如果眞是如此，也許就快要下雨了。假如你看到鳥兒在天空中飛翔，就要觀察：牠們是以迴旋或是直線的方式前進？牠們是水鳥，所以正朝可能有水源的某處飛去嗎？假如你正在找水，也許你也應該往那個方向前進。並不是我所觀察到的任何現象都別具意義，重點是不要讓任何事物逃離我的覺知，釐清尋找之物和所見之事的不同之處。

發現有動靜時，不要猛然轉頭，只需將你的眼球緩緩地轉到那一邊。轉身太快的話，棲息樹枝上的小動物或鳥兒就會因受驚擾而逃竄。如果你能不動，牠們就會覺得你是無害的，願意接受你且會靠近。

我這才覺察還有很多可以觀察的角度。我發現，眼角餘光會比直視部分更穩定地捕捉動靜。與此同時，你還可以聆聽這個區域的聲音。你聽到母牛的聲音嗎？牠是不是掛著鈴鐺？有在哞叫嗎？你聽到了馬兒的鼻息聲嗎？假如你能把周遭的聲響全都記在心中，就可以馬上發現不平凡的事物。

你也可以在城市裡運用這種觀察的技巧，在這種地方保持警戒可能是更重要的事。當你沿著街道往前走時，同時從街道的一個角落觀察到另一個。前方安全嗎？有對你具有危險性的任何人或者任何情況存在嗎？覺知周遭的每一個動靜可以救你一命。

＊　＊　＊

首度接受這種訓練之後，我又自己回到田野很多次，因爲我覺得錯失了很多事，不滿意自己的表現。戴夫並沒有要我回去，他只負責開啓我的學習，接下來我就得自己來。

我曾經到動物園注視虎群。有一隻老虎瞪著我看時，我也回視牠。我不知道自己究竟那麼站了多久，只知道我絕對不先轉開視線。我一直盯著牠看，直到老虎終於將視線轉往別處。我想存在我們之間的柵欄給了我某種信心，但我也感受得到與我對望的這隻動物充滿了敵意——牠想向我表達的態度。老虎之後，我又到獅群那兒做了同樣的事。我樂在其中，旁人卻完全沒看出我的企圖：表面上看來，我就只是站在那兒看著動物。

最後我試著對老虎下指令，不是透過口語，而是從心裡發出指令。我向牠投射「轉身─現在就轉身─轉─」的意志，起先牠非常固執，但最終還是轉身了。我不斷地重複嘗試，直到讓牠轉身所需的時間愈來愈短。我就這麼訓練自己運用心靈的力量。年近三十歲時的那幾年，我都自己這樣做，戴夫和丹尼爾並沒給過我這種建議。

觀察可以永遠在生活的各個面向上。過去我在慈善機構教導殘障人士推銷術時，我會給他們橘子，再要求他們對我描述；他們的回答，幾乎千篇一律地都在橘色、圓形上打轉。

「你還看得出別的什麼嗎？」

「就這些了。」

「你們的觀察沒有跳脫框架。你們都看得出它吊掛在枝椏上的果蒂，甚至看得到橘皮上的細孔和某種紋理與汙點。觀察是可以學習的。你對你的商品理解到什麼地步了？它的尺寸有多大？重量是多少？容量又有多大？」

他們都認爲自己已極盡所能，可當他們繼續嘗試時，卻都看出更多細節。長此以往，銷售能力就能愈見提升。我教他們的不是從學校學來的推銷技術，只是根據我在奧克拉荷馬鄉下的觀察所得，要他們依樣畫葫蘆。

假如你不認爲觀察有這麼難，試著靜靜地坐著不動二十分鐘看看。如果鼻子癢了，不要抓；如果腳抽筋了，不要伸展；這些只是觀察中你必須對抗的兩件小事。這是一種深具效果的訓練，可以讓人在極短的時間內就進入狀況。

觀察的效益，能以各種令人驚喜的方式表現出來。就讀高中期間，我發起了印第安幻舞（Fancy Dancing）的活動。在現今的社會裡，想成爲眞正的運動家或舞蹈家的孩子們都從非常年輕就開始了，但是我的起步較晚。印第安幻舞始於十九世紀末左右「水牛比爾」（Buffalo Bill）❷的「狂野西部秀」（Wild West Show），當時水牛比爾希望印地安人能在他的節目中表演舞蹈，但是對印地安人而言，在娛樂節目中表演儀式舞蹈是不妥當的，便開創了印第安幻舞。它是一種華麗而且很有活力的舞蹈，在舞者精緻的服裝上，還有羽毛、腰墊和鈴鐺等配飾。

我跳戰舞和印第安幻舞的時候都是夏季，兩者也都得消耗不少精力，要是還想拿到冠軍，更必須一輪跳完再跳一輪，有時還得對抗炎熱的天氣。我的耐力本就很強，因為我本來就是個跑者，但舞蹈的許多技巧卻來自於我觀察的能力。

在舞蹈競賽中，一旦音樂停止，立在地上的雙腳必須緊跟著靜止不動，如果違反規定，就會被取消資格。大部分舞曲的結尾都不難預期——當舞曲來到尾聲時，總會出現一種特定的節拍，暗示舞曲的最後階段即將來到，大家都要準備好。不過如果是部落間的聚會，比如蓬卡族就有所謂的「詭歌」（trick songs）——他們會一直唱一直唱，然後毫無預警地嘎然而止。雖然這並不是常態，但如果要讓一堆舞者突然之間丟失資格，用上一首詭歌的確是個好方法。

---

❷威廉・弗雷德里克（「水牛比爾」寇迪）（William Frederick "Buffalo Bill" Cody），美國南北戰爭時期軍人、也是美國西部開拓時期史上最具傳奇色彩的人物之一。

因爲我受過觀察的訓練，經常能預測詭歌何時會終止，所以很少被取消資格。舞者會從歌聲和皮鼓的節奏中感受某種和諧，只要仔細聆聽歌曲，我就能探查歌者而得知尾聲將至。我無法解釋我是怎麼知道歌曲要結束了，只能說我可以和皮鼓的節奏、歌者的旋律一起融入曲調之中，所以我能及時停止。那就是爲什麼我能夠不斷打敗一群舞齡比我長很多的舞者，直到一九三八年。我還曾因贏得「國際夢幻戰舞」的世界冠軍，而獲得在麥迪遜廣場花園演出的機會。

大學畢業後我入伍服役，在軍中教人近身肉搏的戰技——如何讓對方傷殘，如何讓一個手持刀槍殺向你的人棄械投降，如何進行一場生死廝殺。那是爲求生存的戰鬥，只求殺戮的戰鬥。大體而言，我在教授某些事時的自我感覺並不怎麼良好，但是我既然立下了不計一切代價保鄉衛國的誓言，就不能再想置身事外。或許手中有把槍時我的感覺會好一點，和受害者之間有段距離。總之，我就是不適合與人近身肉搏，所以就算我擅於此道，也還是很想找出其他融入軍隊的途徑。最後，我不但得到了一個接受智力測驗的機會，還在一系列的綜合測試中過關斬將，直到成爲受測名單上的最後五個人之一。最後一項測試，是和將軍面談。我們全都坐在辦公室外頭，等著一個個進去。我是最後第二個。

「告訴我辦公室外面有多少件家具。」

我馬上回答他。

「書桌在哪裡？」

我說了，還說出椅子的位置。

「除了文書資料之外還有任何東西嗎？」

「有，右手邊的角落裡有些乾燥的蒲公英。」

「牆壁上有掛著什麼嗎？」

「有，兩幅畫。報告長官，其中一幅是華盛頓畫像，但是需要扶正。」

「很好。下一位。」

那便是最終的測試，看看我們坐在外頭時觀察到什麼東西。而我，就是這五個人選中唯一的出線者。

＊＊＊

那是我在奧克拉荷馬坐抱一棵大樹時，所習得的最受用的訓示之一，教導我的，則是一個我懷疑他有接受超過七年級以上學校教育的人。這人告訴我：「長壽是一回事，在那樣長的時間裡學習是另一回事。上天恩賜你珍貴的人生禮物，時光如白駒過隙，不要馬齒徒增空餘恨，學點東西吧！」

從心溝通

丹尼爾．畢佛是一個老人，是我部族裡的長者，但我想他一生中不曾離開超過以自家爲中心、方圓八十公里遠的地方。還沒二十四歲，我的足跡就已遍佈全美，也已修習過心理學、社會學、文化人類學、神學。我以爲自己懂得很多了，但他仍然堪當我的導師。「也許只是爲了貸款，終有一天，你就是得去和一位掌管金錢的白人銀行家交談。」

在我們的文化裡，當我們和他人對談時並不總是直視對方的眼睛，看向一邊或下方才是我們表達尊敬的一種方式。但是他說：「這種時候，當你和銀行家交談時，他勢必會直視著你，從視線交接起，他就會開始研究你。他大概會有一雙灰色或冰冷的藍眼珠，他的臉龐會像爬滿藍色線條的地圖，生氣時線條就變紅，像霓虹燈一般在臉上形成許多幅小地圖。然後他的頸子和血管引起你的注意，有一條特別突出、看起來幾乎要爆破了。他顯然緊張兮兮，因爲他得決定是否能用別人的錢來信任你，所以他的頸部會愈來愈緊繃，而緊繃到一種地步時，他的眼神也會變得更冷酷。他非常講究公事公辦，但當你開口說話時，他還是會留心觀察。首先他會往下注視你的鞋子，看你是否經常走路。鞋子磨損得很厲害嗎？擦得油滑晶亮嗎？鞋跟是不是快磨平了？你難道沒有車嗎？不論多寡，一個連鞋子都照顧不了的人值得冒險貸款給他嗎？

「接著，他會審視你的衣著。衣服乾淨嗎？你的長褲睡皺了或是燙得平整？他也會盯著你的指甲，看你能把自己料理得多好。當你正述說著爲什麼需要這筆錢時，他會從頭到腳徹底地打量你一番。他會傾聽，但多少也會用你的話語來評斷你。然後，他會再次直視你的眼睛。在你和銀行家對話的過程中，他甚至可能故意激怒你；果眞如此，千萬不要因而提高你的聲量。假如非回答不可，就壓低聲調而且不要間斷。

「你可以透過呼吸說出一種『借我錢』咒誦，而這也就是爲什麼你必須這麼和那個人說話的原因。在你的內心裡說出這個咒誦，從你的內在和那個外表冷酷的人的內在溝通。那裡某處也有一顆心，或許有點兒小，但你還是感動得了它。接下來，開口說話的時候就可以直視他的眼睛了。不要往下看，也別露出一副無精打采的樣子。坐如鐘，你是堂堂男子漢，你不是在搖尾乞憐，而是在說明正當的理由。你有貸款的充分理由，所以當你說話時，眼神要直直望進他的眼眸裡。

「當你完全吸引了他的注意力時，也就是呼出咒誦的時候了。接下來你說的都是些無關緊要的事，但他還是會如數貸款給你。他會突然就說沒問題，而你便能帶著錢走出銀行。但是你得有借有還。假如你沒還錢，不論是否有其他人知道這回事，你都會知道這件事對你造成的影響——或許下次想要幫助別人時，你會忘了你的咒誦。」

一如前述，丹尼爾從來沒有融入保留區外的大社會，但他卻對人類行爲有一種實際的洞見。他教導我的東西，和我從心理學教科書上學到的毫無二致。

幾年之後，我爲奧克拉荷馬巴康大學募款時，應邀去向一個重要企業的第三副總裁做說明。我在預定的時間到達時，心想或許他是個印地安人——你雖準時到達卻必須等了又等。我碰到的就是這種狀況，等了又等。有人叫我到另一間房裡去，但只是讓我又在那兒多等了好一會兒。等到他的私人秘書現身時，我得到的說辭卻是：「瑟奇先生現在可以接見你了。你有整整八分鐘的時間。」

我大概落入了某種心理學的玩意裡。因爲踩上地毯前，你得先走過一段用來讓你難爲情的磁磚地板：因爲你走過時所發出的嘈雜聲響，會讓你覺得厄運臨頭。一走進辦公室，那張寬敞的大桌子又彷彿在對你說：「我是個重要人物，你不可以靠我太近，因爲你只是個無名小卒，最好就站在那兒別過來。」那便是這張桌子的用途。「這沒什麼大不了，他仍是個人類」，這些字句不斷縈迴我的腦中——相關的洞察力，遠在奧克拉荷馬偏遠鄉下地方的一個老人早就教過我了。

因爲他是個大忙人，所以手上早就拿著塡好數字的支票，擺出「我們就這麼辦」的態勢。既然我們之間隔著一張寬廣的桌子，我跟他有段距離，他便把支票丟了過來。「你要的應該就是這個吧。」支票在空中飄飛了一會兒才終於落地，但我看都沒看上頭的金額，只直視著他說：「瑟奇先生，我知道你是個大忙人，有好多事情要處理。感謝你撥出時間，更別說還讓我進來。我不想再佔用你更多時間了，所以離開之前會把支票還給你。」

「為什麼？」

我一點也沒提高聲量，因為長者已經告訴過我別那樣。「當你把支票朝著我丟過來時，便置我於乞求者的境地。但我是行善團體的代表，而且對這個行善團體非常有信心。我不想讓這所知名的教育機構落入等同你所待我的地位，所以我會還你支票，但無論如何還是謝謝你。」

「噢，這所學校位於哪裡？」

我待在那兒的時間還滿長的，遠遠不只八分鐘，而他也上了一堂印地安式的教導課。光只是透過直視他的眼睛，而且絕不提高聲量，甚至不必使出「借我錢」的咒誦，我就讓二十五美元變成兩千五百美元。

洞察力。我的老師不是透過大學教育，而是溝通學來，然後以之理解生命、行為，回應刺激。在目前我們的社會裡，你我都活在某些人口中的「新時代」之中。好幾次聽到這種說法時我都想笑，因為他們的所作所為一點也不新。我的族人對待一位同胞病患時，假如不對勁的是身體的這一邊，他們會診療相對的另一邊。這部分的知識，他們是從天上的神靈那兒學來的。今天的科學家都知道腦部的左邊控制身體的右邊部分，反之亦然。可我們的先輩如何得知呢？他們從沒進過醫學院、學過解剖。那種洞察力來自於溝通。

環境是我們學習的起點，我們必須盡可能從圍繞身邊的事物裡學到更多——四季、農作物、動物、鳥獸和其他各種形態的生命。由此我們才能開啓一個長遠的過程，嘗試學習與我們自身體內相關的事物。我們沒有可供參考的教科書，沒有任何名留青史、提出過這種那種理論的偉大心理學家。我們只能依賴其他的東西，也就是我們的感受力。與其透過科學的印證調查，我們寧可去感受存於我們內在和環繞身邊的事物。

瑪土撒拉

我的族人都靠觀察周遭環境來學習預測事物。光從一塊石頭，他們就可以看出不少事。石頭上的苔蘚告訴我們什麼？通常苔蘚長在北邊，那是風吹來的方向。假如石頭和樹的北邊佈滿了苔蘚，就表示嚴寒的冬季即將來臨。南邊則不會有像北邊那麼多的苔蘚，除非氣候即將有重大的轉變，比如可能是地球軌道的變動所導致。印第安人並不知道有關地球軌道的事，但是他們明白一定是有些事物改變了，以前從沒聽過的地方才會出現龍捲風。這些線索，幫助我的族人察知冬季來臨之前要做什麼樣的準備。我們的老者曾經這麼形容北方：「這個方向吹來的風，導致我們的糧倉空空蕩蕩。」意思是指那種時候很可能狩獵和貯糧會老是不足。如果那個冬季特別天寒地凍，食物很可能會耗盡。

除了觀察大地，天空和風的變化也都是即將醞釀何種氣候的線索。我們對於戶外的事物愈來愈敏感，幾乎在烏雲罩頂前就可以聞到雨或雪的味道。讓你變得更敏感的是周遭環境，而不是藉著每天邊喝咖啡邊讀商業版，或收看你喜愛的電視節目，就能變得對環境有強烈的感受。

現今社會的環境汙染，也干擾了人們對氣候改變的感受能力。新聞頻道的氣象播報員會告訴你天氣即將有何變化，但儘管花了很多時間、擁有各種設備，預測還是經常失準。

我的某些族人可以深入觀察星辰到彷彿在閱讀一本書。我從不明白他們是如何做到的，但他們就是像能從大自然中瞧出端倪一般，也從月亮、星辰看出天氣變化。

這些老者當中，有一位是從我孩提時代就認識他。第一次看到他的時候，他就是個老人了，成長過程中他是個老人，成年之後他還是那個老人。我不知道他到底幾歲，只管叫他瑪土撒拉（Methuselah）❸。我十二歲左右到他家時，看到他正在仰望星空，我問他：「您在看什麼？」

「看到上頭那些條紋了嗎？」

我並沒看見任何條紋，但是我先撒了謊說「是的」，然後再很努力地看，這才看到了，所以他沒讓我成為不誠實的人。

「你成年的時候將會穿上國家的軍服，因為會有大戰爭發生。」

我很快就忘了這件事，直到我在一個寒冷的冬夜裡試著盡可能蜷縮在散兵坑裡時，這句話

❸根據舊約聖經的記載，瑪土撒拉是亞當的七代孫、以諾的兒子，活到九百六十九歲才過世，一百八十七歲時生下拉麥；這位拉麥，正是打造方舟的諾亞的父親。

才突然躍上心頭：「你將會穿上國家的軍服。」他說的話眞的應驗了。早在我參與戰事之前很多年，他就從星空中以某種方式看出未來——他注意到天空出現互朝彼此、旗幟似的條紋圖案，而那就表示會發生戰事。像瑪土撒拉這樣的人，並不會冒充自己是個多了不起的通靈者。他們只當自己是個對環繞自身的周遭事物比較敏感的人，不會再幫自己貼上一些令人目眩的標籤。

當《與狼共舞》這部電影推出時，有人問我：「那部電影從頭到尾應該都很寫實吧。你覺得呢？」我的回答是：「的確很寫實，只有一個地方除外。電影中，鄧巴必須快馬加鞭、拚命趕路才能讓印第安人知道水牛來了。事實上，每個印第安部落都有一位負責尋找水牛的『水牛人』，縱使水牛群離營地還有一百六十公里遠，這位水牛人也一定很清楚牠們何時位於何處。」

大部分的部族裡，都有像瑪土撒拉這樣能夠預言未來事件的先知，他們的直覺力得到高度的開發，或者用美國原住民常用的說法，他們非常「敏感」。有些人會透過禁食來感知特種動物靈的存在，比如負責尋找水牛的人就幾乎都得具備這種特質，因爲水牛是全族不可或缺的主要食物而且非常珍貴。水牛人會讓自己和水牛融合一致，隨時知道牠們遠在何方，位於哪個方向。假使水牛已經很靠近，部族裡的人會早就知道，而不必在深更半夜被搖醒說：「水牛來了。」這樣很有戲劇效果，但他們應該都早就知道了。

有很多納瓦荷的族人過去受僱於鐵道公司，負責鋪設鐵軌。有個傳聞說，一群納瓦荷人被告知要在一個轉彎處鋪設鐵軌，但是他們拒絕聽令。工頭問為什麼，他們的回答是：「火車會翻覆，而且勢必會傷害很多人。」

「按照計畫，在這裡鋪設鐵軌才安全。」

雙方為此爭執不休，但印第安人無論如何都不肯工作，最後總工程師被召喚去察看這項計畫。「夥伴們，他們是對的，我犯了個錯誤。」

這就是直覺和觀察力能起什麼作用的好例子。他們不是工程師，卻明白以火車的重量和速度，那樣急劇的彎度將會導致一場浩劫。

＊＊＊

為了教導年輕人如何讓他們的直覺與大自然保持聯繫，以前我們的長者會帶著他們深入森林，蒙住他們的雙眼後，讓他們坐在一棵特別的樹木旁。「你們遮著眼待在這兒，直到我們回來找你們之前都與這棵樹一起，撫摸它、擁抱它、靠在它身上、站在它身旁，從它身上學習一些東西。」經過半天或甚至更久，長者才會帶他們回營地，脫掉眼罩，告訴他們：「去找你的樹。」經過觸摸無數棵樹的訓練之後，年輕人就能找出曾花時間與之相處的那棵特定的樹。有些人根本無需碰觸過很多棵樹，那些直覺力已高度開發的人會直接走向他們的樹，彷彿是樹在引領他們。

這就是我們學習接觸的啓蒙方式。從一棵樹所能得到的感受十分驚人，可以給我們能量。每當我們在林區裡長程徒步時，通常會用我們的指尖碰觸雪松的葉尖或松針。光是站在那兒觸摸，你就會感受到一股能量向你湧來。樹木隨時都在散發能量，樹上的每根針葉都在爲我們創造一個更適合呼吸的環境。那也是爲什麼我的族人總是對樹木充滿敬意。林樹是我們的親族，我們稱它們爲「站得高高的兄弟們」。

我會再次行走

十四年後的某一天，我終於完成了所需的訓練。丹尼爾竭盡所能地給了我所有的教導後，說：「孩子，我已經盡我所能回想、並把自己在生活中所汲取的智慧都與你分享了。你已經準備好走自己的路了。」雖然我已經隨時可以使用醫術，但是心裡卻總覺得只要丹尼爾．畢佛和戴夫．路易斯還活著，我就不該行醫，因爲人們還會求助於他們倆，而因行醫接受的餽贈是他們藉以維生的唯一方式。大家都知道我跟著他們學習，所以也都會求助於我，但是我告訴他們：「只要我的老師還活著，假如你們願意向他們其中之一求助，我會很感謝。」那時我三十二歲，在印第安事務委員會有一份差事，爲所有奧克拉荷馬州的印第安部落服務，所以並不需要依靠巫醫的專業來營生。

日子就這樣一天天過去，直到他們倆終於看出了我的意圖。他們並沒有同時來找我，卻都對我說一樣的話：「你應該現在就善用我教給你的那些歌曲與咒誦，因爲只有這樣做，萬一碰上問題時，你才能趁我還在世時來找我，一起想出解決之道。所以如果有人求助於你就別再拒絕了，去幫助他們吧！」他們都這麼說了，我只有恭敬不如從命，從此開始行醫。我並沒有敲鑼打鼓地宣佈開張，因爲巫醫從不招徠病患，甚至不跟任何人說我們懂得巫術。族裡的人光是看我們一眼，就能感知我們有些異於常人之處。從我們身上的某種羽毛，或依據我們的穿著打扮，他們就看得出我們是個巫醫。

直到今天，我都還記得與丹尼爾・畢佛的最後一次談話。就在他告訴我他已盡其所能、傾囊相授後，坐著的他便閉上眼睛沒再說話，過了好一陣子，正當我以爲他已經睡著或因血糖過低而昏迷時，他突然張開眼皮柔聲地說：「孩子，我很高興又能再次行走。」我沒聽懂他的意思，只好猜想：「他是在說當他去到另一個世界時嗎？他又會以某種方式回到完整的狀態，所以身體能再次走動？」那個當下，我沒了解話中的意涵，但還是擁抱了他並與他握手告別，滿心以爲我還會再回到他那兒訴說各種經歷，但不是爲了再向他多學點知識，而是要展示他的衣缽已得薪傳：「你所傳授給我的，我已這麼試過了，也眞的幫人解決了問題。」但幾週後他就辭世了，我再也沒有機會這麼跟他說。

他死後沒多久，我就被召喚去幫助某人，而這個案例得在午夜過後才能準備所需的藥草。某些咒誦必須在一天裡的某個特定時辰詠唱，所以我一直等到午夜來臨，才對著一大桶的水和藥草吟詠。這是一首很長的頌歌，裡頭涵蓋了非常多層面的治療方式；也因爲這種病痛十分嚴重，每唱到一個新的段落，我就必須用吹管往水裡插進去吹四次。

就在我剛唱完一個段落，正準備往水裡吹氣時，突然聽到丹尼爾就在我身後——他清喉嚨的方式非常獨特。我這才恍然大悟：「是的，他將再度行走，這就是這個意思。每回只要我使出他教過我的醫術，他就因那藥方而再度行走。他整個人生的意義，就在幫助需要他的人。」這也是爲什麼，每回看到其他人得到幫助而我自己能參與其中時，我都會感到十分快樂。透過我，他又走在以往走過的路途上。經由在信任我的人身上使用醫術，我代表了我的老師以及族人的醫療之道。

在把一身所學教導給許多人後，現在輪到我坐在一旁觀看我辛苦得來的果實了。他們得以在我還沒有死去之前就傳承香火，而我也能不斷收受他們的愛心與爲我而頌的禱詞；而這些，正是我用來鼓勵自己不論會有多累、面對的障礙有多大，都要繼續前行的動力。

第二篇

你自己就有療癒的力量

5
這是誰的法力？

我們巫師從不用兩種方式形容自己。首先，我們不稱自己為「巫醫」。很多人喜歡這麼說，稱自己是「男巫醫」或「女巫醫」，但別的先不說，我們就並不製藥。藥材已經具備了，我們只是具有把東西搭配起來、帶出效果的某種知識。其次，我們也從不稱自己是「治療者」，或當診治一位病人而他的病情好轉時絕不居功。我們只堪稱「協助者」。世上只有一位療癒者，那便是我們的造物主。擁有療癒能力的，只有祂一個。

就算是學歷最高、擁有醫學博士學位的醫生，不管辦公室有多華麗，也仍然只是「執業醫師」，因為他們並不完全了解醫療。談到醫療，他們並未醫療，而只是做好準備讓療癒啓動。不管明不明白箇中道理，他們賴以治療的都是別的力量。

如果一位男人或女人會被稱為「醫者」，通常是指這個人得到了一些知識，所以他能夠用在人們身上，藉以得到來自上天的幫助和療癒。而當我們運用那些知識的時候，也都得在某種特定的方式下進行。我們必須保持這份神聖的信念、而且盡責地照護它。我們是這神聖知識的守護者——每一個都是。

＊　＊　＊

有很長一段時間，我們的巫師都不談論我們的巫術，一來是因為非印第安人發現我們能夠完成一些不可思議之事；二來則是印第安人常被指控莫名其妙的罪狀，因為他們並不明白這塊土地的法律，為了避免雪上加霜，只好盡量不要展示非印第安人無法理解的能力。

美國政府強制把印第安人安頓在如今的奧克拉荷馬州東部，但沒多久白種人的牧主就來了，把他們的牲畜趕到青綠肥沃的印第安保留區放牧地。想辦法驅離他們的印第安人，就被帶往最近的阿肯薩斯州的史密斯堡公民法庭，也就是人稱「奪命判官」的羅伊．比恩法官（Judge Roy Bean）擁有自設法庭的地方。很多印第安人只不過驅趕牲畜離開他們合法擁有的土地上，竟然就被判有罪。諸如此類的事不斷發生，以至於巫師都對於巫術的事噤若寒蟬，唯恐被冠上無照行醫的罪名，所以有好長一段時間皆保持沉默、不敢聲張。直到最近，我們才敢開始與人分享一些心得。

在我還是學徒的階段裡，戴夫．路易斯就已向我說明過，我們的族人因為不諳白人的律法，經常不知道自己誤觸法規，直到身陷囹圄才恍然大悟；有時更只因為在法庭裡同意某些聲明，反而讓他們顯得更罪無可逭。因此，為了幫助我的族人在法庭裡得到公平的對待，他便教我如何使用當初在河流中央的試驗期間，四頭怪蛇經過身旁時我所學到的咒誦。

多年過後，這個咒誦終於有個派上用場的機會。我的侄子傑克因為在不恰當的時間點和地點幫助友人，被警方以侵犯人身和毆打的罪名逮捕。當時他的朋友到前妻住處探望四歲大的女兒，卻只看到一場盛大的宴會，不見太太的蹤影，所以他就帶著女兒到幾條街外傑克的住處，說道：「假如你的妻子能夠幫我照看女兒，我很希望你能和我一同到回到宴會地點，等她媽媽回家。」

我的侄子本來已經就寢了，但還是起身著裝、跟著這位朋友去等候孩子的媽回家，以質問她爲何丟下孩子。同一時間裡，那位母親也已回到家，卻發現女兒竟然不見了，於是就打電話報警。

傑克和這個朋友才剛走到公寓前，鎮上的警長就現身了。現場有位傑克的舊識喊道：「傑克，快跑，他們會殺了你。」如果你身爲印第安人，又經常是被粗暴的人侮辱的對象，一聽到有人這麼呼喊，通常不會呆站在那兒等著弄清楚到底發生了什麼事。他的夥伴拔腿就跑，傑克則趕緊逃往另一個方向，沒跑多遠就被人從後方擒抱。因爲傑克並不知道對方是一位警察，不但甩脫了他，還將他打趴在地。傑克自己也不支倒地時，另一位副警長及時趕到，依攻擊和毆打警官的罪名逮捕他。

在傑克的審判開庭之前，我便用在河裡學到的咒誦調配了菸草，然後帶到法庭上。沒有人看到我的身影，因爲我以另一種咒誦讓自己隱形——其實並不是眞的隱去身形，但是能讓你不受注意。那天一大清早，我讓菸草散佈在法庭入口，嘴裡念著法官、檢察官及警長和副警長的名字。那是他們都必須通過的走道，所以當他們走進法院大門時就已經中了藥效。

整個審案過程我都在場，但他們始終沒有意識到我的存在。警長和副警長站在審訊台上時，說辭錯誤百出、自相矛盾；檢察官站起身後，只發表了大約兩分鐘的言論就坐下了。這樣的發展，連傑克的律師都大惑不解。「你結辯了嗎？」他問。他所抗辯過的案子，從來沒碰到過如此輕鬆的論辯過程。緊接著傑克的律師做了結辯，指出前後的矛盾和不正當性後，聽完雙方論述的法官便宣佈休庭。

傑克的律師告訴他：「情勢可能對你不利。要不要我跟他們達成協議，讓你接受較少的罰金和最多一年的監禁？」

「不，我要堅持無罪到底。」

傑克不但知道我人在那兒，也願意信任我。最後，法官並沒有接受檢察官所要求的五百美元罰金和三年徒判，只判他必須繳交五十美元的罰金、完全不必坐牢——但是沒人記得要他繳交這五十美元。

我在河裡學到的咒誦和那條蛇的尖牙有關。一條看似有兩根舌頭的蛇衝著你來。這首溪族語咒誦的其中一部分，翻譯起來大約是：「情勢會失控，消耗你的言詞。」這也就是爲什麼那位檢察官會在結辯時辭不達意。這首歌癱瘓了他的思維運作。

在開始使用這種咒語來幫助某人之前，我必須確定整個狀況的正確性和公平性，所以我也算是某種律師。就此例而言，我心裡十分明白傑克不應該被處罰，因爲警長來到他身後卻不表明身分，也沒告訴他被捕了。傑克不知道是誰抓住了他，所以打人只是基於本能反應的自我保護。假如正義看似不會得到伸張，我才有必要介入。那是行使巫術時必須善盡的一部分責任。

眞正的雪

有一回，我受邀到科羅拉多州爲庫柏山的滑雪度假勝地祈福，在那年之前，因爲已有八年雪量不足，難以帶動商機，業績跟著下滑，所以當地人要我到那兒幫他們的土地祈福。當我開車前往科羅拉多州、途經新墨西哥州時，空中出現了彤雲，我便對它們說：「我希望能在庫柏山遇到你的親族，我正要趕往那裡。」到達的當晚，天空就開始飄雪了。隔天早上我進行過一種儀式後，老天爺更是降下了大雪。儀式進行中，我不允許任何相機和錄音機出現，但儀式完成後，新聞媒體還是聞風而至，就連電視台都在播報這件事，「事件現場」（A Current Afair）的一位記者訪問了我並報導我完成賜福儀式後的結果。

這位延請我來求雪的遊樂場主人是我的朋友。我在那一帶時，他們給了我一個落腳之處，所以我很樂意幫助他們。假如我是那種人，就可以利用電視播報之後來自國內四處湧來的電話詢問，趁機撈上一筆，但我必須清楚幫助他人的初衷。當地的職員雖然努力替我過濾電話，但還是有位女士給我帶來一些困擾——要我爲她祈福，讓她能大大發財，還說如果我肯這麼做，她也會讓我過得非常富足。如果她只是說：「我擔子很重，而且很多。」也許我們可以一起想個辦法，可如果我接受了她「讓我過得非常富足」的提議，那我就是利用巫術從中獲利，而那樣做有違我們的教示。

我並沒有指示偉大的神靈怎麼處理庫柏山的天氣，我只是向祂懇切祈請。我既不預言結果，也不以造物者的成事來邀功。雪花隨願飄落，顯示與造物者的溝通仍是可行的，但是人們忽視這一點。他們要的是偉大的魔法或花招，或他們心中所認定的那種說法。一位採訪者問我：「那是魔法嗎？」我告訴他：「不，那只是雪花。」

＊＊＊

中世紀時有人說，透過煉金術，基本原料都能變成黃金。聖日耳曼伯爵❶是有史以來最偉大的煉金術士，但他也強調，當我們為了人類擅用這些力量時，就必須為了如何使用這股力量而對至高的神靈負責。同樣地，我的長者也如此告誡過我——因為必須為所作所為負起全責，所以我們不可以濫用這些力量。

所有煉金術賴以作用的基本原理，就是能量的轉換。假如你將水冷凍，它就成為冰，但本質上它仍然是水。所謂「轉換」，只是從一種形態轉變成另一種形態。以此類推，你也可以轉換雲彩和所有蘊含可以產生雨水、冰雹或雪花的任何事物的能量。那便是我所祈求的，也就是事情發生的經過。如果你能夠好好關照長者一開始就傳授給你的神聖託付，就可以向更高的權能懇求而且有求必應，但是伴隨而來的則是一個更重大的責任。

我們可以透過尋求，得來那種能夠幫助人們的某類知識的力量；我們可以在風、雨、雪或是平和的氣候中呼喚，比如我們希望雨水能夠暫歇，好讓我們得以順利完成祭典的某些階段。這類狀況都與法力息息相關，但這法力又是誰的？想要成爲法力強大的人，就要容許比你強大得多的權能透過你來運作。只爲了更具有法力而尋求法力，我們甚至不談論這種事。

依能量行事

巫術有很多面向，因爲我們面對的是很多很多的能量，其中有些能量比改變法庭的結果和帶來雪量更神祕莫測。

亞利桑那州有個名叫威爾科克斯乾鹽湖的地方，居住在那裡的人經常會看到幻象，諸如建築物、頭下腳上疾馳而過的卡車和跳著舞的人群。有個人甚至看到南太平洋鐵道的火車穿越乾鹽湖，然後一節車廂憑空消失。他目擊的是海市蜃樓，其實過去曾實際出現過。

所謂「海市蜃樓」，是某些存在於這個眞實世界的景象的反射；如果不是一種存在於某個時空景象的反射，就只能說是錯覺。有人在遠離紐約的沙漠中看過帝國大廈，這就是海市蜃樓。這類的事件總被說得玄之又玄，答案卻可能遠比我們的想像更合邏輯。大氣層、地球表

❶ St. Germaine，一七一〇～一七八四，中世紀的神祕人物，「伯爵」並非實際頭銜，只是自稱。有人說他是廷臣、發明家、冒險家，也有人說他是畫家、鋼琴家、小提琴家、作曲家，但最引人傳頌的說法則是個煉金術士。

面、光的弧形折射，這一切所形成的環境吸收了原子的微粒成分，再把它們放在其他地方。存在於所有事物之中的各類原子永遠都在振動，所以我認爲，將來說不定會有一種機器能發出多年前出現過的聲音，像是摩西的聲音和耶穌基督的聲音，因爲那個振動和那種能量只要出現過，必留痕跡。

西方社會所稱的「無生物」，如岩石、珠寶、衣物，甚至家具和建築物，我的族人卻因爲它們含藏活生生的能量而視之爲有生命的實體，比如稱石頭爲「石頭族」。我的一個叔叔只要對放在手上的石頭唱過一首歌，這些石頭就會在他的手上兜圈子跳。這些所謂的「無生物」，都蘊含著也許外顯、也許不可捉摸的能量。許多屬靈人（spiritual people）就很喜歡收集石頭和水晶。**當你得到來自地球的某種質地堅實的固體，比如石頭、水晶或甚至是珠寶時，你並不都能明白它是如何形成的，或它到底累積了什麼樣的能量，所以最好得到後就先埋在土裡四天，第五天再挖出來，屆時蘊含其中的能量就會被滌淨**；之後再握於手中，以某種美善的意念注入你自己的能量，它才會是你的。眞正的關鍵是你給了它什麼能量。**假如你想潔淨某件織品的能量，只需攤在陽光下曝曬四天，就可以解決問題。**

有一回我認識的某人自殺了，在他死後不久，我就去找他的族人、協助他們祈禱。依循傳統的贈予慣例，他們得將死者的衣服和所有物分送給家人和朋友。我告訴那裡的人，必須先花四天來潔淨那些物品——堅實的物體要埋進土裡，織物則必須接受陽光的曝曬，這麼一來，導致他結束自己生命的那股負面能量才能滌淨，而不致影響收受這些東西的人。

但是有些古老的、神聖的物品不但不該被潔淨，甚至不該再度出土。一對來自阿布奎基的夫婦從墨西哥考古挖掘場帶回一些手工藝品之後不久，就聽到存放那些物品的房間傳來格格作響的聲音，太太打電話問我該怎麼辦才好，我便要他們帶那些工藝品來給我看。清理乾淨之後，我告訴這對夫婦：「一有機會就馬上送它們回去。」那些物品裡已經被注入了防止濫用的能量。事實上，我的族人在被迫離開家鄉時，就以吟唱保護咒誦掩埋了很多他們的巫師用品，以確保唯有具備資格、了解巫術的人，才找得到並挖出這些用品。這便是我們埋藏物品的做法。所以當你打算挖掘一些古物時，有很多因素都得列入考量。

力量的黑暗面

我們都非常尊崇部族的神聖地區和儀式，但也有人說，黑暗面的力量始終虎視眈眈、想要潛入這些美好的地方。到處都有不喜歡事物光明面的能量和惡人，不要人們祈禱，尤其是彼此祈福。有些惡人會運用這些黑暗面的力量，給那些他們認為「太良善」的人的生活帶來災難。

以助人為業者往往成為那些不願行善的人的靶子，不過打從受訓那些年以來，我體內便擁有一種類似保護機制的東西。假如有人對我非常非常不滿，只要我能不用同樣的能量以牙還牙，他們就會自己引來某些負面的東西。我如如不動，他們就會自作自受。如果我以良善之道照護巫術，就是偉大的神靈自己在照料祂的力量。

我的族人會用「魔法」（witchcraft），這個詞涵括薩滿教、妖術、戲法和巫法，我們稱呼習練這門訣竅的人為巫者。很多人認為巫者邪惡、盡用妖術，但決定魔法善惡的其實是使用者自己，正派、光明的巫者更多得是，所以接下來我要講述的故事，完全沒有要讓任何人對號入座的意思。

我收養的兒子之一，有次邀請我到大學為學生們演講。結束之後，一位學校行政人員對我說，有一群人希望能有個跟我相談的機會，但因為這並不在學校與我的協議之中，所以我有權拒絕。可當我說不介意和他們聊聊時，他才加上這麼一句：「有件事我得先跟你說一聲：很不巧地，這些人全都是巫者。」

「我沒問題。」

他說：「提醒你，接下來你得全靠自己了。」彷彿我沒見識過這種場面似的！

「沒問題，這樣更好。」

這一行人總共有十三位，是由包括一位高級女祭司和一個發言人所組成的十三人團體。發言人說，他們都聽了我的演講，而且察覺我身上有一股強大的靈力，希望我能准許他們使用這份靈力。

「這個嘛，假如我的靈力多到可以給人，歡迎大家取用。只不過有件事得先說一聲，我的能量很不巧都是正面的，所以如果你拿來做壞事的話，能量會反彈回去。」

我說到這兒時，很明顯地，現場馬上有個人想用他的法力來考驗我，因爲我感覺到有股兩指寬的風向我逼來；但在它就要碰觸到我的嘴唇之前，我便把它吹開了。我知道這是怎麼回事——這人打算讓我說不出話來。我一吹開，這股能量便立刻轉回他身上、噎住他的喉嚨，讓他幾乎無法呼吸，只得馬上跑到走廊。我跟在他後面跑出去時，他正嗆得趴在地板上作嘔，直到我對著他吹起鷹骨哨才勉強止住，接著我再用老鷹的羽毛搧他，才讓他慢慢恢復正常的呼吸。

我接受過的訓練讓我得以適應各種情境。大部分會說那是光環（aura），我則視之爲護盾，而在諸如此類的情境下，它便是我的保護者。既然我的靈力是正面的，只能用來行善，我就不能存心報復；不管那位年輕人對我施展了什麼法力，都只會回彈到他本人身上。

我帶他回到房間內，對他說：「當我說你的能量會反撲自身時，很明顯地你並不相信。你想噎住我的那個當下我就知道了。只要我念出四個字，他們明天就得埋了你；但是假如我眞的那麼做了，我的下場也不會比你想造成的結果好到哪裡去。現在，我要一次單挑你們十三個人。團結一致時，你們是可以凝聚相當程度的力量，但負面能量之所以看來所向披靡，只是因爲積極正面的能量沒有出來抵抗。」他們沒有接受我的提議。

* * *

為了能夠幫助因法術而受害的人，我也不得不學習一些族裡的魔法。我的一位入贅悠奇族的叔叔曾經捲入一場土地所有權之爭，有個對他十分氣憤的人便僱請一位術士來報復他。術士要這個人從地上挖起我叔叔踩過的地方，把腳印帶進森林，再找到一棵被雷擊中過的樹木。術士用這棵樹的木材升起火堆，把我叔叔的名字放入吟唱的咒誦之中，再把腳印丟進火焰裡。幾天後，我叔叔的腳底便開始發熱，而且愈來愈嚴重。如果他把腳放進常溫的水中，水會變得溫熱；一踩進冰水中時，冰塊便即刻融化。

我叔叔因此到奧克拉荷馬州克萊摩爾的印第安醫院就診，但是醫生們束手無策，只好把他交給塔爾薩的皮膚科專家。但這位醫生也幫不上忙，所以我的叔叔只好回到家裡，打電話給我。他說：「侄兒啊，你得來幫幫我。」我過去探望他時，疾患已經擴散到他的腳和膝蓋，皮肉紛紛凋萎、掉落，產生一種氣味很難聞而且不容易癒合的膿疱。他不但不能行走，甚至無法站立。

我告訴他：「我得跟你實話實說。我是很樂於助人沒錯，但同時我也必須明白自己的能力有其限度。我的意思是，如果受僱做這事的人還活著，我就幫得上忙；要是他已不在人間，那我只能治標而無法治本。不管理由何在，只要你想另尋高明我都沒有意見。」

「不，不，我要你來治療。」

我必須用我的觀像（visualization）來弄清楚叔叔身上到底發生了什麼事，因為他只知道自己被下蠱了，但不明白怎麼中蠱。看過觀像後，我必須藉著一遍又一遍的唱誦來尋找停留在他體內的毒物。在這個例子中，它是個在他體內到處移動、在腿腳各處留下小膿疱和癤子的惡臭團塊。找到毒物之後，我劃開了兩道切口、抽出毒素。

前後花了兩個月密集治療，叔叔才漸有起色。我對著裝滿水和藥草的桶子唱誦冷卻咒，好讓藥效上達腿部，緩和腳部的不適。同時我也爲他塗敷菸草膏。光是恢復部分腿上已腐爛和壞死細胞組織的再生能力，就花了我大約三個月。到開始治療後的第四個月時，他腳上雖然還有疤痕，卻已經能夠再次行走了。讓他痊癒的並不是我的法力，而是身爲工具的我能夠善用這股受託的能力。

＊　＊　＊

我們使用巫術時，不能只爲了自身的利益，否則巫術便不能發揮幫助別人的效力。絕不可以視巫術爲己有，我們只不過是途徑，透過我們，至高的權能讓其他人的心靈、身體和靈魂到達一種安寧自在的狀態。使用巫術的時候，我們必須誠心臣服於擁有所有力量、掌握權能的眞神。

如果你濫用法力來傷害他人，在我的族人看來，無論如何，你總會付出代價。假如你使用法力的起因是嫉妒或報復，你是可以讓某人殘廢，可當你這麼做之後，你也一定會付出代價，要不就是失去一位至愛，要不就是會有某種災難發生在你或你的血親身上。就算類似的事件都沒有出現，有朝一日當你就要離開塵世、終將面對原先給你能量的唯一眞神之際，祂將會問：「我給你的那些知識、那些力量，你運用得有多好？」你畢竟得回答祂，你不能說謊。

6

行醫之道

療癒是如何啓動的？

耶穌帶著他的一些門徒到別的國家去時，發現有人在治療病人，其中一位門徒問道：「他們怎麼能做這種事？他們並不是我們這樣的人。」耶穌回答他：「不和我們對立的人，就是與我們站在同一邊的人。」意思是，在信仰系統的核心裡，只要我們有相同的信念，我們就不會互相排斥。而且實施治療的並不是人，療癒人的是他們所祈求的神。世界各地的原住民都透過種種儀式——手搖葫蘆發聲、誦咒、擊鼓、起舞，來與那位擁有治癒能力的眞神取得溝通。疾病的療癒包含很多因素，但患者也必須有信心，因爲治療過程就是由此啓動。

有個天生失明的人被帶到耶穌跟前時，耶穌做的第一件事，便是把口水吐在泥土上，用那泥土塗敷他的雙眼，再要這位盲人到西羅亞（Siloam，耶路撒冷城外）的水池清洗雙眼。他照做之後，就看得見了。

療癒起自何處？是在泥土中嗎？藏在口水裡？在西羅亞水池裡？假如眞是這樣，爲什麼我們不現在就往那個池去朝聖？或是拿泥土和口水來醫治盲人？

身爲上帝的兒子，耶穌擁有神聖的力量，原本可以命令那雙眼睛得見光明，不用透過這麼多繁複的過程行事，但祂卻還是這麼做了。安慰劑效應起而代之，每一個步驟都更增強那位盲人的信心：「這對你很有助益。這能讓你療癒。」百分之八十甚至九十的療癒都來自病患本人，不是泥土，不是口水，也不是那口池水。病人本身自有一股啓動療癒之路，使之成眞的力量。

假設你正頭痛得要命，而我卻說「握緊這根棍子兩分鐘，你的頭痛就會消失」的話，因為你來自一種凡事求證的文化，這個必須符合那個，所以當你一握住棍子就會開始分析。「到底什麼能夠治癒我的頭痛？棍子的顏色嗎？因為它來自某種樹木嗎？還是棍子的長度？」兩分鐘後你還在分析，而頭痛一點也沒減輕。但假如你的回應是：「你告訴我假如我握住它，頭痛就會消失，那麼我會這樣做。」那麼，兩分鐘過去後，我可以保證你的頭痛就會離你而去。是什麼治癒了你？因為它是一根棍子？它的顏色？它的材質？你早就擁有自我療癒的能力，我只是按下那一顆讓你自己復原的小按鈕罷了。

無論稱號是醫者或巫師，治療病人的過程中，醫生的能量是重要關鍵。最毋庸置疑的是你必須相信這些藥材會如你所安排的方式顯現功效。至於我們所被託付的咒誦與藥草的知識方面，長者則告訴我們，當我們在治療病人時，「千萬不要讓一絲絲懷疑進入心裡。這些醫術不但都是好幾代先祖所傳承下來的，而且源頭還是所有生命的創造者，所以只要你心生疑問，就是懷疑祂的力量。別投射出你的脆弱，因為你並不是從自己汲取出能量，而是從具有全能療癒力量的高靈取得的。絕對不要有『它或許有效』的念頭，而要有『它一定可以』的信心。這種方法既已經救過不少人，就會再讓這個人復原。」

假如你內心裡的感受是負面的，病患便會被提取那個負面能量，你臉上的笑容有多明亮都不管用。照料身有病痛的人時，這一點非常重要：不管你是不是一位醫者，都要讓自己成爲正面的力量、啓動正面的感受給對方。你的正面能量，一定要跟著自己那個「這一定會依著我的安排起效用」的信念走。態度是醫術的一部分，所以你一定要有信心，因爲所有的療癒都來自同一個源頭。

以菸草爲酬

不論是醫治或開導，如果求助者堅持報答醫療方面的服務，先輩的教導是讓他們提供菸草，而且只要一小袋。有一次我到加州的阿古拉山爲一個家裡惡運不斷的女人舉行一場消災祈福的儀式。建議她跟我聯繫的是一位我們共同的朋友，他告訴她，習慣上給巫師菸草會比較恰當，所以我才一進門，她就遞給我一個喜互惠超商的購物紙袋，裡頭裝滿了Bull Durham菸草；除此之外，她沒再送過我任何東西，我也不覺得有必要向她解釋菸草其實不是報酬，而是整個儀式中的必需配備。

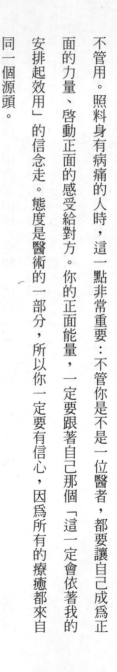

送給巫師一袋菸草這件事看起來沒什麼，隱含其中的意義卻很大。首先，它可以算是求助於巫術的許可物。表面上我所執行的巫術可能僅需短短數分鐘，但我到底得花多少時間才能學會只用幾分鐘就完成這項儀式？我又必須爲了學習與贏得使用的權利而付出多少犧牲？

所以，菸草的第一個意義是取得許可，但也同時是我的護身符，因爲我得在療癒過程裡接觸全能者。假如治療的是一位重症患者，我就是必須負責磨碎菸草的那個人，因爲若非如此，這個重症很可能會轉入我的身體裡。要是沒磨到粉碎，那麼風——雖然說風是我的母親——也可能會把重症帶進我的血親體內。所以，菸草是我和我家族的護衛。

巫師帶著菸草現身、祈求協助也代表了另一件事：他所學到的知識和所接受的訓練開始啓動了——從一個普通人類轉換成能讓眞神的大能順暢運行的工具。「我應該使用哪一種處理問題的方式和技巧，才能幫助這個人？」菸草讓我能想出可以解決問題的有效方法，並爲我提供了一種連結病患、了解他的需要的方式。如果治病所需的藥材中需要菸草，我就會使用患者給我的菸草；要不然，在菸草完成了建立我和病人之間的連繫任務之後，我就不必再用菸草來做任何事了。

接著，也就是療程過後，依我族人的傳統，才會有某種形式的餽贈。傳統上我們從不說這是報酬，而是稱之爲「巫術的交換」。用我們的慣用語言來說，則是*helis a gaga*——巫術的一部分。要是病患或他的家人沒有拿出某些東西來交換巫術和巫師付出努力才取得的知識，巫術本身也許就產生不了什麼效用。

我的導師告訴我，假如某人給了你某種東西做爲交換，那就好；要是沒有，這些巫術也還都能活用，不管此人是否給你菸草，都要全力以赴。也許有些人手邊就是剛好沒有，但事後卻會爲你祈福。**要知道，以我族人的行事風格，我們很難兩手空空地向人道謝，總是會想方設法**

回饋我們的感謝。以我自己爲例，因爲我不收受金錢，所以只能依賴餽贈物品維生。我的族人都知道巫術有各種不同的型態，哪種型態該以何種物品做爲交換物，他們都會依理行事。就算回溯到以金錢交換的時光，有時候他們也會給巫師一個擁抱外加幾隻雞，或是一些商品和一塊火腿。如果罹患的疾病必須花上巫師好幾天或甚至一星期以上，患者有時甚至會奉上諸如一組馬隊做爲相對的交換物。這類的交換全都會被視爲公平，但不會被看成酬勞，因爲巫師從不設定費用。我的族人就是知道餽贈什麼最恰當。雖然如此，我的老師還是早就告訴過我這種情形總會發生：不是每個人都會以物易術，而我們也不應該開口要求。

不願提供物品做爲交換，就表示病患很明顯地不尊重巫師費盡心力取得解決他問題的知識。假如我所知所聞不夠，還得花費我更多的時間來講解；但是假如我一看就知道問題在哪裡，便用不了我多少時間。這種情形我見識過不少次——「他只花了那麼一點時間」。因爲現今的社會是以時間爲導向，工作者都按鐘點計酬，他們不知道巫師首先得經過什麼樣的犧牲，耗費多少時光來取得這方面的知識。假如他們必須求助醫護專業人員，光是一次面談就可能得花上七十五美元；三十分鐘一到，你就得支付全額的費用。或許他們從巫師那裡得到的幫助比醫護專業人員還多，但一來到決定捐贈物品的時候，就起了煩惱心。

我個人並不視之爲冒犯，但有時候我也會感到十分可悲，爲什麼人們用這種態度對待眞正能治癒和賜福的眞神？他們眞只那樣看待祂嗎？他們是如何過自己的日子的？他們擁有很多財產，但誰是他們的支柱？我們所擁有的任何一件東西，不管是物質上或是精神上的，都來自造物者，可人們似乎常常忘了這件事。那些疑問經常浮現我的腦海，但我會用一個想法來取而代之：「那麼，就先將這一切拋諸腦後吧！將來的某個時候巫術自會處理這些問題，你只管盡力而為。」我的老師就是這麼教誨我。

＊＊＊

美國原住民利用菸草做為祈求的工具為時已久。第一次看到菸草時，他們便視之為一種十分神聖且奇特的植物，知道造物者賦予它某種特殊的任務。他們風乾菸草，用手握著一片葉子祈求，與偉大的神靈溝通過後，再讓菸草輕輕飄落地面。

自原住民首次風乾菸草迄今，風乾的方法始終一如往昔，只不過一次風乾得更多而已。後來我們發明了橡樹葉的包捲法，放進一些菸草之後再像香菸一樣捲起來。等到上帝賜給我們神聖菸斗（Sacred Pipe）❶之後，我們便開始使用菸斗來和神靈溝通。我們從不在菸斗裡放進諸如大麻之類的東西，只用單純的菸草。

那就是為什麼菸草在我們的生活中扮演著十分重要的角色。當事情並不如我們預期時，有

❶參見第十四章。

時候我們會先說：「我碰上了這種狀況，需要您的協助。」然後將菸草放在地上，把困境託付給他。

有一回爲了舉行一個特殊的儀式，我需要一根老鷹尾巴中央的羽毛時，正好路過阿布奎基，所以我便走進動物園，找到大型鳥舍區，手握菸草對著那兒的老鷹說：「我急需你的一根羽毛。不管是不是透過翱翔天空的親族，無論如何都請實現這個請求，讓我收到一根羽毛。我會以它來榮顯你和所有生物，因爲我是用它來行善。」然後我就放下菸草離開。幾天之後我回到家裡時，一眼就看到有個包裹等著我。包裹寄自我的朋友，一位我曾幫過他忙的奧克拉荷馬藝術工作者。

我幫他忙時，他把當時口袋裡所有的錢都掏出來給我。他並沒有預先準備餽禮，而我也沒有提出要求，但依我們印第安人的習慣，他知道必須提供有價值的物品，所以他打算給我的並不只有那點錢。我打開包裹一看，裡頭正是老鷹尾部中央的羽毛，所以我即刻走到戶外，放下菸草，望空說：「謝謝你。」**無論何時，只要祈求果眞如願以償，我的族人都知道的訓誡就是要說謝謝。表達謝意後，更多的祝福還會隨之而來。**假如你有所求也得到了回應，卻完全沒有任何表示，那麼祂不會眞正體會到你的感謝，而這會讓你更不容易得到其他的東西。你展現的感恩之情愈多，受到的祝福就愈多。

人們總是納悶，爲什麼對美國原住民而言十分神聖的菸草，會對非印第安人的健康產生那麼嚴重的危害。首先，當我的族人藉由吸食菸草來祈求時，我們並不吸入體內；同時，我們的基本教義是「自我控制」。節制、適度是一種很珍貴的本質，學會自律的精神之後，你就不會再受任何事物所束縛。但如果你貪吃、嗜睡、過度工作和玩過頭，那就如同消遣（recreation）是由「再」（re）與「創造」（creation）所組成，你就會走上諸如毀壞的反應（wreck-reaction）❷之路。所以，我們的生活信條才會是「凡事取其中道」。水對你的健康很重要，沒了水，我們就再也活不下去；但你不妨試試一口氣喝掉一大桶，看看會發生什麼事。你必須用點智慧。

條條道路通羅馬

我的族人藉由上山禁食來學習治療的方法，有時會帶回一些他們看到的觀象和聽到的指示。我們的藥草知識與如何讓療癒自然發生的方法，一開始就是這麼學來的。當傳教士來到這塊土地上時，他們說：「那全是迷信。我們提供你們《聖經》，你們要相信《聖經》，而不是那些盲目的崇拜。」

我們接過《聖經》，讀過之後便說：「噢，天哪，這裡頭一堆迷信。」

「你說什麼？」

❷ wreck-reaction 為 recreation 諧音字。

「這會兒說嗎哪（manna）[3]從天上掉下來，那會兒又說燃燒的荊棘不會燒盡[4]，還有紅海被分開。」

「哦，不、不、不，那不是迷信。」

「不是迷信是什麼？」

「上帝有大能可以選擇任何祂想要的方式來溝通。」

既然如此，上帝不就是透過走獸或禽鳥來對我們說話、和我們溝通嗎？如果說這只是迷信，爲什麼美國藥物局會准許六百三十七種印第安藥草運用在現代藥學上？他們根本就答不出來。

我有一根在儀式上使用的鷹羽，我只要看著那根羽毛，完全不必到處張望，就知道參與儀式的人之中有誰需要幫忙。我可以點燃雪松木柴，光用我的羽毛將冒出的煙搧向那個人，不必觸碰對方就能改善他的處境。

早在日本從中國引進針灸術之前，中國就有一種叫「拔罐」的方法。他們會放一些易燃液體到一種很像杯子的容器裡，點燃後，在病患的身上移動以驅逐負面能量。我們沒那麼聰明，印第安巫師只會利用燒紅的炭，含在口中，吹向病患。必須得從一個人身上去除毒素時，我們也只需鎖定位置、吸出毒物即可。

據說我的曾外祖父改造過一隻鹿角，改造過後，只要把它放在出問題的位置，鹿角本身就能抽出毒素。但是這種能力只有他能掌管。

我的族人一向認爲碰觸有療癒作用。假如某人身體的某個特定部位感到疼痛，我們會將一隻手放置在病患的身體前，另一隻則放在他身後，接著讓前方的手往內裡按，同時後面的手借勢往外拉，然後再兩手推拉互換，像手風琴一樣反覆來回移動。這種動作會在體內產生電極，患者可以感受得到，逐漸集結的能量不斷淨化那個區塊、減輕他的痛苦。四年前約翰·霍普金斯醫院的外科主任醫師發現，當你那樣做時，血液的運行會跟著暢通，也就緩解了疼痛。他要護士照著做，所以護士正在練習；然而，我的族人早已熟習很久很久了。

許多巫術現在都已經失傳了。我們有種很能對抗糖尿病的藥物，但是那塊我曾經採集藥草的土地早已賣掉、整地後蓋起了大賣場，而我完全不知道哪裡還可以找得到這種藥草。我的母親是迎接許多孩子來到世上的助產士，懂得很多我學都沒學過的唱誦。對我而言，這些誦歌不但屬於女巫師，也不知道還有沒有其他人懂得。她會特別爲婦女準備的某種腰帶吟詠咒誦，分娩後讓產婦纏在腰部，就可以讓腹部恢復原本的樣貌。孩子們肚子痛時，我母親會唱誦一段小咒，再敲擊孩子的腹部四下，疼痛就不見了。你不難發現，很多事情甚至連我們自己都說不出

❸《聖經》〈出埃及記〉中記載耶和華在曠野供應給以色列人的一種神奇食物。

❹〈出埃及記〉：「在神的山那裡，耶和華的使者從荊棘裡火焰中向摩西顯現。摩西觀看，不料荊棘被火燒著，卻沒有燒毀。」

個所以然來。我們無法解釋，爲什麼沒塗任何藥膏但只要吟唱一首咒誦和往耳朵吹送一口氣，疼痛竟然就會消失。這是怎麼回事呢？

我的一位領養自切諾基族的兄弟，後來成爲奧克拉荷馬市的精神科醫生。有一次，我們打算與一位共同的朋友共進午餐，但是當我們去接她時，她卻不想去了，因爲她的耳朵痛得很厲害。我說：「我來處理。」我念了一首咒誦並且對她的耳朵吹氣之後，她馬上疼痛大減。「噢！我感覺好很多，可以去了。」

從開始享用午餐起，我的那位精神科醫師兄弟就拚命分析，她的疼痛是由於耳朵裡的哪個管道和砧骨受到感染，還有這療癒是怎麼產生作用的。雖然他是流著印第安血液的切諾基人，但卻是在「現代社會」價值觀的標準下成長，萬事萬物都必須經過實驗室裡的調查研究、記錄，答案更必須符合邏輯。幸運的是，我的族人從不煩惱如何探查事情運作的途徑。我們一向不會一問再問「爲什麼會那樣？」和「爲什麼會這樣？」來增加長者和老師的負擔，我們從不質疑，只是接受。

＊　＊　＊

治療病患之前，首先我必須診斷出問題的來源，因爲我要嘗試處理的是起因，而不只是它引起的效應。問題起源於何處？而我或許只需觀察、甚至不用發問，因爲意識總是會轉移我的注意力，所以我必須接觸得到潛意識，才能知道問題出在哪裡。如何著手處理則是另一回事，有些狀況就連咒誦加藥草也無法料理。

還住在奧克拉荷馬市時，我認識的一位醫生的妻子在一場車禍之後陷入昏迷。他請我前往探視的時候，妻子已經不省人事一個多星期了。身為醫院裡的醫師，他已經一切囑咐妥當，所以我可以攜帶用具進去。我先在她的床邊向造物者祈求，然後用我的鷹羽碰觸她額頭的松果體區域，也就是很多人視之為「第三眼」的那塊地方上。每次我碰觸她的前額時，就同時帶進四個方向——東方、南方、西方和北方的能量。接著我用鷹羽對她搧風，告訴她的先生：「我得連吹四次鷹骨，因為目前另一個意識已然接管了她。她的意識還在，但是她並沒有運用，所以已經離開軀體了，我要召喚意識回到她的身體裡。完成後，我希望她能醒來而且恢復意識。」

我先站在她的床邊吹響四次鷹骨哨，分別向著東方、南方、西方和北方。為了強化這股能量，我還往東開了幾英里車程，下了車再吹一次哨。駕車回到醫院後，又做了三次同樣的動作——往其他三個方向開幾英里路去吹哨子。隔天她就從昏迷中甦醒過來，而且恢復百分之八十的記憶；雖然還記不起那百分之二十，但至少生活的功能都已恢復。

當她陷入昏迷時，其實她的意識仍在附近，只是她沒有使用。這種情況，就有點類似手臂遭到強力撞擊而導致麻痺無感；手臂仍在，血液和肌肉也都還運作如常，但就是失去了知覺。那個區域的循環必須恢復，手臂的神經才能再度有感。我所做的就是連結那個意識、教它回到體內，使她清醒過來。

孤獨的路途

幫助這麼多人們會耗費你不少心力，你才在這兒治療了這個人，剛回到家又有另一個人等著你協助。很早以前戴夫・路易斯就告訴過我：「我要送你去的，是一條十分孤獨的路途。沒有人有可能眞正了解你，自以爲認識你的人則根本不知道你心裡在想些什麼，無法體會你的感受；或有些時候，縱使你身處熱鬧擁擠的場合，卻還是不得不進行某種特定的接觸時，爲了完成巫術，你無論如何也得保持孤獨。那就是爲什麼在社交場合裡，你光是坐下來跟人哈啦：『哦，對呀，就是那樣。哦，那不是很好嗎？而且，你知道嗎，前幾天我在一個櫥窗裡看到一把非常優雅的椅子。啊喲，他們怎麼會穿成那個樣子？』就會讓你極不自在。身懷巫術之後，你再也不會對這些事感興趣。所以它可以說是一條孤獨的路，但終究值得一走。絕對值得。」

有一次我幫助某個人解決問題，接連熬了兩夜才完成必須的儀式，之後開了約三百二十公里的車程回家。那有多疲累呢？我只能說累翻了，而且倒頭就睡。可那天晚上大約十點鐘左右，我又被人叫醒：「有人要見你。」走進起居室時，已有一位十二歲的男孩等在那兒。他請人帶他到我家來見我，而且一見到我就哭個不停。「您能幫幫我爺爺嗎？他病得很嚴重，我們都覺得他就要死了。我愛我爺爺，不希望他死。能請您幫幫他嗎？」疲憊如我，也不忍心拒絕。

從我住的地方出發，整整走了約莫六十四公里路之後，我又花了兩個晚上來照料他的祖父，才讓他的高燒降了下來，再用咒誦準備了一些湯促進他的食慾，好讓他恢復力氣。一連兩個夜晚，我就有一大堆事得料理。

＊＊＊

巫師的生活充滿了諸如此類的事，是否我有機會表現得更好，我自己不認爲。有耕耘就有收穫。這位男孩不知道該以菸草來交換我的服務，但是他對我的一片赤誠並不亞於菸草。他說：「我沒有什麼東西可以給您，只有這根羽毛，希望您能收下。」那根羽毛，也就是目前我還用來爲人祈福、爲家宅祈福、在爲不同事件而舉行的祈求儀式時所使用的羽毛。我之所以經常帶在身上是因爲它是一份禮物，而且不只是來自一個孩子，更來自天上。它設法讓自己來到我手上，而且是根具有大能的羽毛；在碰觸到它之前，你就感受得到能量。巫師的生活就是這麼回事。男孩眼中閃現的光輝已對我表達出足夠的謝意。我很慶幸，至今我還能這樣四處幫助有困難的人。

有一回，我參加了爲一位上了年紀又生了重病的婦女舉辦的儀式。我只需俯視她，就看得到她身上浮現一大堆麻煩。比起其他身體上的不適，她最大的麻煩是悲痛，所以我只是把手按在她的額頭上，然後用溪族語祈禱，僅此而已。一個月後我恰巧又來到那一帶時，那位女士已經離開病床、到處走動了。她看見我的時候，我猜可能是剛剛出外檢視羊圈後正要回家的路上。她只會說一點點英文，但是她擁抱我說：「等我一下。」便跑進屋內，拿出一條銀色的帽帶送給我。然而，感動我的並不是那條帽帶，而是她眼神裡所表達的「謝謝你」。

不論來到哪個儀式會場，我都常聽到有人這麼爲我祈禱：「我們希望他能健康長壽、長久與我們爲伴，因爲我們需要他。」這實在怎麼聽都怪，好像我只是爲了滿足特定的需求而存活。我不是說這有什麼不好，也很感激這些祈福，但我記得夏延族的侄子曾在新墨西哥的一個場合裡這樣爲我祈禱：「我祈求叔叔能夠長命百歲，享受他的人生。」他爲我的長壽祈福的目的不只是讓我能幫助別人，而且活著的時候還可以眞正享受生活。聽到我可以像常人一樣過得快樂的這類祝福，對我而言別具意義。

既然身爲巫師，我就會繼續幫助別人，因爲我許下了承諾；對於這份工作，我有奉獻的精神和使命感。不過，希望我能夠享受生活的祝願對我還是意義深重，因爲巫師就像其他人一樣會疲累，也會有情緒上的波折起伏。我才十歲的時候就整天埋首兩英畝大的小塊田地，非常賣力地工作。那時的我有用不完的精力，可以毫不休息地工作很久，就寢時也就會一夜好眠，因爲我做了一些有建設性的工作，而且一覺醒來又蓄勢待發。**當你有個美好的願景而且得以實現時，就讓人生值得走上一回。**

7

另類療法

多年前我曾聽過一則與納瓦荷族相關的好故事。現今的納瓦荷族人似乎全都開著自家的敞篷小卡車在保留區裡活動，但在早年時期，他們都得以小馬——人稱「印地安小馬」拉的馬車爲交通工具。爲了取水，他們得駕車到屋外幾英里處，再一路載回他們的侯根屋（hogan，泥牆木屋）；如果想去交易站❶一趟，還得跑得更遠。

故事裡的納瓦荷老者就趕了迢迢長路才來到交易站。因爲這個交易站的地點有點荒僻，所以一有客戶上門，店主就迫不及待地聊開了。納瓦荷老者帶著他的雜貨到櫃檯時，兩人的嘴巴就忙個不停，別說交易站的主人包裝貨物的當下，就是納瓦荷人付款給他時，店主仍邊包邊聊，邊聊邊包。當這位納瓦荷老者好不容易結束了漫長的旅程，回到家打開貨物包裝時，這才發現，他付給店主的錢竟然放在其中一個雜貨袋裡。

隔天一大早店主正要開店之際，發現這位納瓦荷人早已等在那兒了。納瓦荷老者還錢給他時，店主問道：「你在哪兒拿到的？」

「在我的購物袋裡。」

「謝謝你，族長。我眞的很感激，也希望你明白我是眞心誠意地感謝你。但我還是有點搞不懂，你爲什麼還要拿回來給我呢？」

這位納瓦荷人手指著自己的胸口說：「這裡頭，我這個身體裡有兩個小小人，一個是善的，另一個當然是惡的，也就是壞的小小人。惡的這個說：『不拿白不拿。』好的那個說：

『這樣做是不對的。』小壞蛋說：『他不會發覺的啦。』小善人說：『那已經不是你的東西了。』昨天晚上他們爲此爭執了一整夜，今晚我只想睡個好覺。」

＊　＊　＊

我們印第安人不對這類事情貼上如「良知」這類的標籤，但是族裡的長者還是會教導我們，人的內裡藏有會在不同的時刻顯現出來的多種性格。幽默也可以是一種很有效的教導方式——我們會記住讓我們發笑的事情，我猜那就是爲什麼我學到的教導裡總不乏妙趣橫生之處。長者教導我們、甚至是與他人進行協商時，偶爾也會刻意以生動的描繪凸顯事物的可笑。

不過幾年前，我就用過這種方法來撫慰一位企圖自殺的女士。在新墨西哥州一個寒冷的冬夜裡，她打電話給我：「我想要自殺。」我和她熟識已久，所以就這麼告訴她：「想自殺就儘管盤算吧，但想歸想，可別眞的付諸實行。看看窗外吧，外頭的風雪可大著呢，地上都結冰了，想想挖個墳有多累！你該不會眞要我們在這種鬼天氣裡到外頭爲你挖墳，不會吧？」我叨叨絮絮地講了一堆，不外乎選在這種時間點結束生命有多荒謬，一直說到她開始咯咯輕笑，然後說：「噢，討厭鬼，你根本是在幫倒忙。」這才掛了電話。不過，直到今天她不但沒有自

❶ trading post，印第安人與白人進行貨物交換的地方。

殺，還過著愜意的生活。

人生的困境有各式各樣的處理方法。當事人需要的有時只是鼓勵，有時卻是電擊；給人建議的時候，你必須明白當下他需要的到底是大笑幾聲，還是流點眼淚。設法讓人笑到開懷，有人說就是種醫術，而現代社會的精神病學如今也在如法炮製。當你讓人發笑、讓人們暫時忘卻煩惱時，就宛如幫他打了一針強心劑。

療癒之術並不只包括學得咒誦和藥草的使用方法，還必須學習精確地鎖定對方正處於何種情緒——某些真正困擾他們內心深處的事物。光是學習人生的眞義、探究人的內涵，就足夠你努力一輩子，再怎麼學習也學不完。你自認已明瞭某個領域的所有門道時，說不定一個孩子就能點出你視而不見的地方。一個人必須眞正具備哪些資格，才能學習巫術呢？——不只能進行生理治療，而且也能提供心理諮詢。

我還住在奧克拉荷馬時，認識了一位正要前往納瓦荷傳教的人。當他的行李都已上車、家人全員到齊、正要啓程前往時，這才問我：「你能跟我說些納瓦荷族人的現況嗎？我知道你經常出入那一帶，有沒有什麼幫得上我的資訊？」

「你就要出發了？」

「是呀，再過三、四分鐘。」

「你要我在三分鐘裡提供有助於你傳教工作的建言？」

「是的，你有什麼建議嗎？」

「有，我有些建議。首先，要利用你和納瓦荷族的共同點。」

「我和納瓦荷族會有什麼共同點？」

「有的。」

「是什麼？」

「這麼說吧，你是人類，而上一回我見到他們時，他們也都還是人類。這就是你們最明顯的共同點。不管你佈道時是一口氣說上三十或四十分鐘或一小時，我不知道你有多喋喋不休，反正就在那段滿長的時間裡，納瓦荷族的老者都會留神觀察你，然後就會對你瞭如指掌。他們會透徹剖析你這個人的裡裡外外，對你的了解會更甚於你對他們的認識。所以，不管你對他們做出什麼承諾，最好都要一一實踐。你得當他們是同爲人類的夥伴，不以一個偉大的傳教士之姿俯視那些可憐、不幸的靈魂，而以同樣是人類的角度來看待納瓦荷人。這就是我的建議。」

在另一個場合裡，有個人跑來跟我說：「是這樣的，我被召喚去佈道。」

「很好啊，是誰召喚你？」

「上帝。」

「那不是很好嗎，既然是祂召喚你，那就再好不過了。你什麼時候要開始佈道呢？」

「這就是我必須來找你的原因了。我需要至少兩年的神學院相關訓練，但是我的女兒今年就要畢業，而明年我的兒子也要跟著畢業，更別說我目前在服務站上班，收入僅能勉強糊口。」

我打斷他：「等等，等等。你不必再往下說了，我已經知道你可以怎麼做。」

「做什麼？」

「回去找那位召喚你的祂，跟祂傾訴你所有的問題。或許祂召喚你時並不知道你有這些問題，所以你得跟祂說一聲。」

你可能會問：「這算哪門子的建議啊？」假如他眞是名副其實地由上帝點召去佈道，那上帝一定已爲他鋪好道路了；要是他現下心存疑惑，後來卻證明他是錯的，那從爲神服務的角度來看，他該怎麼辦？我並沒有對他說得那麼清楚。我不是每次說話都得鉅細靡遺、解釋一大堆，有時更只會一針見血地提點他們思考的方向。

上帝是寬容的

我花了三年半修習心理學研究所的課程，只需再讀個半年就可以拿到學位，但是我只選修了自己想要學的課程就離開了。我之所以進研究所，主要是想比較西方心理學和我的導師的教法，從而衡量：如果我執業的對象超越族人，我就可使用他們能夠理解的語言。

我是阿布奎基精神療養院的助理顧問，但在醫院裡出現某些獨特狀況時，我也會負責照護病患。其中一位是個因爲陷入熱戀而離開修道院的修女，比起從事聖職，她更想嫁人、過正常的家庭生活。當她離開修道院時，牧師告訴她：「上帝永遠不會寬恕妳，妳會一路直下地獄。」那顆種子深植在她的腦海裡，直到她感到自己是被惡魔附身時才開始萌芽。我不得不密集地與她面談，才終於得以改變她的思路，讓她相信上帝的力量能有多麼崇高，不該只當祂是愛人的上帝，還得明白祂也是寬恕人的上帝，而且這樣的祂擁有能力可以驅逐彷彿已進入我們體內的黑暗力量。

我跟她說了個耶穌基督面對一個住在墳場的人所發生的故事：那人日夜嚎叫，而且不斷用石頭劃傷自己。旁人就算用鏈條拴住他，總是會被他弄斷，所以沒人想再靠近他。耶穌卻走向他，趕走了他身上的邪魔。我告訴她：「那股力量從未稍減，仍然會在願意相信的人身上發揮功效。**愛和寬恕是同義詞，兩者幾乎完全沒有區隔**。上帝喜歡寬恕人。我們每一次說『上帝就是愛』時，也都可以改成『上帝就是寬恕』，因爲這兩句話指的是同一件事。沒有眞誠的寬恕，就不會有眞摯的愛。事理就是如此。」

她這才終於理解，所以我告訴她：「牧師終究也是凡人。他是很想傳達上帝的愛，但就和我們一樣也會犯錯。我沒有資格指責他犯了什麼過錯，但導致你胡思亂想的確是他錯誤的解釋。惡魔的力量本就非常非常強大，我們自認過於弱小、無法挺身對抗時看來尤其可怖，但是我們其實擁有反擊的靠山，也就是身兼造物者的上帝。只要妳願意，祂就會站出來爲妳對抗邪惡與不義。基於妳對生命的熱愛和想要與摯愛的人共組家庭的渴望，你一定希望一切平安無事，所以妳必須請求上帝來看顧妳。」接著我們一起禱告，而我用鷹羽和雪松的香菸「煽走她的晦氣」。沒多久後她便豁然開朗，目前擁有兩個可愛的小孩，過著幸福的婚姻生活。

依照職業道德，牧師不該進入律師的領域，醫師也不該進入屬靈層次的領域——那是牧師的王國。但我卻是個可以遊走各個領域的角色，正因如此，我有點像是那種醫院裡誰都用得上的隨手工具。

綜觀全局

思維有兩種型態：空間的和線性的。兩者差堪比擬，並沒有哪方優於哪方，只看你碰巧用上哪一種。使用直線式思維時，你會先設定一個發想點，然後不斷堆疊其他項目上去，直到建構成一個整體爲止。但採用空間思維時，你則是先看全局，再看究竟是哪些個別的事物造就了這個全局。

我曾經爲某個中心主持過一次研討會，中心裡有位廚藝超凡的廚師，因此，團體裡的一位成員就在儀式最後一天公開稱讚他的廚藝。我認爲這就是線性思維——特別挑出某個家庭中的某個成員。我馬上接口：「是啊，我也覺得。餐點我們都很喜歡，但是鼓舞人這麼烹調的是來自家人的愛，來自支持你的妻子和兒女。雖然他們也許並沒待在廚房裡，卻其實與你一起烹飪，因為你分享了家中的這份愛。」這便是空間思維——著眼於整個家庭，而不只是家庭中的一個成員。

不管是在治療某人身上的疾病還是情緒上的問題，我們的長者似乎也總是觀照整體。他們會先綜觀全局，然後找出整體裡失衡的部位，而且幾乎總能精確地指出問題點。深諳箇中三昧的更不只是巫師，任何一位長者也都能如此評鑑，所以他或她也可能因此得以幫助族人。他們也許一點兒也不拐彎抹角，直接就問：「你碰過這種事嗎？」不過，假如當事人看起來很敏感，他們也會換個開場白：「我認識一個人早期也發生過同樣的狀況，以及之後的影響。」這是我的族人為了確保他的話語不會引起你的防備和憎恨心，而順利傳遞訊息時會採用的溝通方式。

舉個例子來說吧。假設我坐在一整圈人群之中，我的侄子羅伯特也在裡頭，卻做了一些我不認同的事，比如說他已經喝過了頭；那個當下，另一個也在這圈子裡的我的侄子渥爾特則毫無過錯，但是為了羅伯特好，我就會對著渥爾特說：「侄子啊，我要跟你講點道理。如果你曾經在碰上情緒低潮時想過尋求酒精的慰藉，我希望對此你能夠三思。我認識的一個人因為上司對他很苛刻，使得他工作時心情十分沮喪，因此每天晚上一回到家就開始酗酒。緊接著，早上上班前他也得先喝上幾杯，依靠酒精打起精神；然後，午餐時也不能不喝。過沒多久，公司辭退了他的上司，原本他應是最有資格接任遺缺的人，但由於眾所周知的酗酒問題，他也被開除了。這麼一來，他再也承擔不起家計，所以妻子便帶著孩子投奔娘家。現在的他不只孤家寡人，內心更十分懊惱。所以，要是有一天你發現自己正處在那樣的情況下，就要回想一下我剛告訴你的、有關想要藉酒消愁的人會有什麼下場的這些事。」

在我的族裡生活得夠久的人都聽得出來「他這是在指桑罵槐」，但是他們不會出言反駁，因爲在我的部族裡，人人都不能跟長者頂嘴，也不能爭論或質疑長者的判斷。我們只會靜坐一旁，什麼訓誡都照單全收。

這時的羅伯特就會開始坐立不安。「我正在犯一模一樣的錯。天啊，下回可不能再這樣了。」這便是我們教導子弟時的形式之一——委婉地表達。因爲假如我直接對著羅伯特說，他或許不會在口頭上有何表示，卻無疑會惱羞成怒，而只要他一心生憤怒，就無法集中精神在我植入他腦海裡的思維種子。所以我才會把矛頭對著別人，好讓他全都聽得進去又能牢牢記住。這是我們提出建言的一種方式。

釋放與捨棄

孩提起就會有很多事情影響我們的行爲、態度和思考，而我們的長者則對這一切了然於胸。如果哪個人的生活看似亂無章法，沒個確實的方向，他們不是問：「這個人是怎麼回事？難道他都沒有接受過任何訓練或教導嗎？」就是可能會問：「他孩提時與父親、母親之間的關係如何？這孩子有個強勢的父親，還是一個寬容又善解人意的父親？對孩子在學校的事有興趣嗎？或只是個敷衍了事、隨聲回應，便回頭去做其他事情的父親？這孩子有位盡心撫育他，總是充當他小小世界庇護所的母親嗎？抑或有個心胸狹窄、蠻橫、莽撞粗魯的母親？」他們從這種種考量出發，再放進各式各樣的環境因素，要是有人看起來不太能適應，那麼他們便明白，或許這個人早年的某些經歷依舊困擾著他，所以需要好好照料。

孩提時發生在我們身上的很多事情，會一直跟隨著我們。幼童在一個滿是玩具的房間裡獨自玩耍時，他的父母只會不時地看他一眼、確認孩子沒出狀況後就又轉身去看他們的肥皂劇或其他電視節目，因爲他們都太忙了，所以沒辦法認眞陪伴孩子。但是如果這孩子弄翻、摔壞了檯燈，父母親就會馬上跑進房裡咆哮怒罵。這就是他們與孩子最早的直接互動。如此地缺乏互動，無異於我們所謂的遺棄，直到負面的事情發生後，才會有人想起這個小孩的存在，強化了孩子必須使壞才能博取注意和關愛的觀念。這些父母從來不說：「好棒，你很乖，表現得很好。」以至於這孩子成長時，自認是壞孩子的意念始終深植腦海。他並不是生來如此，而是在成長中逐漸認知：「也許我眞的那麼壞。」那便是我們經常聽說的自我貶抑的開端，但是很多人都看不出來源於何處。虐童的形式有很多——性侵、肢體傷害、精神虐待，但是最基本、最尋常的，還是遺棄。

或者，也許孩提時你眞的很渴望得到某種幾乎願意傾盡全力去爭取的東西，可能你會因此設想，如果自己的表現非常非常棒的話，說不定就能得到這個東西。但如果你的確表現得非常非常好卻得不到，就會覺得竹籃打水一場空，而讓這種沮喪感如影隨形，幾年後再次經歷類似的事件時，你就崩潰了，但你不明白爲什麼自己會有這樣的反應；因爲那其實源自很久以前就發生過的、讓你感覺很壞的事情，而你就像緊抓住香蕉不放的猴子一樣。

一位來自南非的巫醫告訴我，他們是怎麼抓猴子的。他們在南瓜上挖了個塞得進一根香蕉的洞，接著拿根湯匙把南瓜肉挖乾淨，再放進一根香蕉。只要有隻猴子來到附近，就會聞到從南瓜裡飄出的香蕉味，找到南瓜，伸進牠小小的前臂到處摸索，抓住那根香蕉，但緊接著牠就進退兩難了。牠的大腦沒有教牠想讓手臂自由就得先放開香蕉，只教過牠抓到東西後就別放手。

這也是當今很多人類的問題——年復一年死抓著那根香蕉不放。你沒讓舊傷口和沮喪留在過去，人生中有很多很多的經歷你早該丟棄了，但你每一個都緊抱不放，念念不忘。難怪晚上你會做荒誕怪異的夢，因爲你放不開太多早就該丟掉的東西，這些經歷就會像變化多端的萬花筒一樣不斷掠過心頭。

現在該怎麼辦？握住香蕉時，你便面臨了抉擇，不是毅然放手，就是怪罪那顆愚蠢的老南瓜：「要不是那顆南瓜，我早就自由了。」

早在亞當和他的伴侶一起被創造出來時，責怪就跟著誕生了，而你肯定聽過這則故事。造物者經常在涼爽的夜晚和他們一起散步，但是有一晚卻找不到他們，所以祂開始叫喚：「亞當，你在哪兒？」亞當沒有一如往常般應答：「我就在這兒。」反而躲了起來。上帝早就明白發生了什麼事，但是祂要迫使他們面對當下，讓他們不能不對自己的舉動做出回應：「發生什麼事了？」亞當決定責怪上帝：「您給我的這個女人。」因爲這個女人是您給我的，所以該承擔責任的是您。我認爲他們只是做了很自然的事，只不過很明顯地時機不對。

指責從此開始，而人類代代承襲。我們喜歡把自己的問題歸咎於情勢和他人。但是，責怪他人時，我究竟是在做什麼呢？「指責」一詞的眞正涵義是「推卸責任」。如果我是爲了自己的不幸而責怪你，那麼我就是傾倒我自己所有的情緒給你，而且說：「喏，交給你料理囉。」但是最該料理我情緒的人是你嗎？既是我的情緒，爲什麼我不自己處理？怪罪別人總是比較容易，誠實地面對自己就沒有那麼簡單了。這就是我們大多數人之所以長年來一直一直握著那根香蕉不放的原因。偶爾鬆手一次吧。

我的族人總說，絕不要用手指來奚落或批評你的夥伴，因爲當你這樣做時，別忘了同時有三隻手指也正指向自己。所以你可能比你所指責的人還要糟糕三倍，還不如先省視自己。這就是我們的訓誡。我的族人不會東指西指，我們不喜歡以指對人。長者說，如果以指對人，你的手指頭就會長得歪歪扭扭。

不妨這麼說：放掉我們手中的香蕉有很多很多種方法。碰上不喜歡的事時，族人的處理方式是對它表示敬意，並且對它說：「謝謝你，你給了我一個教訓。」不管那是怨氣、是仇恨、還是酗酒的問題，我們會說：「天啊，你已經和我共處太久了。現在我要嘗試一些其他的東西，但還是要謝謝你教了我一些有關自己的事。」永遠也別想斬草除根。你做不到的，它太強悍了，已深深地嵌進我們的腦海中。你得反其道而行，彰顯它，然後說：「謝謝你。」

我的族人會舉行一種「醉漢之舞」來傳遞這樣的訊息：「我們尊重你強大的力量，但也很希望族人能去做更有建設性的工作。為了榮顯你掌握我族之人的能力，我們要特別為你創造一支舞蹈。」我們也會為那些面臨太多死亡和血腥場合，從戰場或現代的軍旅生活返回家園的勇士們舉辦儀式。當有人目擊死亡時，我們會認為那是沉重的心理負荷，所以用這儀式來清洗掉負面的情緒和失落感。一旦你用其他事物來塡補這個空隙，就是採用了正確的物理法則：同一時間下，沒有兩個東西可以同時佔據與其同大的空間。所以，拿出原本的東西，放個別的進去吧。**假如取出負面的，便放個正面的進去，因為它們不能在同一時間、同一空間並存，長此以往就能清個一乾二淨。**

你我的很多傷痛和疾病，都來自我們的思考模式、我們的態度。我們會只因曾經被傷害過，從此就不相信任何人。信任人的確不容易，可一旦你能克服信任問題，要是你所信任的人沒辦法遵守承諾，那就是他們的問題，不是你的了。你付出了信任後，假如有誰辜負了你的期望，就只要接受這個事實、換成信任別人。一旦讓自己卡在背叛和傷害上，你就不會再成長。

你得繼續往其他的願景、其他的機會邁進。

我認識的某人有回就怨氣沖天，因爲他借了些錢給某個他認爲是朋友的人，可約定還錢的日期過了很久卻杳無音訊。我說：「喂，等一下，等一下。在你指責他之前，我們先來釐清一下前因後果。當他開口向你借錢時，你就有說不的選擇，所以我們就從那個點開始說吧。你讓這件事發生，你創造了這樣的境況，所以你得先跟自己說：『是的，是我讓這件事發生的。』我不知道你借了他多少錢，如果很多，那這個經驗的代價就很昂貴，但無論如何你都上了一課。」

我們都得從這類的經驗中學習。**要對人生中遭遇到的困境心存感激，因爲每一種境地都潛藏可供學習的寶貴經驗。**一旦學會說：「是我做的」，並且接受這個事實，那麼你就可以料理掉年復一年、不斷折磨著你的某些困擾，終於可以放下那根情境的香蕉，讓它不再造訪並時時糾纏著你。

坊間很多探討你的問題與焦慮的自助書籍和研討會，說的都是：「你必須釋放這些事物。」釋放、釋放、釋放，卻鮮少談到捨棄，但它跟釋放同等重要。

這麼說吧，假設我擁有某件萬分珍惜、世代相傳的傳家寶，而我是擁有它的最後一位家族成員。現在，如果我有個朋友十分憂鬱，憂鬱到整天都垮著一張臉。爲了振奮她的精神，所以我說：「我要把我們家的傳家寶送給妳，希望妳快樂起來。」所以我就送給她這件東西，衷心希望它能帶給她快樂。本來屬於我的東西，已經成爲她的所有物。

好啦，功德圓滿。不久之後，我到市中心逛街購物、路經一家當鋪時，卻看到我們家的傳家寶已成了櫥窗裡的流當品。「該死！那可是在我們家族待了好長歲月的寶貝呢！我的誠心誠意竟然流落到這種下場，眞的太傷感情了。」爲什麼我會難過？因爲我釋放了它，但是並沒有捨棄它，對它仍存有情感上的依附。換句話說，假如我認爲這個人需要幫助卻因爲自尊心太強而不願對人開口，所以只要幫得上忙就會讓我感覺良好，便代表我已經釋放與捨棄。

能夠既釋放又捨棄，你就會覺得一切無礙；可如果你只是釋放它，它就會不斷地回過頭來一而再、再而三地折磨你。有心釋放就要得懂得捨棄。

祂知道你住在哪條街

我經常回到奧克拉荷馬的馬斯科吉，走訪那兒的榮民醫院、和臥病在床的人聊天，必要時也會用上巫術。要不是這些退伍軍人都身著國家制服出生入死，我們根本不可能享有所謂的自由——自由到處走動、自由謀生，如果出於自願，甚至可以自由染患藥癮與酒癮。無論你怎麼看，它還是一種自由。那些退伍軍人立誓保衛我們的國家，確保我們都能擁有那樣的自由，即使爲之喪生也在所不惜。沒多久後他們就歸國返鄉，身殘體破、直挺挺地躺在醫院裡。在理當全家團圓的特殊節日、甚至陣亡將士紀念日，他們得到的關懷最多不過是一張卡片。以下便是我曾和那些人說過的一席話：

「同志，因爲我也曾在軍中服役，所以前來探望只是希望你能明白，我們並沒有忘記你。要是你感覺好像根本沒人記得你，也不必太在意。帶你經歷所有這些體驗並讓你存活到現在的那一位，祂記得你，祂在乎你。

「掃羅（Saul）這人不但學富五車，還通曉多國語言、深諳法律，卻執迷於對抗基督徒。就像卡士達（Custer）一心剿滅印第安人、傑羅尼莫（Geronimo）高舉反白人的旗幟，剛剛說到的掃羅也有異曲同工之處。爲了找上基督徒聚集之處，他前往一個稱做大馬士革的地方。

「可掃羅才剛走到半路，天上就降下一道讓他失明的強光，他因而撲跌在地，而且經歷了靈異的體驗。之後，掃羅便以一個盲人的狀態前往大馬士革，上帝則派遣一位當時名叫亞拿西亞（Ananias）、後來成爲使徒保羅（Paul）的人，沿途照料掃羅。上帝也對亞拿西亞講話，祂說：『往直街去，到猶大的家裡找一位來自大數（Tarsus）、名叫掃羅的人。』只需這樣一段小小的章節，就能告訴我們造物者清楚地知道我們住在哪條街道、住在哪座屋子，以及生活上的種種所需。祂會隨時隨地伸出援手。祂知道你進入哪家醫院、看哪一科、住在哪間病房裡。祂記得，祂明白，這才是重點。」

這位病患不能言語——子彈射穿了他的喉嚨，然而他的眼神清楚地傳達了他的心意，他伸出手緊握著我時，「說出來」的話更多。那是心與心、靈魂與靈魂的交流，比寫得出來的一整頁、甚至一整本書都更有價值。

在我們美國原住民的生活方式裡，巫術的意涵不只是一束藥草或醫者所接受的訓練，而是幫助人們獲得人生中美好的事物。只要你能指出一個新的方向，告訴某人這是一條路徑、這是一條他該走的道路，便是療癒的一種形式。當你伸出援手而使某人因此得到更美好的感覺，你就已經對那個人施行了療癒。

8
平穩向前行

別從頭到尾使用否定句

這是一個人人都想依賴專家的社會，比如說只要身體一有什麼狀況，你就會去看醫生。我沒有搶醫生飯碗的意思，但你眞的沒有那麼需要醫生；既然你會認爲自己生病，也就可以反過來相信自己沒事。至今爲止，人類開發出來的心靈潛力還不到八分之一，卻寧願花大錢好讓某個專家來跟我們說：「你就是這兒出了問題。」除了必須付費，我們覺得這樣很棒。

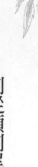

只不過你可不會這樣就痊癒了。外在的解讀通常處理不了內在的麻煩。你自己就擁有治療的能力，卻偏偏從來沒人肯告訴我們，大多數問題我們都能自己料理。

人們經常要我給些建議或心理諮詢，但總而言之，不論何時也不管對象是誰，我最好的建議都是：別從頭到尾使用否定句。也許一開始你無法不那樣想，卻別因此任其發酵，因爲你這是在把負面訊息輸入你的大腦，而這一來壞事就可能成眞。

無論你貫注了什麼到「意識覺知」之中，你的「潛意識」都會有所反應。每當你把訊息輸入電腦時，電腦就會立即反應並讓你在螢幕上看見那些訊息；與此類似的是，你身上也有一群工作者——不論你同不同意那叫「次人格」（sub-personalities）——會在你輸入意識覺知任何訊息時照單全收。因此，如果你給的是負面訊息，就會得到負面的反應。船長下命令時，底下的船員不會和船長爭論，「不，我覺得你應該改用這個速度，往這邊或那邊走。」他們不會評論命令的對錯或道德不道德，只會聽命行事。你餵養給潛意識的一切，不只都會轉化成你的態度和想法，假以時日還會衝擊你的身體。面對的事務愈沉重，這種現象就愈明顯。

我們會吸引東西，最害怕的情境也是眼看自己就要吸引什麼東西過來。能夠引起我們警戒之心的恐懼不是壞事，但如果你過度恐懼某事，就會特別吸引到那件事。

有人帶著好幾種問題來找我時，我就必須先判定哪個問題屬於精神層面、哪個又是身體上的疾病。有個在奧克拉荷馬蕭尼印第安醫院工作的臨床心理學家，不知怎地得罪了一位蕭尼族人；我沒過問，所以不知道他做了啥事，但那位蕭尼族人跟他說：「我們有很多對付你這種人的方法，你等著瞧吧。」幾天後，那位心理學家的腳突然蜷縮起來，怎麼也無法伸直，但送到奧克拉荷馬市聖安東尼醫院之後，卻被院方安置到精神病房裡，因爲內、外科醫生都檢查不出他的病因。

我的外甥當時正巧是奧克拉荷馬市三州印第安醫療服務中心的負責人，所以打了個電話給我：「我們這兒有個醫生、來自蕭尼的心理學家，您能幫幫他嗎？」所以我便去探訪那位找不出病因的心理學家，這才聽說了那位印第安人怎麼恐嚇他。我知道那個印第安人其實什麼也沒做，只是想讓心理學家心生恐懼，因爲我實際檢驗過他的腿和腳，裡頭什麼異物也沒有。這位醫生的症狀，完全是無意識地自己嚇自己的結果。

我跟他說：「做爲心理學家，你很清楚問題在哪裡。他在你心裡播下一顆種子——『我們有辦法對付你』，而那顆種子也果眞萌芽了。你很了解移情作用，也就是心理造成的生理反應，而你的案例正是如此。不論是不是你自己的意念所造成，總之，你的腳就是因爲受了驚嚇才無法打直。我要用四首頌歌來復原你的腿疾，然後用我的鷹骨哨子向四方各吹一次，最後再用這根鷹羽完全拂去你的問題。第一首頌歌唱完後，你的腳可以開始動；第二首歌之後，你的腳就能伸展；我一唱完全部四首頌歌，你的腳就可以完全打直；接下來，我才會用這個哨子向眞正幫了你忙的神靈致謝。」

事情的進展也果眞如我所料。我的第一首歌都還沒唱完，他的腳就已經能動了；不過唱到第三首，他的腳已能完全打直；唱到第四首歌時，腳上的刺痛感終於消失，他也覺得已經痊癒。我用鷹羽搧拂過他後，特別交代他：「別跟醫生說起我做的這些事，讓他們去瞎猜自己究竟做對了哪件事。」

當你播下一顆種子時，它就會去吸收萌芽所需的每一種養分。吸取了土壤中的營養和水分後，包覆種子的硬殼就會先是軟化而終於剝離，隨著植根逐漸深入土中，植芽也會同時往上長而突破表土、開始吸收陽光。種子就是這麼爲了成長而吸取所有需求，而在你的意識覺知裡置入一個念頭，就和播下一顆種子沒有兩樣：不論正面或負面，你的潛意識都會爲了那個念頭而擷取所需，直到意念應現爲止。

我曾經受邀到休士頓一個名叫奧米茄中心（Omega Center）的地方爲愛滋病患從事心理諮

商，但我所做的第一件事，卻是希望他們更改那個中心的名字。Omega是希臘字母表上的最後一個，暗指那地方是這些人的人生最後一站。換成什麼名字都好過這個。

思緒的力量

我們對心靈的理解仍然有待加強。我說的可不是大腦，而是心靈。有個軍人不但在韓戰時失去了一條腿，也因爲當時幫他截肢的流動醫院位處戰火之中，不得不就地掩埋了他的那條腿。這位軍人回到基地的醫院後，便不停地抱怨螞蟻在他的腳上到處爬，醫生雖然向他解說了種種有關「假痛」的事，但他始終堅稱：「我的腳上爬滿了螞蟻。」爲了安撫他，軍方只得派遣一支隊伍去挖回他的斷肢；可當這支特遣隊挖開泥土時，他的腳上果然爬滿了螞蟻。這隻斷腳整整離軀體好幾英里遠，到底是身上的哪裡感應到了螞蟻？這就是我們對心靈的理解還有待加強的地方。但就像軀體可以和心靈溝通，心靈當然也一定能夠影響軀體。

人們總是困惑，爲什麼一天到晚不是這裡疼就是那裡痛，或者雖然無病無痛卻得面對許多艱難的處境。這些病痛、處境都是我們創造出來的，緣於同樣的理由，我們的心靈也能料理這些痛楚。

思緒可以影響軀體及軀體內在的感受。舉例來說，假設你肚子餓了，於是幫自己做了個三明治，並且在一個有風的晴朗日子帶著它到戶外去吃；可你發現忘了帶飲料，便把三明治擺在椅子上、走回屋裡拿飲料。多走了這一趟之後，你覺得自己更餓了，抓起椅子上的三明治就大口咬了下去，卻完全沒料到，在你回屋裡拿飲料的這段時間裡，三明治已沾上了沙塵，害得你滿嘴都是沙粒。別說吃了，光是想到嘴裡有沙就會讓你起雞皮疙瘩。思緒會影響軀體，所以你怎麼思量事情與思考什麼事情也就很重要了。

假設你和一個你怎麼看都討厭的人起了爭執，這人本來就看誰都不順眼，現在終於直接惹上你、讓你很受不了；你不但發現自己很難原諒這個人，更覺得他挑起了你心裡潛藏的憤怒。現在，再想像另一個人爲你做了一件很棒的事，他沒有給你什麼好處，只是讓你感覺很好；而因爲對方透過這樣的行動向你展現了極大的尊重，所以你非常喜歡他。我認爲這兩個例子告訴我們的是：你從你認爲惹人厭的人那兒感受到了憤怒，但從另一個認定不同的人那兒感受到的卻是完全相反的愛意。你的情感並沒有轉換，只是改變了想法，然後情緒也改變了；也就是說，想法的確會像影響我們的身體一樣地影響情感。這就是爲什麼，**你最好弄清楚你給了自己的意識覺知什麼東西，因爲那全都是能量、感應。**

你我都擁有很多很多種層次的感應。你可以走向大自然、遠離忙碌的上班世界、感受你覺得極其安寧與靜謐的夜色，但那仍不是全然的平靜，仍有不同程度、許多的活動在發生。夜色也許一片靜謐，可你知道那並不代表萬物俱息；同樣地，你的思緒也永無靜止之時，只能偶爾讓它放慢腳步。

一夜好眠

如果你剛剛度過了非常刺激的一天，就寢時身體已經很疲倦，可能很快就入睡，但你思緒的靈動卻轉變得更快速。如果你研究過快速動眼期，那你就知道，熟睡時眼球都會快速轉動。爲什麼就算你的睡眠時間完全一樣，但某些早晨醒來時會覺得疲憊而有時卻精力充沛？你之所以愈睡愈累是因爲一整晚心思忙碌，翻來覆去、想對你說些什麼的夢境讓你窮於應付；你還是讓自己準時起床，但一整天都提不起精神，就算是在做你熟悉的日常工作時，也沒辦法使出全副心力。

既然如此，你該怎麼料理這些內在的問題？在打算上床睡覺之前，就要先放鬆你的身體。是不是從頭頂舒緩到腳底、或者從腳底延伸到頭頂，並不重要，關鍵是一路放鬆身體的每部分肌肉，而且與此同時深沉、和緩地呼吸。在舒暢、平靜、有如微風吹拂的思緒中呼吸，可以安撫、鎮定你的心神，讓你進入深沉又安詳的睡眠之路；然後，想像你的每一次吐氣都是在釋放日常工作積累的所有緊張與壓力，解放它們到一個空間中，讓一切牽掛心頭的未竟事務都暫且留在那兒。是的，明天它們一樣會回來，但那時再解決也不遲，眼前你只管暫停心頭的牽掛、照料你的身體，給它一個好好休息的機會。這樣做不但能放鬆你的身體，也照顧得到你心中的思緒與感受。

躺到床上時，記得感謝上帝賜給了你這一天並向祂祈求一夜好眠；一旦能把這份思緒送進意識覺知之中，你就能緩緩陷入沉睡，而且精神飽滿地醒來。醒來後的你，甚至能用不同的視角看待未解的難題；先前你認爲看不到結果的困擾，會有如隧道盡頭突然出現了一絲光芒，引領你走向解決之道。你會明白，光靠自己就能掃盡障礙。

我們只接觸到心靈力量少得可憐的、非常窄小的部分。我們其實不是因爲只擁有那一點兒力量，而是從來不肯充分信賴、善用心靈。**心靈的力量可以成就任何事，比今日無論爲了什麼理由而創造的奇妙藥物都更有效能。**

歡笑是靈丹妙藥

我的族人最值得一提的特質之一，就是他們的幽默感。不論生活上的處境有多艱難，許多印第安人都會努力發掘值得一笑的事物。早在孩提時代，長輩就已教導過我們怎麼拿自己搞笑來讓別人開心。我們不從別人身上找樂子，只在能讓大家哄堂大笑的情境中尋樂。

如果你參加過我們的喪禮，那麼儀典開始前，你一定經常看到某人說了某些有趣的話而引來一陣笑聲的情景；可一旦到了該嚴肅以待的時刻，這些人的舉止馬上轉爲對死者與遺族的誠懇、尊重與恭敬。每一個印第安人都懂得淚水與歡笑之間的平衡。每當有人對我訴說一個悲傷的故事時，我會深受感動隨之黯然低迴一陣，然後我就會轉向稍稍輕鬆的話題。我但願自己總能找到那個平衡點。

有些人就是學不會當笑則笑，他們總是很嚴肅地工作、不明白爲什麼自己會感覺那麼疲憊。這是因爲他們只在一個層次上運作身心，完全沒有平衡可言。你永遠見不著他們臉上的笑容，因爲這種人總是先天下之憂而憂，既看不開今天，還要煩惱明天、後天。他們的憂煩之債就是這麼難以清償。掛心並尋求一個問題的解決之道不是壞事，但憂煩卻有如一張搖椅，雖然的確讓你有事可做，你可以搖啊搖、搖啊搖，卻永遠也搖不到你要去的外婆橋。

有些人就愛讀磚頭書，而且是一本又一本地讀，其實這種吸收知識的方式有點失衡。我自己是先讀了平易近人的古典西部作品後，就覺得接下來該讀一讀榮格（Carl Jung）❶的《答約伯》（*God's Answer to Job*）之類的著作，這樣才能夠完全吸收。然後我會暫時放下，回頭再讀些分量輕一點的東西，有時甚至會看漫畫，因爲漫畫作品經常說起故事來更眞實，也更不拐彎抹角；有時我還會用卡通筆觸畫出思考中的事物，但畫完就丟掉，因爲那只是幫忙思考的過程，釋放心思，好讓我繼續追索更多嚴肅議題的方法。

在某些最嚴峻的情境下，你幾乎感覺得到一切即將反轉——如果我們不靠自己取得平衡，那麼讓我們不得不面對的情境也會自動出現。

❶瑞士心理學者、精神科醫生，分析心理學創始人，與佛洛依德齊名。

我認得的一位蓬卡族女士，丈夫過世時，根據蓬卡族的習俗，死者必須在過世後的第四天下葬，在那之前他們通霄達旦地聊天，只在午夜時分稍事休息用點心後，就又聚集起來直到天明。曾經發生過這樣的事，有次來自附近教堂的一位教士剛好在午夜前結束發言，要往他的座位走去；上了年紀的他，動作慢條斯理，緊接著是寡婦致詞，正當她向弔唁者致謝時，這位教士終於落座了，他往後一靠，卻因爲椅子在光滑的地板上，止不住地往後滑直到最後摔倒在棺材下，其他發言者只好起身把他拉出來。可憐的寡婦先是擺出一副嚴肅的神色，最後終於忍俊不住地爆笑出來，大夥兒也跟著哄堂大笑。她說：「你們一定都知道，我躺在這兒的丈夫這會兒也會很開心。他就是這樣的一個樂天派，最愛的就是搞笑。」她眞是了不起，轉化了糟糕的場面。

一體兩面

一個完整的事物通常都有兩個面向——白天與夜晚是我們稱之爲時間這個整體的兩大部分，有罪與無罪組成了我們所謂的審判。你可以這麼依此類推下去。人生裡幾乎每種處境都是一體兩面，必須努力取得均衡。

在很多東方哲學家眼裡，每個人身上都有「陰」和「陽」這兩種能量。也就是說，不論我們是男是女，人人體內都有些與性別相反的能量。水屬陰，但來自陰性的水結凍成的冰塊卻

屬陽。陰與陽的轉換很微妙，不是什麼顯著戲劇性的事，但還是在。大多數的醫者很少談論這個，但女醫者需要男性能量，而男醫者身邊也得有女性能量，尤其是在製作藥物時，異性能量能夠增強藥效。

每當一位納瓦荷族印第安男性想在某個事件或會議中取得某種共識時，他都會帶著妻子或長女出席。因爲納瓦荷人認爲男性與女性看待事物的角度不盡相同，所以眞正均衡的意見一定要由男女共同形成。納瓦荷的醫者舉行祈福祭典時，在某個特定的段落，得由一位與他有關聯的女性跟在後頭複誦禱詞，透過結合女性與男性的能量來強化誦禱的力量。其他部族的醫者也幾乎都會這麼做。雖然我們不愛張揚，你也很少聽說，但事實就是如此。

逆向操作也能讓你的身體回歸均衡。有時你從學校或工作場所回家時，會覺得身體很緊繃、壓力重重，這種時候最能讓你放鬆的方法，就是把左手擺在脊椎底部後，再把右手放在頭、頸相連的凹陷處，保持一陣子，你就會開始感到放鬆。以這種方式擺放你的雙手可以連接神經系統的正、負兩極，讓能量前後流動以平衡身體和舒緩心神；如果你偶爾這麼坐上一陣子，就會發現你幾乎可以坐著入睡。那是讓你自己放鬆最簡便的方法，就連工作時都可以來上這麼一下。不過可千萬別倒放了雙手的位置，如果你左手在上、右手在下，功用便恰好相反，會讓你愈來愈毛躁。

人在身心均衡時的效率最高。採訪過我的人，通常會在結語裡用新時代的流行語——心智偕行（Walk in balance）。但是這麼寫的人當眞都知道怎麼「心智偕行」嗎？如果你用腦時太傾向某一邊，也許你只是沿著自己的某種角度在繞圈子。同時啓用兩邊的大腦，你才有可能心智偕行。

也許你早就聽說過，人腦有左腦與右腦之分。左腦掌管的是邏輯思考，而且理智向來不是壞事；右腦則專門處理非關現實，即人生精神層面的種種。想要有個平衡的人生，你的左腦和右腦就得先取得平衡。然而，從幼稚園直到取得博士學位的求學生涯中，你所受到的教導都是強化左腦的功能——一天到晚寫東西、交報告。撰寫論文時，你必須引用已經以類似題材取得過學位者的文獻，才能讓審核者相信你做過大量閱讀、研究的功課。求學過程中，你不得不一路借用理性思考，因爲老師不會接受「神靈告訴我應該這樣答題」這種說法。如果你堅持遵從先天的感性思維，你就會被趕出教室，因爲在老師眼裡這樣做就是不對。這就是爲什麼我們少有盡情運用感性右腦的時刻。

我的族人從不談論左腦和右腦，我們甚至不用「大腦」這種說法，只會說人體內還有些更小的人，有一邊的小小人總是忙著想問題、找解答，另一邊的小小人則較有信念、信心與信仰。

在美國原住民的歷史早期，我們就已學會怎麼善用感性這一面了。我們的學習過程，當然不是透過科學實驗室的實驗，而是透過對周遭事物的感應、透過被鼓勵去信任本能。對事物的感應能力是我們的救贖之道，我們依賴那些感應。比如戰士，當他感應到背後有個什麼時，他就會回首四顧，即使什麼也沒瞧見，他還是知道有個東西就躲在他看不見的地方。如今的你我也都還擁有這一類的感應能力，只不過沒有過去的人那麼敏銳，但有爲者亦若是。信靠你的感應力，可以是你的事業、你的人生、你工作的救星。你的第一感來自直覺，也就是你的右腦，但緊跟著左腦的邏輯洪流就會席捲而來；如果你總是讓邏輯思考毀掉初始的直覺感應，也許就會因而付出慘重的代價。

比如說，你正要出門時的第一個感應是帶上夾克。那件夾克就掛在門邊，你的一隻手開門時，另一隻手已經要去拿了；可當你打開門時，一見到外頭陽光普照，馬上就這麼想：「看來沒必要帶夾克了。」所以你縮回那隻手，就這麼出門去。但才沒過多久，天氣就急轉直下，氣溫也從溫暖漸漸變冷。出門前，你的直覺——心頭的感應明明告訴你「帶上那件夾克」的，但在見到陽光後，你的邏輯之腦卻告訴你「我不需要夾克」，由此可見，聽從初始直覺會好一些，而且不要分析太過。**如果你肯從某些小事——比如要不要帶夾克——中練習善用直覺，總有一天就能在人生的重大決定中派上用場。**

＊＊＊

在先前的篇章裡我曾提過，族裡的長輩會先蒙上年輕人的雙眼後，才帶他們去森林中的某棵樹前，原路折回後再拿掉蒙眼的布，要求他們自己找到那棵特定的樹。但在另一種場合裡，在帶領一群男孩進入森林前，族中長者會先告訴他們：「這裡就是我們聚會的地方，在你們的冒險開始前，先試著愛上這裡，用心感受它的存在。」然後才蒙上他們的雙眼。不過，這回當他們進入森林後，蒙眼的布條並沒有摘下，考驗也變成了「想辦法回到聚會之處」。因為他們猶如盲人，所以都有根拐杖可用，但找出來時路的方法，卻只有用心感應出發前對此地愛的覺受一途。

每抵達一個新地點時，都要先用心體會感覺對不對；如果感覺不對，就得換個方向再走。不斷隨心所好而行，直到你再次尋回那個地方。當你感應到先前的愛時，就知道你找對了。

人生可以有很多方向，就看每個人自己做出了什麼抉擇。擁有選擇的自由是上天的恩賜，也許會帶領你走到一處盲點，一個看似全無出路的地方，但只要你願意多所嘗試，正確的模式就會浮現而使得你學會怎麼跟隨你的心。覺知這個模式，覺知你的心靈在人生的特定階層怎麼與你的思慮和諧連結，然後把這種體會當成生活準則。**也許你的人生有時還是會像個迷宮，卻永遠都有出路，只看你做了什麼抉擇。**就跟走紙上迷宮一樣，你只需一再試誤、不斷摸索。

一次只要活一天

有一回我幫一群美國林務局的雇員辦了場奧克拉荷馬的印第安醫院之旅，參與者全都是林務局的較高階人員，包括不少教授和科學家。有位教授看見候診室裡坐著一位印第安老人家時，就跟我說：「你可以幫我問問他是不是生病了嗎？」我不認得他，但我知道他眞的很老了，因爲我問他歲數時他說九十幾。我用溪族語問他是不是生病了，他忍不住笑地說：「沒有，我沒生病，我只是看起來很像有病。」

「問一下他變老以後最大的健康困擾。」

再一次，我用溪族語轉述了這個問題。

他再次含笑答道：「我沒辦法回答這個問題，因爲我從來沒覺得自己老了。不過，等我當眞老了又知道有啥困擾時，一定會讓他知道。」

* * *

現代人、尤其是非印第安族群，都很有年齡意識，也都很有時間意識，因爲「時間就是金錢」。每回有人問我：「我們幾點開張比較好？」我都會給他「八點十七」、類似美國國鐵發車時刻的回答。只有人類才會爲每種情境都加注時間。當樹上的葉子凋落得似乎有違自然地過早時，誰可以說它們沒有遵守既定的落葉時間？我們甚至還試過對鳥類設下日光節約時間，結果當然是白忙一場。換新羽毛的季節到了，牠們就會長出新羽毛，該改變顏色時牠們就改變，根據的是牠們自己的時間，而不是我們說了算。

你我都常聽人說：「我不知道時間都跑哪兒去了，現在已經中午，但該做的事卻還沒做完。」或比如說：「我沒時間了。」這些人就是不肯停下腳步來想想我們每天都有一樣多的時間，如何運用這些時間才是重點。可人們偏不這麼想，明明是自己的時間管理有問題、沒先設定計畫再跟著實行，卻總是怪罪某個人或某件事。也許他們是訂了計畫沒錯，卻執行得亂七八糟，以致有些任務沒能如期完成，只好拿時間不夠當藉口。也許他們太想要充分利用時間。不論有沒有實行日光節約時間，我們每個人每天都有二十四小時，所以最好還是把力氣花在怎麼管理時間以完成每個任務上。問題是，只要工作內容裡有些不愉快的任務，人們總是傾向於先做最簡單的那個。爲什麼不倒吃甘蔗、從最苦的部分開始呢？一旦克服了最讓你不愉快的任務，你就會因爲對剩下來的工作更有信心而享受駕輕就熟的樂趣。一開始就移除最大的那塊絆腳石，你接下來的這一天就會順心如意，而且帶著愉悅的心情回家。

＊　＊　＊

我之所以能在年過七十五還老當益壯，關鍵之一就是我學到的人生第一課：一次只要活一天。我的族人不會一次考量好幾年或幾個生日。**要用你可能明天就會死去的態度過人生，每天都做你最想做的事，而且盡力做到最好。**如果你今天只想偷個懶，那就讓自己放一天假；若是很想振作奮發的話，這一天就勤勤懇懇地過。

眞正的印第安生活之道，是睏了就上床、睡飽了便起床、肚子餓了就塡五臟廟，沒有什麼非遵守不可的時間表。今天的你，因爲一大早就得上班，所以只來得及狼吞虎嚥地塞點東西進肚子就出門了；這種吃法幫不上你什麼忙，也許你生理上是「吃飽」了，但因爲這種狼吞虎嚥無法與心靈上的需要攜手並進，也就毫無用處可言。

你可曾在上午時分去過咖啡店？也許你前一晚曾經在電視晚間新聞裡看過某則消息，但沒弄清楚細節，所以你一面喝咖啡、嚼貝果，還一面讀報紙。接下來的這一天裡，你始終弄不懂爲什麼自己會那麼無精打采，但其實始作俑者就是你自己。在應該消化食物以供輸身體各部養分好讓你度過這一天時，你的心卻干擾了胃；因爲你心不在焉，一會兒看這兒、一會兒注意那兒。

有一回我正要前往奧克拉荷馬的某個商務辦公室時，剛巧有個朋友問我要去哪兒，我就說：「我要去『胃潰瘍峽谷』。」因爲我知道那裡的人最容易罹患胃潰瘍。如果你是個經理人，你就會和其他經理人一起吃午餐、談買賣，你們會討論的，無非是該不該併購哪家公司或該用多少錢來併購，或者是股市大跌兩天後卻只小幅反彈，讓你們多少有點擔憂。這種時刻，你們該做的其實是好好享受一餐來照顧自己的身體，讓食物順利轉化成推動身體的能量，但你們卻因爲邊吃邊思索嚴肅的事務，轉移了身體對食物的注意力，妨礙了消化系統的運作。

你得好好關照你的胃、給了它什麼和怎麼吃下這些東西，因爲胃是你最大的幫手，是維持你的生命、讓人生的能量進入身體的地方。你以爲邊吃邊工作替你節省了許多時間，可這也會讓你百思不得其解，爲什麼自己會覺得疲倦和嚴重的消化不良。難怪會有那麼多經理人罹患胃潰瘍。

吃東西時你也要想些愉快的事，而不是閱讀戰爭的新聞或試圖解開兩天來盤旋不去的自我質疑，或者與某人的爭執。就算是自己一個人用餐，你也可能會憤恨不平地對自己說：「那傢伙最好別再讓我碰上！」你吃下肚的是不是全世界最好的食物一點也不重要，因爲只要你的飲食態度不對，吃便只是浪費。讓負面能量跟著食物進入體內，會讓你的胃打結，造成胃痛與消化不良。經常在野外工作的老牧人和農夫都知道專注在食物上有多重要，他們不但會安靜地進食，也要到用餐後，工頭才會分派下午該完成的工作。

我的印第安族人用餐時不會完全靜默，但只要有人開口，說的一定是輕鬆、有趣的話題。有個人長途旅行去和幾個朋友聚餐時，不要求人從桌上傳鹽罐給他，卻自己走到桌子另一頭去拿，桌上的一個印第安人於是說：「有點兒遠呢……但你還是走到了。」他這是一語雙關，其他人也全都聽懂而笑了起來。你也能在輕鬆的氣氛下享受食物。

＊　＊　＊

我的族人被迫搬遷進保留區時，獵場也被柵欄隔開。不能再獵捕水牛這種肉類主食，只好轉而依賴政府准許的農產品。對於能夠取得的加工食品，他們也沒有營養價值方面的知識，所以只吃對味的，也常偏食；但不論原因何在，印第安人的健康情形至今始終是個困擾。

就和絕大多數的印第安人一樣，比馬族的食物也很匱乏，他們吃了很多像炸麵包這種油膩的食物，偶爾吃很不錯，卻不宜當成主食。然而，儘管吃得太油，比馬族人卻從沒出現過心臟方面的病例。科學家研究了整整一年，只勉強找得出一個可能的原因——比馬人用餐時都開心又快活。

是不是可以這樣說呢？你該在意的並非吃什麼到肚子裡，而是你吃它時抱持的是哪種態度。假設你正處於「在餐桌上展現意志力」的飲食計畫中，而你經常聽說哪種食物熱量太高、哪種容易讓人發胖，所以你只好不斷告訴自己：「我不能吃這個，不能吃那個。」可這是負面又負面，一路負面到底的心態，何不轉換成這樣想：「我要給身體對我來說最好的東西，我要挑選有益健康的食物。」專注於正向思考能使你常保健康，而且不只要「吃得好好」，還要「好好地吃」。備妥食物、以喜悅之心用餐，這就是我的族人所遵奉的飲食傳統。不論何時烹煮什麼，他們都會注入愛心；他們沒有多少待客的好東西，但因爲充滿了愛心，來訪的客人很快就會覺得飽足。

在我們的文化裡，收受別人的食物，不論是某人買食品送我們或爲我們做早餐或請吃晚餐，就等同於人生得以延展，所以在接受時，我們就會緊跟著說出一句禱詞，好讓那個禮物的效益可以對饋贈者的人生產生加乘效果。

我們的態度是對食物永遠抱持感恩之情，不論食物是豐盈還是僅容果腹，我們都心懷感激。而且我們在還沒吃撐前就離開餐桌，一來這能增強你的意志力，二來這也會讓你體內的器官有足夠的空間可以從容地處理進入身體的各種食物。暴飲暴食會讓你的器官工作時承擔額外的壓力，所以請在還有點餓時就離開餐桌，也別非掃光餐盤裡的食物才肯罷休。為了你的身體好，可以的話請放棄一點口腹之慾。

我們也都被教導過，留點食物在餐盤裡當成供養。對印第安人而言，我們的意思是：「但願這些食物能找到某個或許正有需要、我們甚至不認得的人。」我們並不敲鑼打鼓，因為我們不是為了能說「看看我做了什麼樣的善事」才這麼做；我們之所以如此，是因為所有人類都聚集在同一個星球上過活、呼吸著同樣的空氣，我們都是彼此的親緣。我們以有幸享受美食的感激心情留下一點食物，希望能與也許福分不如我們的人分享，但願這點食物能找到出路、幫助另一塊土地上的人——從最小的到最老的，也許都能因此健康地存活下去。

＊＊＊

孩提時，有位長者這麼跟我說：「注意樹上的葉子，天氣變冷時，樹葉就會變色然後掉下來，但這些落葉仍然是樹木的一部分。當你活得夠久、到達壯年期時，你的人生會具有意義而引起別人的注意。就像每一片樹葉的顏色變換般，別人觀察你的人生成就時，也會感到那樣的美麗。終有一天你也會離枝墜落，但在墜落之時，你必須讓另一種生命型態有機會因你而生。冬去春來，大地又是一片新綠時，先前墜落地面的某些東西就會又活過來。人生也是這樣，有上一代才有下一代，我們活著，不過是借用陽光、風，以及來自深深地底、養活我們的食物——從根而莖而枝而結成果實。所以，**要把每一天都看成一份貸款，學習明智地活用它。**」

9
面對生命中的苦難

雖是困境，總有出口

有個老故事說，一隻青蛙不小心掉進奶油攪拌桶後，不論牠怎麼用力往上跳，就是沒辦法跳上桶頂；可隨著牠的不斷跳動，長了蹼的雙腳產生了一上一下的攪拌效果，使得桶子裡的奶油硬化，牠也因而可站上奶油，順利脫困。不管這個故事有幾分眞實性，都有個值得一提的重點：**再不妙的狀況都有可能轉好**。看似壞到不能再壞的處境，也一定有相對應的積極面，尋找、掌握、運用這個積極面，就能幫你化解消極面。如果你不認同這個看法，不妨在一個漆黑的房間裡擦亮一根火柴看看，它馬上能驅散黑暗。黑暗總讓人覺得難以挺身對抗，但光明的力量強大得多，一點點光亮就能驅除大片黑暗。這個道理適用於任何一種情境，如果你正身處無邊的黑暗之中，就要趕快尋找對應的光明面來驅散黑暗。

＊＊＊

佛法有四個偉大的教示❶，首要的教示便是「生命是苦」。我們總覺得人生不應該充滿坎

❶此指「四聖諦」，即「苦」，眾生皆不免各種身心之苦；「集」，所有的苦都有其成因；「滅」，斷除諸痛苦煩惱以獲得解脫；「道」，消滅苦惱的方法。

坷，而應該恬適自在、愉悅歡欣。我們是應該追尋那樣的人生，但嚴峻、黑暗的現實面卻是凡有生皆苦，而面對苦難才能賦予生命意義，我們的力量便是由此而生。

人生的黑暗面總會時不時突然降臨。我們站在戶外的暗夜中時，既看不到太陽，有時也看不到月亮或星星，但如果一顆彗星忽然劃過夜空，我們就明白太陽還在某處，因爲你我都知道，彗星只在反射陽光時我們才看得到。愈是艱難的時刻，我們愈意識得到積存內心深處的能量和潛藏的平靜。平靜並非源於全無衝突，而是來自我們處理衝突的能力。因此，**在人生最黑暗的時刻，你絕對不能忘卻一個事實：陽光終會帶來美好的一天、美好的人生，無論你有何潛力，都能一展所長。**

＊
＊
＊

《聖經》裡，耶穌有一次對他的門徒說：「我們去迦百農（Capernaum）。」他們找到一艘小船，都上了船後，耶穌便在船裡睡著了。途中遇上強風侵襲，門徒很害怕，便叫醒了耶穌；祂一醒來先是斥責門徒：「你們這些信心微小的人！」然後對風說話，強風就平靜下來。「祂究竟是什麼樣的人，竟連風都得順從祂？」就算這些人都是祂的門徒也眼見祂展現威能，還是無法完全理解祂。

爲什麼祂會說「你們這些信心微小的人」？耶穌與天父有著強烈的連結，所以當祂說「我們去迦百農」時，他們就會平安抵達迦百農，只因爲祂已經這麼說了。但門徒並不覺得祂說的話都會成眞，於是看見危險的徵兆時便忍不住驚懼。正因如此，「你們這些信心微小的人」的意思就是：「你們對我的宣告、我的能耐沒有信心。對你們來說這還很難。」耶穌不但化解了那個危機，當時的那個大能如今也還照料著我們，爲我們逢山開路、遇水搭橋。

大多數人的信心都很薄弱。我們都說自己很有信心，但一碰到困境便覺得希望全無。我們試了又試，我們奮鬥，可有時我們也會萌生放棄的念頭，心想：「好吧，算了，沒路可走了，我的人生已經到了盡頭。」這種時候，你應該到海邊去，看看沖刷海岸的波浪。浪潮伴著穩定的律動推送，絕不會因爲海上的風暴而改變節奏；一旦衝上海岸，浪潮便會盡其所能地向內陸推進，即使達到巔峰，也不會就此結束，只不過是個轉捩點罷了；它會回歸海洋，回到強大力量的泉源之處，不論那兒的暴風有多強勁，都影響不了浪潮周而復始的節奏。**奮鬥途中的我們可能以爲前無去路，卻沒意識到那可能是人生的一個轉捩點。**任何力量都能爲你我所用，你可以扭轉人生的境遇，活出希望，而且延續那希望。

在但丁名著《神曲》的第一部《地獄》中，有個人在想像的旅途裡走到了地獄的入口，看見這麼一段碑文：「拋棄希望者方得進入。」如果你也來到地獄這種地方，心中是很難再有「希望」這兩個字；然而，假設判你有罪的法官說：「兩千年後我會重審你的案子。」雖然這並不保證結果有何不同，兩千年是一段久遠的時光，但是它含藏一絲希望。這，也就是「希望」這兩個字的威力所在。

懷抱希望而活，無論碰上什麼難關、身處何等險境，你總會有出口。當你光靠自己解決不了難題時，別忘了世上永遠有個排難者——躺在母親大地之上，她就會愛撫你。她會給你能量，輕聲對你說：「望向天上的造物者，對祂訴說，傾吐心事，你就會得到解答。」

＊＊＊

不久前，我接到一位女士的電話後就到醫院去探望她。她不但是個很年輕的媽媽，而且剛生下的孩子沒有手臂，雙腳長蹼，臉上還有疤痕，讓她不禁要問：「爲何是我？爲何是我？」我和她談了很久、和她一起祈禱，期望她能意會得到，這樣的處境中還是存在某種恩典。在印第安文化中，我們都把這類孩子的誕生看作特別的恩典；造物者一定有個帶給世界這個孩子的理由，而我們盡己所能、無所不至地讓這孩子過得舒適便是在幫助造物者。據說當我們幫助這樣的人，會得到特別的祝福，雖然那不是我們行事的原因。我的族人甚至根本不會提及這樣的說法，只是純粹去幫忙。

我對她說了一個情境類似的故事：有位女士和她一樣，產下了沒有雙手的男嬰，醫生便要她的先生留在太太床邊，好在產婦神志清醒後讓自己的先生來告訴她。當這位產婦終於醒過來時，他看著太太說：「瑪麗，我們有了個漂亮的男孩。不過，瑪麗，他生下來就沒了雙手。」

瑪麗閉上眼睛，靜靜地躺了好一陣子，再張開眼睛時，臉上卻掛著笑容，直視先生雙眸：「約翰，上帝一定知道這孩子有多需要我們。」

我想讓她明白的是，最重要的不是碰上何種人生境遇，而是你面對那些境遇的態度。你是怎麼應對困境的？你是心懷怨怒還是坦然接受？你應該尊重每種處境。事出必有因，別擅貼標籤、妄加指摘：「要不是這樣和那樣……」壞事臨頭時，你怎麼挽回頹勢？怎麼把負面的情境扭轉成正面？一旦你做得到，你就能應對人生裡的每一個考驗。

碰到可怕的遭遇時，要說「謝謝你」，因爲那裡頭一定有個什麼教訓。也許惡運臨頭時你很生氣或沮喪，所以一時間體會不出教訓；也可能你只想報復、反擊，或者急著文過飾非、爲自己辯護，無暇顧及教訓這檔事。如果你生了重病、差點就一命嗚呼卻痊癒了，也要說「謝謝你」。你不是只爲了重病痊癒而感恩，更是因爲往後看到有人病得像你那麼嚴重時，心中多了一份以前沒有的同情心，那就是你所得到的教訓，而你應該對此心懷感激。

我有個朋友住在阿布奎基，本來是個電台播音員。有一天他來看我時，心灰意冷地跟我說：「我被fire（開除）❷了。」

我說：「很好。」

❷ Fire也有火燒之意。

「什麼？」

「很好。」

「你是什麼意思？我被公司 fire 了，而我還有個家要養呢。」

我對他說：「這件事會創造一個嶄新的你。拿鐵礦石來說吧，光看外表就知道，生鐵礦石做什麼都不行，所以你會把它送進鑄鐵廠，用烈火一次又一次地冶煉，直到外層剝落、核心緊實，鐵礦石就變成了精鋼，而我們會說它被『fire』過了。你可以讓自己始終保有鐵礦石的外層，或者就讓它掛在那兒直到自行剝落再告訴全世界『我可是有料的』，但只要你願意面對困境，自我的外殼就會燒毀，展露出真正的你。檸檬必須經過擠壓才能變成檸檬汁，困境則可能擠出最美好的你或最糟糕的你，就看你怎麼面對。」

＊　＊　＊

那麼，我們怎麼看待一心做好卻碰上壞事的情境呢？我們尊祂為上帝者是沒有必要來測試我們，但是祂容許壞事降臨我們身上，好讓我們能看出自己是擁有什麼樣特質的人。

不久前的某一天，洛杉磯某消防隊的隊長在家裡舉辦了一場祈禱會，參與者中有個十七歲的女孩。祈禱會進行中，媽媽帶著她九歲大的弟弟準備來接女孩回家，順路在一家便利商店前稍作停留時，被兩個歹徒盯上了，從她離開便利商店後便跟在她後頭，一等她在隊長家前的車道停妥車，歹徒便上前搶劫，而她也交出所有現金，但事情並沒有就此了結，歹徒之一在離開前對媽媽開了一槍。男孩踉蹌跑進屋裡、打斷祈禱會，「我媽媽被槍殺了。」大夥立刻全都衝出門外查看，但這位母親還是沒能保住性命。

這個悲劇就在大夥祈禱過程中發生。如果你正在祈求一件好事時卻碰上這種事，你會就此放棄嗎？反正祈禱沒有用？那你又該怎麼辦呢？你上哪兒去找尋內心的安寧，或說內在的力量？某個虔敬的人正在向上帝祈禱，悲劇卻偏偏在此刻降臨，又有何公道可言？人們總是很難明白，祂就是透過與我們一起接受折磨來帶領我們平安度過苦難的考驗。

上帝的行事有時隱晦難明，感覺上就像我們才剛辛苦登上山丘、終於可以稍事休息了，這才發現其實只爬到半山腰。我的族人用來相互鼓舞時所唱的歌裡，就有這麼一段歌詞：「你的一生都在攀登山丘，爬上一座又來一座。現在我為你祈求，前程從此一路平坦，好日子就在眼前。」

祂的盛大恩典總以奧祕之道施予，某些我們過去想都沒想過的福分也許會突然臨身，賜予我們力量，指引我們方向。我們應該由祂來擔當生活的駕駛，祂最清楚從這兒到那兒的最佳途徑。如果祂為了能夠到達那兒而走條遠路，也許是因為那才是較安全的走法。

《聖經》裡有個名喚約伯（Job）的男子非常虔信永生上帝，撒旦便對上帝說：「他沒有那麼堅定，我可以動搖他的信心。」上帝因而同意，除了奪走約伯的性命之外，撒旦可以為所欲爲。約伯從此歷經了所有你想像得出、足以動搖任何人的信心、足以讓任何人因惡運連連而怨恨上帝並握拳以對的艱難景況，但上帝還是冷眼旁觀。約伯的龐大財產變得一無所有，十歲的兒子死去，換作旁人也許信心早就蕩然無存，但約伯倚靠本身的信念而不背棄上帝。終於在經歷所有撒旦的折磨之後，由於他對上帝的信奉從無動搖，他的財產不但失而復得，而且雙倍於前，而他和妻子也有了另外十個孩子。

任何擁有此等信念的人，不會背離他最初的信仰。人生中總有某些時刻，會覺得自己手中的繩索已經到了盡頭，即便如此，他可能就在此時面臨考驗。因此，與其用這種說法抱怨上帝：「你遺忘了我嗎？」還不如堅信無上眞神從未背棄過我們。祂永遠記得我們，永遠不分日夜地眷顧著我們。

早在基督教信仰來臨前，我的族人就察覺他們擁有某些重要的心靈層面。我之所以用「心靈的」（spiritual）這個詞，指的就是某種我們能用來堅守信仰、無論遭遇任何考驗都不會動搖的特質。我的族人被迫離開如今的喬治亞州與阿拉巴馬州而遷往印第安保留區那時，景況極其艱難，但我的族人並沒有放棄信仰。流傳至今的事蹟中，包括一對因爲孩子病得很嚴重而沒辦法跟上隊伍的母子，族人不肯遺棄他們，但軍隊不管這對母子的死活，硬是強迫其他人繼續前進。這位母親不斷地說：「堅守信念，不論你往哪裡走、走到哪裡，都要帶著你的信念。」出於感動，我的許多族人就開始編製「堅守信念，堅守信念」的歌曲。

仰。

總的來說，我的族人都有點像是約伯，即使失去一切，也不拋棄信念和對無上眞神的信仰。

我們心中的美好感受，有時會因爲接二連三地碰上壞事而流失殆盡，但那並不代表人生走到了終點，而是能讓我們走得更遠、變得更堅強的挑戰。心靈的道路四通八達，但眞神只有一個；你既然信了眞神，就別鬆手。信念有時會從營火變成小小的燭火，而且眼看就要被風吹熄，但它還是繼續閃爍光芒；而只要它仍未熄滅，就有帶領我們實現希望與夢想的潛力。就算我們終究要失敗，也寧可敗在一試再試之後，而不是放棄了事。

再次奉獻

母親一直等到我能明白其中涵義時，才跟我說了這個故事：「當你還很小很小的時候，曾經病重到我們都以爲你撐不過去了。有天你高燒不退，我就抱著你在搖椅上過了一整夜，鄰居想抱走你好讓我休息一下，但我不答應，整晚都沒讓你離開過我懷裡。凌晨時分，就在太陽即將昇起前，我抱著你走到門外，然後對著東方把你的人生奉獻給我們的造物者。那時我說：『如果您讓這孩子活下來，我會盡力當個好母親，我會在撫養他長大時讓他懂得您的種種和您的大愛，他會成爲您的腳、您的眼、您的嘴、您的手，任憑您的差遣。我現在就把他奉獻給您。』」她一回到屋裡，我的高燒就退了，身體也跟著康復。

早在幼年時期，奉獻的意識就已植入我心之中；很多年後，我又不得不奉獻自己的人生。我其中一個兒子志願從軍時，選擇進入海岸警衛隊服役，因爲他覺得那是個能夠救人脫困的好工作。在飛往菲律賓執行一年期勤務前，他有一個月假期，便趁機回家探望我們，送我一頂新帽子不說，還請我吃了頓生日大餐。那個月裡，我們一起做了很多事。

假期結束後，他便穿著美國軍人的制服飛往菲律賓。飛機在夏威夷重新加油時，他寄了個洋娃娃給妹妹，媽媽收到的是蘭花，我則是印有草裙舞女郎圖片的明信片，知父莫若子。他在明信片上寫了：「這是一個美麗的地方，我希望您有天也能到這裡走走。」他之所以爲母親獻上蘭花，則因爲那天是一九六四年五月十一日——母親節。當飛機再次加滿油、啓航飛向菲律賓時，他依舊想念著我們、想念著家鄉。然後，在一個平常天氣的例行降落裡，由於人爲疏失，飛機墜毀了，八十四人因此喪生，我兒子也是其中之一。

我們收到他寄來的禮物時，飛機早已失事，他也已離開人世。我把明信片摟在胸前，只爲了碰觸他曾經碰觸過的東西，即便那只是他在上頭寫過字的一張紙卡。我沒有任何文辭可以形容那種徹底淹沒我的感受，家裡那張從此多了一個座位的桌子，更從此攫走了我心裡的某樣東西。

* * *

不過幾年之後，我踏上了夏威夷，以親見這塊土地來完成兒子的遺願。夏威夷有個名喚佩蕾點（Pele Point）❸的地方，根據夏威夷人的傳說，宇宙所有的風都源起於此。由於我母親是風族人，所以我希望能在午夜時到那裡走一趟，但警衛卻說：「你不能上去。」

「爲什麼？」

「大門已經關了。」

我說：「我不管，我就是要上去。」

「最遠我們只能送你到鐵鍊橫過馬路那裡。」

所以他們就載我到無法再往前開的地方。我一邊自己走後面那段路，一邊分別對四方——東、南、西、北唱我的歌。終於來到佩蕾點時，我說：「當我還很小的時候，母親就把我奉獻給了您；如今我要再把自己奉獻給您，打從心底。我願當您的腳、您的手、您的眼、您的嘴，一如我母親當年的承諾。如果您還留有餘愛、打算賜予世人的特別的愛，就請由我承載，碰觸別人時能讓他們多點喜樂，因此過得更好，行走在這片大地上時擁有善美的目標。請把我當成您的工具。」我就是這麼再次地奉獻了自己。

❸ Pele是火山女神的名字，但今日的夏威夷並沒有一個名叫「佩蕾點」的地方。作者所言，也許是指夏威夷火山公園，據說是全世界唯一能開車進入的火山。

我從那兒回到平地時，警衛們都問，我在上頭碰見了什麼人，我說：「就我一個。」可他們說，他們都聽到有許多人在唱歌。他們聽到了，我沒有。

第三篇

學習如何過生活

10

愛的力量

二次世界大戰期間，當房屋很難取得，大家只好人擠人地住在一起時，有一家子人正爲了尋找一處永久的住家而暫時落腳紐約的旅館。有一天，家裡的小女孩正要搭電梯下樓時碰到一位認得他們的男子，這男子便問她：「眞可惜你們沒有一個家。」這女孩卻連眼皮都沒眨一下就答道：「噢，我們有個家呀，只是沒房子可以住進去。」

所謂房子，可以是棟豪宅、小屋、帳篷或甚至壕溝；而所謂的家，則是住在裡頭的、彼此眞心相愛的集合體。

＊　＊　＊

愛是什麼？怎樣的表現才算是愛？想像一個坐在家裡的媽媽，當女兒正在地板上玩洋娃娃或玩具時，她或許正在做女紅或讀書或看電視，忽然間這孩子彷彿受到啓發似的跑向媽媽、跳到她的膝上，用她的小手環抱媽媽，「媽咪，我愛妳。」這孩子所表達的，便是出自內心的愛意。你買得到嗎？你能以強迫的方式取得嗎？如果可以換算，這份愛值多少錢？那是一個小小孩所知道的、最能表達小小愛意的方式，出自她的自我意志：「我愛妳，媽咪。」

愛是「寬恕」的同義詞，兩者相生相隨。很多人經常引用經文裡的這一句禱詞：「免我們的債。」但是別忘了還有下一句：「如同我們免了人的債。」這是兩碼子事。

《聖經》裡有則關於敗家子（Prodigal Son）的故事。敗家子的父親不但非常有錢，還是王國的統治者。有一天，兒子對爸爸說：「所有你將來會遺留給我的東西，現在就給我，我不想一直等到你過世。」他正是那種希望自己有耐心，卻會這麼祈禱的人：「上帝啊，讓我有耐心但也讓我馬上就得到！」所以他的父親便把遺產都給了兒子，兒子則馬上與朋友離開皇宮，到處展現海派作風，沒多久便弄得身無分文。換成今天來說，他不是在大西洋城、雷諾輸得一乾二淨，就是在股市裡追高殺低、賠個精光。身上一沒錢，朋友也全都不見蹤影。

然後呢？他開始餓肚子，而人一旦沒東西吃就會想家，「在父親的房子裡，就算僕人也有很多東西吃，而且多到根本吃不完。我這個國王的兒子，卻在這兒挨餓。」就如經文所述，他只找得到一個餵豬的工作。根據《聖經》的看法，豬可說是最低下的動物，而他卻是豬隻的侍者。「先生，這是您的食物。」你看過豬吃東西嗎？因爲光只顧著吃，牠們從來不抬頭看看食物是打哪兒來的。他差點就趴到地上和這些豬一起吃了。

但這時，他腦中靈光一閃，「不急，不急，我看我還是回家比較好。但如果這時候回家，我既敗光了財產又一無所有，怎麼有臉回去呢？我看只好這麼對父親說——」他開始在心裡頭打草稿，「我得罪了天，又得罪了您。從今以後，我不配稱爲您的兒子，把我當作一個雇工吧，或許還能糊口。」他是做了最壞的打算，但眞正的意思其實是，你希望還能擁有一些以前習以爲常的美好事物。他什麼都想到了，就是沒料到他的父親每天都盯著城下的馬路，盼望能看到兒子回來的身影。父親與兒子之間的連結永遠不會減弱。

在那特別的一天，正當父親一如往常地瞪著馬路看時，兒了現身了，他不敢相信自己的眼睛：「沒錯，他回來了。」兒子不是在他的強迫之下回來的，完全是出於自願。這位父親甚至等不及兒子走進巨大的城堡，就跑過去擁抱兒子，「我的兒子曾經死去，現在又重生了。我的兒子回來了。」做兒子的則開始他準備好的小說辭：「父親，我得罪了天，又得罪了您……」但他也只能說到這裡，因爲他的父親讓他很輕易地就說出了「我很抱歉」。

每當有人錯怪我們時，我們經常不給他們用一句簡單的「對不起」就交代過去的機會，「跪爬回來找我，我才會考慮接受你的道歉」才是比較常見的反應。但這位父親卻只爲了兒子肯回來就擁抱他，而且一開口就叫他「兒子」。那個時代的人們都穿草鞋，但我懷疑兒子回家時還有草鞋可穿。而他在回家的路途中，必定滿是荊棘與碎石。家人幫他清洗身體並換上新鞋，好讓他又能在王國裡到處蹓躂。

他的父親還給了他一件禮服，是皇家專用的紫色禮服；他必須看起來像國王的兒子，舉手投足間保持一種國王之子的威儀。然後他還收到一枚鑲著章、能像信用卡般使用的戒指，無論走到王國的任何地方，展示那個圖章便能取得所有他想要的東西。接下來，國王又說：「現在，我們來開場盛大的宴會，讓大家都開心一下。」這個故事是有關寬恕的偉大訓誡，但如果沒了愛，那樣的寬恕也不可能存在。

我們到底在爭鬥什麼？

人們很愛用兩個名詞，一個是團結（unity），另一個是和諧（harmony）。你可以用條曬衣繩把一隻貓和一隻狗的尾巴綁在一起，你這就有了團結，卻得不到和諧。和諧是一種忍耐、寬容、調和——微妙、柔軟，但極其堅實。爲了生活於和諧之中，就得在生活最眞實的型態中以「彼此互愛」爲最大公約數。

看看一座許多螞蟻來來去去的螞蟻窩吧。搬運物品進入蟻丘的許多螞蟻，在卸下身上的負擔後便馬上又出門搬運，因此，蟻丘上隨時都有或進或出的兩隊螞蟻，數量之多看似必然大塞車，但你可曾見過牠們撞上彼此？可曾見過哪隻螞蟻停下腳步來和另一隻螞蟻爭鬥，而其他螞蟻也加入助陣？即使螞蟻多到摩肩接踵，也仍然給人秩序井然的感覺、目的明確的感覺、同心協力的感覺；牠們的行動絕非漫無目標，只因爲自己是隻螞蟻，牠們從不指望坐享其成，而是群策群力地爲生存奮鬥。如果我們的心智理當比螞蟻優秀，那我們到底都在爭鬥些什麼？

我們會談論發生戰爭的地區，並致贈物品和金錢給某些國家，但最大的戰爭地區其實是自己國內的大都會，我們應當向蟻群學習，尋回生活中的單純法則。今日社會生活的簡單法則是什麼？我們的成見已然太深嗎？爲什麼如果某人隸屬特定宗教或種族，就不能對「非我族類」伸出援手？他們所擁有的是哪一種愛？非常有條件的愛——「除非你這麼做，否則我就不幫你。」

緬因州的阮吉里山脈發生森林大火後不久，我就來到那兒。火焰十分接近一所浸信會的教堂時，一位信奉天主教的小男孩拉來水管，澆熄了靠近的火焰。每當震災發生時，人們都會忘卻種族、信仰之分地彼此相助；每當民眾幫忙清理洪水或颶風留下的斷瓦殘垣時，沒人會中斷下來問別人：「你是哪個種族的人？你信仰哪個宗教？」災難臨頭時，人人都會主動投入。然而，我們眞的要永遠等著危機來讓自己能夠對別人展現眞誠的愛心嗎？很多人都把「無條件的愛」掛在嘴上，卻從不談論「不帶批判的支持」，也就是在無條件的愛底下攜手並進。這兩種態度的並行無礙，才能展現眞愛。

我常去的那間教堂，唱詩班的成員必須分成兩路走上唱詩班席位。女低音和男低音走同一邊，女高音和男高音走另一邊，而且要在交錯通過彼此後，才一個個來到自己的位置。即使是在教堂裡，低音部交惡的兩位女士仍然互不說話，所以在走過彼此面前時，總是如果這個看這邊、那個就看那邊；但是，第一首歌卻是「噢，我們多愛耶穌啊」(Oh, How We Love Jesus)。既然她們都不愛彼此，又怎能說自己多愛創造了她們的那一位？

如果某人很不友善或對你脣槍舌劍，那是他的問題。爲什麼要把它當成你的問題呢？也許你不愛某人的所作所爲，卻還是得愛這人，因爲只要你還認爲自己愛戴天上的那位神，你就不能忘了祂也創造了地上的這個人；如果你無法寬恕他人，那麼這個挑戰你便必須努力克服，直到你能眞心爲這人祈福，才能卸下肩上的重擔。在此之前，你都得隨時承受不得安寧、痛苦不堪的感覺，甚至無法安然入睡，不但輾轉反側而且惡夢連連——你的深層意識試圖連結腦部，卻因爲腦海裡充滿憤怒而運行不了。開口閉口愛與寬恕是一回事，眞誠的寬恕又是另一回事。拆開forgiving（寬恕）這個字，你會得到「for giving」（爲了付出）。付出什麼呢？付出愛。這就是爲什麼愛與寬恕密不可分。

唱詩班裡，還有另一位老是唱走調的女士。某次盛大的禮拜儀式（也就是說會有很多賓客到場）即將來臨前，大夥都希望她會剛好生病或去度假而無法參加，但是她從不缺席，沒錯過一場禮拜。然而誰也沒料到，有一天她竟然過世了，大夥變得非常想念她。就算老是唱走調，對這位女士來說，她仍然是以她的方式傳播愛。唱詩班的夥伴意識到這點之後，更加懷念她不說，還發現她經常在進入教堂的唱詩席前，都會先跪下來爲唱詩班的夥伴祈禱。也就是說，重點不是你的歌聲有多美妙或洪亮，而是你的心念，這才要緊。

多年以前，奧克拉荷馬州某教堂的執事會經決定，不准兩位留長髮的印第安人進入教堂。我剛好認得那所教堂的牧師，便趁機去找他長談。我說：「使徒保羅理的是什麼頭？彼得剪的又是什麼樣的短髮？你負責經管的又是什麼事業，竟然可以准許或不准哪種人入內？更不用說因爲他們正巧是印第安人。你的教堂有儀表規定，但《聖經》裡有哪段文字提到，爲了崇敬上帝，你得遵守儀表規定？」我們聊得十分盡興，告別時，我發現他眼眶裡掛著幾滴淚水。

不少人都有製造更多規則與儀式的傾向，但眞正值得重視的反而是他們心裡的想法。祈禱時有個特定的氛圍——不論是在教堂裡、手拿念珠，還是在蒸汗屋（sweat lodge）❶裡——是件好事，卻也絕非必要。我們可以在任何時間、任何地點祈禱。我認得很多後來成爲牧師的二次世界大戰退伍軍人，他們都說：「我們在戰火下祈禱，四面八方都是機槍、迫炮、炸彈，到處都是斷瓦殘垣。不論是不是在教堂的薰陶下長大，一旦進了散兵坑、不知道還能不能活到明天，你都會眞心誠意地與造物者交流。」我曾聽過一位在母親節當天佈道的退伍軍人說過，無論我們的年紀有多大，母親在我們的人生裡都扮演著最重要的角色。他說，他的許多同袍都在散兵坑裡中彈身亡，但在垂死之際，最後吐出的字總是「媽媽」。我們人生裡最堅強的連結，臨終前也會自然顯現。

因此，祈禱並不只是遵循儀式並做對每一個步驟，而是內心的感受、心靈的交流，以及我們怎麼過日子。正是所謂的「走在性靈之路上」。你該追隨的不只是某個教派，而是追隨天地萬物、所有智慧生靈的宇宙主宰。如果我們認識祂，那麼擁有以愛爲基礎信仰的我們就會盡己所能，就算犯了錯，我們也可以說聲「對不起」，而祂早就等著原諒我們。每當我們因爲情境不利而不敢做某件事時，就把恐懼、而不是愛帶進了信仰。耶穌是這麼說的：「我來，是要叫

❶第十二章有詳盡的說明。

你得生命，而且得的更豐盛。」活得豐盛，就是感受到了自由。

愛的療癒力量

愛的力量是唯一能融化人心的火力，如果這個愛誠摯又真心。核子武器能夠奪走人命並造成長久的禍害，愛卻可以修復與療癒；沒有哪種炸彈做得到這一點，只有出自諒解與寬容的力量才做得到，而且必須來自已然注入他人生活之中、讓人感受自我價值並激發潛力的寬恕。如果你心中充滿了愛，不但動物都會受到吸引，就連花朵也彷彿會在你走過時隨之擺動，辨識並回應愛。愛有延展性，可以包覆整個宇宙，可以療傷止痛。

很久以前，我的部族裡有位婦人生了重病、臥床不起。從氏族制度來看，她算是我的姑姨輩，除了我之外，還有很多親戚前來探望她、爲她祈禱。負責醫治她的是一位醫生和族裡的巫醫，但他們都已束手無策，也探查不出她究竟得了什麼病症。她幾乎從不醒來，似乎也毫無胃口，只是生命力逐漸流失。某些醫生認爲她或許是染上了肺結核，但因爲無法確診，也就沒有哪個人敢說「沒錯，就是肺結核」。

先前與這位女士相依爲命的是她還很年幼的外甥，她把男孩當作親生兒子來撫養，所以他也非常愛她。他不是個巫醫——年紀還不夠大，只是個普普通通、毫不起眼的小男孩，但他卻擁有一樣別人沒有的東西：對這位婦人的愛。在他看來她就是母親，而且他決定守在床邊、日夜不離。除了隨侍在側，他也只能跑跑腿、協助她喝點水及幫她更換被褥。男孩熬夜到第四天時，她從藥石罔效、深沉的神志昏迷狀態中醒來，並且逐漸復原。

族裡的長者之一說：「他的愛的力量，就是導致醫療見效的原因。」當然了，我們不能把這種事送到科學實驗室求取實證，緣於愛心具有巨大療效的認知，我們只覺得那是理所當然。

是的，你我都見識到了愛的威力。每當我們見到某人的人生起了波瀾時，送上祈禱之類的能量就是好事一樁。看見醉漢倒臥巷弄之中、受到過往行人的譏嘲訕笑時，我就忍不住口念禱詞：「請照顧他，別讓他受到任何傷害；賜福給他，好讓他某一天能用上您植根在他內裡的優點。」我不認得那個人，不知道他的出身、種族或者姓名，但那一點也不重要；重要的是，他是個人類。

我認得的另一位印第安婦人，也曾被送進奧托保留區的帳篷裡、接受一整晚的祈福，在場爲她治療的醫者相當多。有個年輕人不但來得很晚，也不是哪個教派的信奉者。他是到過類似的聚會，卻只是偶一爲之，更是我們口中的「粗人」之流，但和這位婦人有某種親戚關係，所以在得知她生病之後，他才來到聚會之中。

因爲他並不熟稔儀式，起先他表現得很笨拙，一走進來就不小心踢到帳篷中央火堆裡突出的柴火，搞得整座帳篷到處都是飛舞的火星；好不容易坐下來了，也不像我們盤腿而坐或跪著表現敬意，就只兩腿伸得老長地坐在地上。到了部分祈禱者圍繞火圈而坐時，參與者通常會在祈禱時一邊抽吸用玉米殼包覆的菸草，由此而生的煙霧會把我們的禱詞帶到天上給造物者；這年輕人花了很長時間捲菸草不說，最後還讓菸草掉到地上，不得不向別人伸手，造成不小的混亂。不過，一會兒後他終於捲好菸草，然後請求大家讓他爲這位婦人出聲祈福。

「她知道我是什麼樣的人，卻從來沒表示過一絲輕蔑，永遠對我好言相勸。上帝啊，您一定希望世上能多添幾個這樣的人。如果像她這樣的人再多一些，說不定我們這種老是被瞧不起的人就不會覺得自己有那麼可悲了。那個讓我有點信心的人就是她。我不像這裡其他人那麼有資格對您說話，但我之所以來到這兒是因爲我愛她，而我希望您能看顧她。您不必賜福給我，但我向您請求，如果您願意的話，就請您賜福給她，消除她的病痛，不論那是哪種病痛。只有您才擁有這種能力。除此之外，我再無所求。」

那位婦人本來一直躺著，但一等年輕人完成禱詞便坐起身來，而且馬上開口說話：「我要感謝大家爲了我的健康代禱，現在我已經感覺好多了，身上的任何地方都不再疼痛，而讓我突然痊癒的，則是兒子來到這裡爲我這麼祈禱。那份禱詞最重要的意義是裡頭蘊涵了眞誠與愛心，不但對我來說有如治病良藥，也讓我十分感謝。」

＊　＊　＊

愛能療癒，愛是讓事情變得比以往更好的力量。爲什麼我的族人對全人類都有好感？就因

爲愛沒有疆界。每一次我用「我的族人」這種說法時，就是在表達自己對美國原住民的認同，尤其是我所屬的部族；我們不但接納每一個種族，也愛每個種族。對同時代的人類而言，我們所寫下的歷史實在談不上是什麼寬容與諒解的好範例，我的部族遭受了許多不公義的待遇——被迫離開我們稱之爲家的地方、承受各種各樣的艱難困苦，但無論命運有多坎坷，我們仍然抱持偉大的神靈就是擁有寰宇之愛的上帝的信念。

一旦我們接納這些愛進入心中，我們就會立刻讓它融入自己的人生、再進入旁人的人生。就算對象是個白人，我的族人也感應得到發自內心的愛。並非每一個白人都得對我們所遭受的不公不義負責，從早年到現在，始終都有很多白人表態支持、爲印第安人叫屈。

我的族人即將被迫遷出現今的喬治亞州與阿拉巴馬州時，名留青史的戴維·克拉基特（Dave Crockett），就曾走進安祖魯·傑克森（Andrew Jackson）位在田納西州納許維爾的家中，爲了讓印第安人繼續居留故土而發聲。沒錯，無論如何我們還是被驅趕出那片大地，但他的仗義執言仍然是白人曾經伸出援手的一個範例，我們因此明白每一種文化都有它的好與壞，而在讓這種四海一家的愛進入生活之中時，也從中得到更好的感受。

我的高曾祖母葬身奧克拉荷馬州的吉布森堡。她正是那趟強迫驅離、不得不走上人稱「血淚之旅」的印第安人之一，而我始終不知道她的墳墓是哪一個——吉布森堡的無碑之墳太多了。我可以任由深仇大恨塡滿胸中，但我不願意。在這趟人生一路走來的某個階段，我不但發現了偉大造物主的大愛，也領悟到這份大愛來自寬恕。

爲什麼不接納這份大愛，以它來運作你的人生呢？我們早就研究過人類、各種社會，以及不同文化因何產生差異，但如今並非把目光擺在彼此有多不同的時刻，而應該看看我們有多相像。愛，正是可以穿透所有文化、牢繫我們的最大公約數；沒有了愛，我們就只剩失落。

上帝的子民

我不是很喜歡「印第安人」（Indians）這個名詞，因爲光是Indian這個字詞本身就帶有很大的誤解。哥倫布發現我們這兒的原住民時，他們都對他很友善，所以哥倫布在日誌裡寫下了「他們是上帝的子民」；以他的母語來說，就是「In Dios」。後來那個s不見了，而Indio也不知怎的變成了Indian，但指稱的仍是原來的「上帝的子民」。

而我的族人也就從此成了印第安人。可當白人在教室裡傳授歷史時，卻說哥倫布發現新世界時以爲自己來到了印度，而即便他根本沒去過印度，那兒不但有個名喚Indus Valley（印度河谷）的地方，住民的語言更幾乎和北美洲的Euchee語一模一樣——許多名詞與物品名稱完全相同，Euchee族人的皮膚、骨架和頭髮更幾乎是印度人的翻版，所以說一定有著某種連結存在。我會說的十二種美國原住民語之中，切羅基語就和我聽過的任何美洲語言都不相像，反倒更接近中國的普通話，因此也讓我懷疑這兩者之間有沒有什麼關聯。

幾年前我曾經受邀到堪薩斯州的康瑟爾格羅夫參加由梅寧哲基金會贊助的一場會議，與會者來自世界各地。會議期間，有位女士找上我、對我說：「我面臨了兩難的局面。我是個有照護士，受過專業訓練，也已有多年實務經驗，但我卻很想轉換事業跑道，因此不知該如何是好。」

我說：「這就是問題所在。」

「什麼？」

「你以為你是在拋棄自己的經歷與專長，但你根本不必『跳進』其他領域，你只要把你的專長和經歷『拓展』到更寬廣的領域。」我升起一堆火後挑出一塊木炭，放進我嘴裡吹氣到她手上，奉獻給神：「現在，就看神靈要不要為妳指出方向了。」

兩年後，她創造了如今風行全美的觸摸治療（therapeutic touch）。這位女士就是因此獲頒國家級獎章的桃樂絲．可麗格（Dolores Kreiger）。而在我幫桃樂絲祈福時，一位西藏人士祖古塔湯仁波切（Tulka Tarthung Rimpoche）一邊看著我的動作，一邊突如其來地問我：「你是不是使用了佩奧特❷？」讓我當場嚇了一大跳，因為我完全料想不到他竟然也知道佩奧特。我

❷ peyote，一種無刺的仙人掌，原產於美墨邊境，含有名為Mescaline的植物鹼，食用後會產生幻覺。作者在第十三章有更深入的說明。

說：「是的，我用了。」他說：「我之所以好奇，是因爲我們西藏北部也有些人會和你一樣這麼使用佩奧特和木炭。」我倒一點兒也不知道，實在有意思。

世界各地的人互有關聯，已經不是十年八年裡的事了，哥倫布也絕非第一個來到美洲的人。過去我們就覺得維京人一定來過，但科學家已經發現，某些希伯來人的著作裡提到過北美洲，所以他們懷疑希伯來人比維京人更早到過北美洲。有人說，北美洲原住民有可能曾是以色列「失落的十支派」裡的某一支；也有證據顯示，中國人裡就有猶太人，而某些身在南非的猶太人則是黑人，墨西哥更有印第安猶太人，而人類學家與考古學家完全無法查出他們來自何處。這一切都讓我相信，也許我的族人眞的是失落的十支派裡的某一支，因爲希伯來人和美國印第安人的習慣確有頗多相似之處：我們都會在新年時禁食；當希伯來人必須穿越沙漠時，他們會讓老弱婦孺集中到最中央的篷車裡，外頭再派戰士保護，印第安人群體移動時也是如此；希伯人也用獸皮做成帳篷，我的祖先也有人這麼做。有可能希伯來人是先到美洲再轉往以色列，或者我們是從以色列遷徙到美洲。

數字 4 對美洲原住民來說特別具有意義，這是個代表完整的數字。白、黑、黃與紅四種膚色涵括了全人類，古代某時甚至說不定只有一個種族，分隔之後才有了不同的膚色與不同的出身；也說不定這正是一種準備工作，讓各種膚色的人種各自盡力學習後，有一天我們就能結合紅、黑、黃、白而成爲一個大文化。如果眞神只有一個，我們也許就不改變膚色，而是改變態度，與這個星球上的所有生物，不只人類，也包括走獸、飛禽、水中生物、爬蟲類，一起進入合一的性靈生活。正是此時，我們應該開始著重彼此共同之處，以顯現我們有多相似的事實。也許我們會驚訝地發現，你我眞的是這個宇宙中的兄弟姊妹；更重要的是，爲了永續存活，我們還必須盡力維護這份關係。

11

與地球對話

我還是馬斯科吉一所私立印第安大學的地區代表時，有一回參與了合唱團在芝加哥的演出。那天的觀眾很多，而我得在中場休息、合唱團成員重拾元氣、或者趁機做點別的什麼事時上台演講。我正等待中場休息時間來臨時，有個白人小男孩一衝進後台就開始查看一間間休息室，所以我問他：「嘿，你要找哪個人嗎？」

「對，對，」他因為才剛跑過而氣喘吁吁，「我在找印第安人。」

「是喔，好好看看我吧。我是印第安人。」

他瞧了瞧我的西裝和領帶，然後說：「不是，你才不是印第安人，你是個人類。」我於是把他放進了我的名單——祈福名單。

每個腳步都是祝願

童年時我很愛看B級西部片，最喜歡的場景則是白人篷車隊在聽聞印第安戰士吶喊聲時圍成一圈。每逢這種場面，我都會邊吃爆米花（有時是吃著別人手上的爆米花）邊想：「哈！紅人上場啦！」這些印第安人總會繞著篷車隊不斷叫喊、射箭，然後這些拓荒者的來福槍就會開火，便會有三個印第安人身中一槍落馬——電影裡，這些人都是了不起的槍手。接下來，騎兵隊的號角聲就會突然響起，「哇噢，救星來了。」

早期的西部片裡，印第安人的形象都是嗜血的異教蠻族，歷史書籍則把我們看成狂野、獸性的人種；事實是，直到看了這種電影、讀了有關自己族類的文章之前，我們都不知道自己有那麼野蠻。印第安人根本沒有「野生動物」的概念，因爲我們始終認爲四足動物是我們的親緣；我們也從沒想過自己比大自然高明或不如，我們認爲自己就是大自然的一部分。許多人不知道早在歐洲人和《聖經》來到這兒以前很久，我們就已經認出了天上的聖靈。

從觀察圍繞我們的自然力量裡，我們看出季節會準確地在每一年的那幾天轉換，溪河永遠都朝同一個方向流動。如今我們已經知道太陽是恆星、地球繞著太陽轉，但我們還是說「日出東方」，橫過天際後再「夕陽西下」；如果沒有某種巨大的力量掌控著這一切，爲什麼太陽不會今天從北邊、明天換從南方昇起？此中有個模式，似乎有個大能操縱著自然的力量。任何人都能吹出讓草葉前俯後仰的氣息，但這個力可造物的大能卻可以掀起狂風、吹走一棵巨大的樹木。

我們不會在星期天花上一小時做禮拜——我們每天活在感謝之中，每天都是聖潔之日、崇神之日。我們有首清晨時唱的歌是這麼說的：「**謝謝您給我新的一天。我要請求您賜予正直地走完這一天的力量，好讓我夜裡躺下時不會感到羞愧。**」早在傳教士出現之前，我們就有了這首歌。

我的族人祈禱時，絕非只爲自己求福；我們請求賜福的對象，一定包含還沒長大成人的孩子、以及甚至還沒降世的生命。我的族人用他們的禱詞關照未來，而且把所有形式的生命——

不光是飛禽走獸，甚至包括花草樹木——都當成自己的親屬。每當踏上平原或山野的草地時，我們既覺得那是專爲我們而設的地毯，也對它們帶著敬意。我的族人會這麼教導孩童：「每個腳步，都是祝願。」

感恩

我們部族在被安置到印第安保留區之前，加起來共有四十四個村落，可以說就是我們的市鎮。如今，我們還有十四個傳承部落祭典的市鎮，每個市鎮都有自己的酋長與巫醫，和兩個會議代表，這兩位成爲那個市鎮最主要的部落維法者。

這些市鎮每年都會舉辦四次祭祀舞會，孩提時期起，我的父親就會帶我去參加。在傳教士踏上這塊大陸的很久以前，我的部落就會每年舉行一次感恩祈福之祭，這便是一年裡的第一場祭祀舞會、我們的新年慶典，在地球被植物（青草、樹葉、花朵）鋪上第一層新綠時舉行。第二場舞會，是爲病患與從戰場受創歸來的戰士舉行的。第三場舞會舉行時，正好藉機更新舞蹈場地的亭子，清除、燒盡過去一年來覆蓋棚架的柳樹葉，換上新鮮柳樹葉當棚頂。原因無它，正是爲了一年裡的第四場、也是最重要的一場舞會做準備，這場舞會的名稱就叫 Buskitah Thocco，大齋戒。

每年的玉米剛開始熟成時分，我們就會舉行第一場舞會以表示：「感謝您又一年讓玉米順利熟成，讓我們的族人得以維生。」我們稱之爲「綠玉米舞」，這是印第安人的感恩節，亦即表達謝意的時刻，如今也還年年舉行，變動之處並不多。古早以前，我們會摩擦樹枝起火，再讓帳中族人各取一些柴火回去點燃自己的火堆，好讓所有族人都能透過共同的柴火而連結在一起。

團聚營地後的第四天，每個人都得先禁食一夜一日，之後的那晚才開始跳舞。特定的酋長坐在舞蹈場地西邊，鎮上的巫醫坐在他後面，酋長的發言人、我們稱之爲heneha，則坐在酋長左邊。heneha的口才都非常好，而且大多來自風族，因爲這一族的人最具有演說家的才華。

每當酋長有事要宣佈時，heneha就會把酋長的意思轉達給所有族人；如果大家都聽懂了他的話，就會一起說：「嗬（Ho）。」不管你在營地的何處都會不時聽到這個聲音。

舞會進行到第四天下午時，heneha便會這樣告訴大家：「現在是我們每個人都要保持安靜的時候，所以請注意一下各位的孩子。接下來不准大聲說話或大笑，全場靜默。」然後巫醫會站起來，開始和天上神靈進行很長一段時間的溝通；他會說他已盡力照料受託的能力，造福族人，而他也感激神靈給他這些知識，讓族人的身、心、靈得以盡皆安泰。我們懂得的靈性並不太多。

這是我的族人所行最接近教堂之事，但地點還是在大自然懷抱的野外。你會覺得就連鳥兒也知道此時必須安靜。也許你還是聽得到遠處傳來的鳥鳴，但營地近處必定一片靜謐。我們與所有生命同調。

靜默過後，我的族人就會竟夜跳舞。但當人人手舞足蹈前，我們不會說：「嘿，起來開趴囉。」要知道，跳舞是我們族人向神靈致謝的方式，那是種儀典。舞蹈場地是灑滿了藥物的神聖之地，所以開始在跳舞前，我們都得先蒸汗、沐浴、禁食，爲了在神靈面前表演由內而外滌淨自己。

多年以來留下的灰燼佈滿祭場，有點像《聖經》裡大洪水過後的場景。這是一種重生，一切都已埋葬，一切都已遠離，如今是創造全新路途並爲了受到祝福的新的一年敬致謝意的時候。所有元素都已齊備，但我們的舞蹈與祭典還是和傳教士不相合；他們覺得這是異端，不過我相信，不管我們如何跟造物者溝通，在祂眼裡仍別具意義。

獻祭

所有美國原住民的祭典都反映著我們對地球的尊敬，而這已是我們日常生活的一部分。時至今日，出於對這片大地的崇敬，如果原住民要從地上拿走什麼東西，哪怕只是一株香草、一塊石子、甚至一把泥土，我們也都會先奉上祭品，通常是菸草，然後溫柔地拔取香草、拿起石子。因爲我們毀壞的是母親大地的面容，而且我們還要祈禱自己能恭敬地使用這些來自大地的東西。

從母親大地獲得物品的每個部族，都有自己向她致謝的方式。任何我們在人生裡用得上的東西都來自地球，甚至包括爲了療癒我們的病痛或傷口而調配的藥品，而我們要敬致謝意的也不只是地球或植物的生命，還希望能超越大地、上達使得這一切成爲可能的大能。我們眞正想致意與致謝的，其實是造物者與祂供給我們的一切。

這就是原住民對地球的尊重方式。但如果地球與她的資源沒有得到相對應的回饋，我們就會面對帶來死亡與重創的自然災難。我不是說因爲人類的介入、欠缺尊重自然才會導致的地震、颶風與洪水，但我是眞的相信，如果我們能對地球多點敬意，也許地震就不會帶來那麼大的毀壞；說不定地震會在別的地方發生，而那裡沒有很多房屋，人口也沒有那麼密集。

一九九〇年的那場大地震❶發生之後一星期，我就趕到舊金山並對大家說地震本身其實沒什麼。睡覺時，有多少人會直到醒來都沒有移動身軀？有時我們也會輾轉反側、翻來覆去。大地母親經常一動不動很多年，所以偶爾也會翻個身，但移位本身並不會傷害任何人，只有人造的物件才會傷害我們——水泥板、崩塌的公路、斷裂的水管和瓦斯管。

地震來襲時，很多正開車經過尼米茲高架道路崩塌路段上的民眾因而失去生命或嚴重受傷。我想像不到工程師會在建造公路前，奉獻任何東西給大地母親，並且這麼對她說：「我奉命要在妳臉上這兒建造一條公路，而這條公路將來都會用在好事上，幫助民眾前往工作地點或回家。請容我以這段小小的誠心告白權充致意，恩准我建造它。」我的族人都會這麼做，因爲那正是我們與地球對話的方式。可是我沒見過哪個工程師在受到巨大報酬誘惑而簽下自己的姓名時，願意和大地對話；我也看不出有哪條公路的工程師或主其事者，有過一丁點獻供的念頭。

放眼世界，無不如此。世人的敬意何在？感恩何在？很久很久以前我的族人就被教導：「每條溪河都是宇宙的靜脈，都是你的生命線，一定要好好照料。」然而時至今日，我們再也難以找到一條乾淨的水源。對於那些以純淨型態賜予我們的事物，我們不但是很差勁的管家，更是許許多多維護你我生命事物的開拓者與濫用者，而且從不覺得身邊有什麼值得學習的事物。

向我們的「親緣」學習

進入科學時代後，我們就不斷締造科技的大躍進，然而，就算只是模仿印第安老者那樣觀察動物，我們也還是能從環境裡學到很多東西。

很多瑜伽的動作都是從觀察動物得來。仔細注視趴在火爐前的貓時，你會發現，前一刻彷

❶應該是指一九八九年十月十七日發生在北加州地區、芮氏地震規模六點九級的強烈地震，造成六十三人死亡，其中四十二人死於尼米茲高架道路崩塌。

佛已經熟睡的牠可以在瞬間伸展肢體，讓你清楚瞧見全身肌肉同時運作、凝聚積存的能量，所以你知道，牠能因此在剎那間就站立起來、一躍而上。不論你從事的是什麼行業，不但每一天都要偶爾伸展一下身體，還要在伸展過後，感受一下再次覺得放鬆有多美好。

熊剛巧是我的父親，因爲我父親就是熊族人。不過，熊也有很多種。黑熊很會爬樹；灰熊因爲太重而上不了樹，卻很強壯又極聰明，幾乎能讀得出你的心思。有時營地會走來一頭熊，但很快又搖搖擺擺地離開，而且沒見牠走上幾步就不見了。牠上哪兒去了呢？幾乎讓人覺得牠懂得怎麼隱形。雖然熊都很大隻、看起來很笨拙，但生活在森林裡的熊卻如有一種規則，既強壯又柔和，牠們可以衝過一座森林卻不撞斷一根樹枝。

熊有很多我們可以學習的特質。舉例來說，製造太陽能板的公司如今就在研究北極熊的覆毛，因爲那是吸收陽光熱能的最佳範例。雖然在我們看來北極熊通體全白，但其實牠全身的覆毛都是透明的；就因爲北極熊的覆毛都不帶色素，才會在陽光照射下呈現白色。每根北極熊毛都是中空的管狀物，可以積存陽光的熱能，讓牠們能在攝氏零度以下的氣溫中存活——毛裡就有太陽能系統。正當你我都以爲我們的知識已經在某些領域登峰造極時，這一類的發現總會來臨，提醒我們大自然還有很多沒學到的東西。

北極熊似乎知道，必須讓自己一身純白才能隱身於雪地之中。每當牠們爲了食物而靠近捕獵的對象時，不但得動也不動地趴下、瞇起眼睛，還必須舉起前掌遮住口鼻，因爲那是牠身上僅有的兩處黑點。

熊也有獨特的溝通系統。牠們大多以心靈感應互通聲息，但危急時也會發出一種提醒同類小心的喉音，有點像我們碰到緊急情況時的高喊：「嘿，嘿，大夥兒，注意，注意！」

就算是在獵食或捕魚，熊都擺脫不了愛玩的天性。捕魚時，牠們不會光只爲了飽餐一頓；牠們之所以捕魚，除了塡飽肚皮，還當成一種樂在其中的遊戲，這一點就値得人類學習。就算你是爲了養家活口而工作，也別讓自己陷入呆板的例行公事之中：週休二日過後，星期一很快就來臨，帶著所有行頭開車出門，只爲了把自己拖曳到工作處所；不知怎的，在很多人連工作都找不到的時節，你還是失落了工作的樂趣與有個對工作的感恩之心。你的感恩之心跑哪兒去了？所以，**如果你有工作，但工作卻枯燥乏味時，別認定自己已經走到了盡頭，而要把這工作當成迎接未來的跳板，在那之前盡力而爲。**努力改變心態，尋找樂趣，就像熊在清澈的溪流中抓魚時，還能把捕魚當作一場遊戲。牠們以掌捕魚，卻也樂在其中。

可以向熊學習的地方還多著呢。爲了找到蜂蜜與莓果，牠們往往必須長途跋涉。每當一頭熊爲了尋找食物而來到陌生之地時，都會先探查那兒最突出的一棵樹，亦即當地的熊豎直身體，盡量伸長前爪、留下爪痕的那棵樹。找到之後，新來的熊也會豎直身體，看看自己伸長前掌後有沒有原來的標記高。要是牠能留下更高的爪痕，地頭熊就會明白自己有麻煩了——牠一看就知道來者不善，自己要對付的是頭更高大的熊；完全無需搏鬥，牠便很清楚自己必須讓出地盤。就連動物都有一套不必遭逢對手就能解決競爭的法子，人類卻爲什麼總覺得必須爲彼此之間的差異而鬥爭呢？

不論我們是否已經了解，每種動物都有獨特的溝通系統。海豚有自己的溝通系統，海豹也是，就連飛鳥、樹木也都有。科學家早已證實，就算相隔遠達約四十五公尺，兩株樹木仍然可以互通聲息；如果某棵樹遭遇害蟲侵襲，它就會向附近的樹木發出警訊，好讓它們在害蟲光顧前就先分泌某種苦澀物質到枝葉中，阻擋害蟲的侵襲。也由於樹木與樹木的關係非常緊密，某棵樹死亡時，鄰近的樹通常也活不久，因爲樹木間有種連鎖反應。

地球生物的溝通遍佈我們周遭。蜜蜂會派出斥候找尋食物，一旦找到，斥候就會立刻趕回蜂巢、跳起獨特的舞；看過這場舞蹈後，巢中的蜂群便會大舉出動，而且全都準確地飛到食物所在之處。監看斥候的研究者曾經趁著斥候飛回時，把食物移往更靠近蜂巢的地方，但蜂群卻還是飛越食物、分毫不差地直抵食物先前被發現的那個位置；也就是說，引導牠們的並不是對食物的嗅覺，而是斥候發出的訊息。

郊狼（coyote，或譯草原狼）的生命力非常強韌，幾乎不可能滅絕。別的動物會被毒殺，郊狼不會。不知怎的，牠們就是知道哪些食物裡摻有毒藥。亞歷桑納州鳳凰城的住宅區向北擴張後，當地民眾就紛紛抱怨郊狼侵犯了他們的住處地產；可這只是一廂情願的說法，事實是人類侵犯了郊狼的地盤——我們要牠們放棄的可是牠們存活了幾百年的地方。即便如此，郊狼依然能存活下去。我們不知道牠們怎能在如今的世道中繁衍下去，可牠們就是有那個本事。

維護大地的神聖

大家都說洛杉磯是「陽光之地」，可我已經很久沒在加州看到過晴朗的天空了。怎麼回事呢？美景其實一直都在，但我們在這星球上製造的物質讓我們視線迷濛看不清楚。

臭氧層對我們有什麼影響？臭氧層的破洞，首先影響了生長於北海的單細胞微生物，當這些微生物開始死亡時，相關的生命也跟著遭殃，包括供養魚類（從小魚到鯨魚）所需的海中植物。魚類的消失只是時間問題，因為地球上的所有生命都相互依存。

如果用「半徑有多大」的圓圈來表示我們的知識，那麼，知識愈豐富，半徑就愈大，鄰近的範圍也愈大；但因為圓圈以外都是未知領域，所以相對來說，我們懂得愈多，未知領域就愈大，而且已知永無趕上未知之日。我們正走在自我毀滅的道路上，比如說，位在科羅拉多、橫跨堪薩斯與內布拉斯加的大沙丘還不斷在擴大，而我們完全不明白怎麼扭轉這個趨勢。

我們每年寄出成千上萬磅的垃圾郵件，如果有十萬人拒絕垃圾郵件，就能挽救十五萬棵樹木。樹木幫我們留住土壤，但數量已然只減不增。當我還是個小男孩時，這個國家連一台冰箱也沒有，所以我們都把水桶吊在樹上，裡頭再擺個葫蘆。就算是在如今這個時代，你也還是可以用把水桶吊在樹上一整天、裡頭放塊粗棉布防止異物的方式來淨化水質。淨化過後的這桶水，經得起任何實驗室的檢測，裡頭什麼細菌也不會有。與樹木有關的某種東西已經淨化了水質。我的大部分族人永遠會在屋外的樹上吊著一桶水，雖然他們不見得都明白其中玄機，卻也都知道那樣做好處多多。

金錢不斷扭曲我們的價值觀。南達科塔州的黑山含有極富經濟價值的礦脈，礦業公司都很想開採，但在拉科達族長者眼裡，這片山脈的神聖程度就有如天主教徒心目中的梵蒂岡，很多印第安的偉大領袖都曾經到黑山做過幾次靈境追尋❷。黑山既是神聖之地，印第安長者也就希望它不受汙染。

一百年前美國政府就宣稱擁有黑山的主權，但法院最近卻判定印第安人從未在失去黑山後得到過補償，所以除非給予補償，否則美國政府就沒有黑山的管轄權。政府於是打算用給付拉科達族補償金的方式，來取得黑山的合法權利後再售出或釋出採礦權給礦業公司，可拉科達族長者不要補償金，他們只想要回土地，但如今主權仍懸而未決。你能想像爲了開採鈾礦而拆毀梵蒂岡的情景嗎？但這些採礦公司之所以要買黑山，想做的正是這樣的事。

很多愛斯基摩人因爲同意讓油管通過家園而獲得金錢報酬，一夕致富。油商這麼告訴他們：「這些錢對你很有幫助。」只不過，部分阿拉斯加印第安人向來不諳理財，結果便是，許多突然有錢的印第安人都成了酒鬼，傳統訓誡和技能失落淨盡。金錢絕非萬能。

印第安人的傳統訓誡就是尊重土地。每一棵草、每一片樹葉、甚至每一根松針，都在濾除一部分我們所造成的汙染，這些植物讓我們的空氣更能呼吸、人生更加舒適，可是現代社會卻似乎始終不把它們當回事。

冷氣機是個好東西，冰箱是個好東西，但冷媒氟氯甲烷會逸入空氣中，使得臭氧層的問題更嚴重。人無遠慮，必有近憂，我們只徒然擁有科學知識，卻沒有運用這些知識的智慧；就因爲這樣，我們才會有三哩島核災。在輻射外洩之前，我們就有用厚水泥牆包覆巨大能量的知識，卻從沒針對輻射外洩事件而未雨綢繆，以致直至今日那片土地仍然處於輻射戕害之中。

如果我們願意敞開心胸，就可以從自然中學到很多東西。我們必須眞的接觸這個宇宙、探求周遭事物究竟對我們有何意義；除非回頭接觸自然、取得人與自然的和諧，不然我們只會繼續毀滅自己。

前不久我才爲了對傳教士說些話而走了一趟阿拉斯加。這些傳教士不斷告訴原住民，傳統生活方式都是魔鬼的惡行，繼續下去只會讓他們墮入地獄。和傳教士的對談很有趣。我跟他們說，在傳教士踏上這塊土地以前，絕大多數的原住民根本不知地獄爲何物，但顯然傳教士都知之甚詳，不得不讓我懷疑他們會不會就來自那兒。

❷第十五章中，作者有更詳盡的說明。

我鼓勵當地的原住民說說「文明」這玩意全盤攪混他們心思之前的一些知識時，某個原住民說：「進化好不容易才光臨這塊島嶼，讓我們受教育。你看到哪裡還有圓頂雪屋嗎？不，現在我們住平房了。雖然房子蓋得有點擠，讓我們每年都受到肺炎的侵襲，但畢竟我們都受教育了。我們也不再擁有拉著雪橇帶我們到處走的狗隊。要是你被暴風雪困住時有狗隊，優秀的帶隊犬永遠找得到回家的路。就算危機每況愈下，你也能讓狗隊圍成圓圈、睡在正中央以免失溫。這些事，摩托雪橇都做不到，但最少我們受教育了。」

奧色治人中也看得到另一種「進步」的跡象。過去當有族人去世時，祭儀過後，奧色治人都會先把逝者擺成坐姿，再以石塊堆疊至他的頭部，這麼一來，他就能讓天上的神靈看見而不致魂困世間。那個坐姿也像正等著出生的胎兒，能夠幫助往生者早日在生靈世界重生。

在奧色治人還沒聽說過什麼糖尿病昏迷症❸的很久以前，要是有個長者確定已經過世，他們就會用上述的傳統喪禮埋葬他；可顯然這位長者自己從昏迷中清醒了過來，因爲當晚他就面色蒼白地回到家裡。這很怪異，但他的家人除了歡迎他回家，不會再多說什麼。幾天後，他似乎又死了，所以家人又爲他舉行一次喪禮後，再度把他擺成坐姿、堆疊石塊直到頭頂；同樣地，那晚他又自己回家了。

過了不久，有人問他的家人：「後來他有眞的死去嗎？」

「這我們倒不知道，只知道最後一次他看起來很像過世時，我們是用白人的埋葬法送他走的，從此他就再沒回家過。」

我猜，這也算是一種進步的跡象吧。

＊ ＊ ＊

我們已經和環境失聯很久很久了，不再懂得它的語言。我們以了不起的智能達到不少成就——製造了每一種環境汙染，讓臭氧層破了個洞，開創了溫室效應，只因爲我們是如此地聰明。現在，該是回歸本源的時候了。

四個方向

我們仍然擁有一些與環境對話、取得協助的途徑。傳承我接受過的草藥與頌歌訓練，對你來說大概用處不大，因爲你家附近可能找不到我所使用的草藥，而光看書本又學不會頌歌；然而，你一定也有派得上用場的傳統訓誡，具備你我共有的特質。最重要的是，我們都是人類；其次，我們也都擁有陽光、四個方向，以及地球與天空，都可以把這些自然元素用在療癒的藝術上。

❸糖尿病患者因血糖值過低或過高所引發的症狀。

我們都曾被教導過，要在漆黑的夜晚穿過森林是很難的事；我們可能會因被絆到而跌倒、失足掉下懸崖、或者因爲別的原因而受傷。可當太陽昇起後，我們就看得見去向，所以太陽便代表了知識；也因此，我們才會把東方看成啓迪的方向。

如果你心中有個難解的問題，面向東方再思考，答案就會不請自來。爲什麼會這樣呢？我們的心靈有兩個層面：一個是意識覺知，緊貼其下的就是你的無意識覺知。無意識層是打從你出生以來所吸收過的知識的儲存處，擁有你有意識覺知所面臨問題的解答，所以認眞來說，面向東方就是在挖掘無意識裡的知識，好讓你有機會看出下一步該往哪裡走。

不論是親戚或好友，如果你失去了非常親密的人就轉向南方。南方代表的是所有人類的命運，我的族人認爲，我們出生時都是從那個方向來的——我們從紅路來到這一世、走過宇宙的四個象限、再由藍路離開，而藍色代表性靈。《啓示錄》裡也提到紅與藍：世界末日最後那幾天，太陽會變成藍色而月亮則轉爲紅色。族祖們的教導則是：我們走上藍路時，會有一隻白鳥照看我們並幫忙清除路障以免我們絆倒；然後風人就會一路把靈魂送進下一個世界，好讓往生者不致徘徊遊蕩而得到安定和寧靜。

也許某人的過世讓你一直難以釋懷，深受困擾，所以你希望能爲那人的靈魂找到一條暢通無阻的出路，也藉此讓自己能不受牽絆地向前走。**如果你不但痛失所愛、而且用了很多時間都擺脫不了失落的煎熬，爲了往後的人生，你就得面向南方尋求協助。**

西方是感恩的方向。每當夕陽往西方落下，就是對另一天的祝福。**白日將盡時，面向西方禱告：「不論好壞，感謝您讓我經歷今天的每一件事。」**為什麼要對壞事心懷感激呢？因爲裡頭都有教訓，找到那個教訓便能幫助我們成長。要是心中老是懷有難解的困擾，便無異用高牆圍起你自己，幸福全在牆外，而牆裡盡是悲慘。

有時你不但會傷心落淚，還會哭了又哭、哭了又哭。當眞非哭不可時，請爲了有意義的事、而不是徒然爲哭而哭。如果眼淚就要奪眶而出，如果你心裡除了放聲大哭之外再也沒有別的念頭，不妨讓自己這樣想：你是爲了讓自己看得更清楚一點而洗淨眼睛，否則你會看不到美善、看不到正面天性的事物。想洗眼睛就洗吧，但擦乾眼淚後就要再度走上人生的路途。我們向悲劇學習——總是要在失落後，我們才懂得某人或某事的價值。

望向北方時，我們祈求的則是心理、生理與性靈的健康。偶爾你的親朋好友或甚至你自己會生病而希望能重拾健康時，就整個人趴在大地母親上，頭朝北方。時至今日，我們仍然能接收大地的療癒能量。人們常談起如何治療大地母親，但這個星球上沒有哪個人有治療她的能耐。我們是可以保存、補充某些大地上的美好事物，但治療她可沒有那麼簡單，而是她一直在治療我們、供給我們能量。

你也許聽過「瘋馬」（Crazy Horse）這個人的故事。他的印第安名字其實是「躍馬」（Prancing Horse），但因爲最貼近那個Prancing的英文是「瘋瘋癲癲」（Acting Like Crazy），所以才會被人譯爲「瘋馬」。他常打赤腳在大地母親上一站就是幾個小時來吸收能量。要是你位在樓房的三或四樓，能量的傳遞就會更費時間，但終究還是會順利抵達。大地母親依然是我們的大地母親，因爲給予我們這些木柴、這些磚塊、這些混凝土的都是大地母親；我們所擁有的一切——食、衣、住、行所需都來自大地，我們還從她取得能量。

所以，你就頭朝北方趴下吧。駐守北方的，是頭白如雪的白頭鷹。雪一般的白代表的是純淨，而天降大雪時，我們會說雪封路徑；如果你的人生正逢困厄，所有可能都被掩蓋，面向北方，你會開始有好的感覺，重新有力量，你會走出新的旅程。

12

另一種教堂

有個老故事說，當剛出生的小妹妹從醫院回到家裡時，四歲大的哥哥問父母親：「我可以跟她單獨相處一會兒嗎？」爸媽說：「現在不行，晚點吧。」隔天他又提出同樣的要求，父母便先在嬰兒床裡放了個對講機，打開電源，然後對他說：「現在你可以跟她單獨相處了。」這個四歲的小男孩於是走到有圍欄的嬰兒床邊，對著小妹妹說：「跟我說說上帝，我已經開始忘記祂了。」

《聖經》裡有「小孩將牽引他們」這句話，而我們認爲那是說孩子們來到世上是要來教導我們——教導我們如何謙遜，教導我們怎麼寬容待人。如果你斥責孩子，孩子會哭泣，但沒過多久就會忘了這回事而回來坐到你大腿上；大人不會這麼健忘，我們走到哪兒都帶著往日的傷痛。我們究竟要怎麼料理這些傷痛？到死都心存報復嗎？我們都有縱容自己忘掉造物者恩義的傾向，活在燦爛陽光下時似乎都把祂拋在腦後，直到暗夜降臨時才會說：「請幫幫我。」

教堂從來就不是爲了完美的人而設的。人們之所以走進教堂，就是爲了藉由上帝的善美而讓自己的人生步伐能往前多走幾步。

紅路

二次世界大戰期間很多人都想知道，我們的敵人是不是也會向上帝禱告；而要是敵我都向上帝禱告，上帝究竟會站在哪一邊？答案是，如果我們祈禱的是同一個上帝，那麼，我們都處在聖靈的同一邊。

如果你夠虔誠，你是可以引用《聖經》的話找出種種神學上的解釋；但活在現世有另一個層面，美國原住民稱之為「紅路」——通往人生之路，心靈之路，聖靈之路。我們如何尋得心靈上的滿足？透過與眞神合一的體會，既無法理解也不需要分析，因爲那是啓發心靈的一種感受。

有人問我，美國原住民祈禱的是哪個神。世上只有一位永生上帝，卻有許多途徑、文化能接觸同一位上帝。人們有時會把偶像當成「上帝」，但偶像是沒有生命的，我說的則是「永生上帝」。在舊約《聖經》裡，以利亞（Elijah）曾經對抗過崇拜偶像巴力（Baal）的群眾，他說：「讓你們的上帝降下天火，要是沒有，我的上帝就會降下。你們先。」

崇拜巴力的人於是建造了祭壇，透過詠唱、儀式和舞蹈呼喚巴力，以利亞則在一旁大喊：「也許你們得再大聲點，也許他正在睡覺，聽不見你們的呼喚。」可什麼事也沒發生，他們只好放棄。輪到以利亞時，爲了增加挑戰性，他還故意在祭壇上潑灑了四次水；可他才一開口呼喚上帝，祭壇便因爲以利亞崇敬的是永生上帝而燃起天火。

所以永生上帝只有一個，但因爲人們有很多崇敬上帝的途徑，所以才會有那麼多不同教派的教堂——禮制不同，儀式執行方式不同，但對象都是同一個上帝。不論你參與的是天主教堂、猶太神殿、新教禮拜、或者是美國原住民儀典，只要你的信念和信仰夠堅定，就不必擔心別人怎麼做。

我的原住民同胞總能辨認永生上帝，卻不知道祂就是「上帝」。在我們的語言裡，我們的造物主有祂自己的名字，但「上帝」這個字眼卻可能只剩下因爲我們從《聖經》上讀到「伸冤的神」(God of Vengeance) 留下的印象。在原住民的語言裡，我們會用「賜予生命者」(He Who Gives Life) 或「偉大的奧祕」(The Great Mystery) 來稱呼祂，溪語則稱呼祂「Ofunga」，意思是「看管一切者」。我們部落裡的基督徒如今稱呼祂「He-sah ketah nese」，即「氣息的主宰」，但不論我們用的是什麼名字，都帶有溫馨與親近的感受。我痛苦或需要祂時，只要呼喚祂的聖名，祂就會是能夠理解我的那一位、能夠滿足我需求的那一位。當我們以這些名字呼喚祂時，我們與祂就產生了這樣的連結。

傳教士以爲，我們的印第安同胞崇拜的是樹木、老鷹、菸斗，以及其他很多東西，可我們以前不是，現在也不是，我們始終是一神論者。但我們的確把這些東西當成造物主恩賜的、用來幫助我們的禮物。當我們使用諸如鼠尾草、雪松和甜草之類的草藥時，我們崇拜的不是草藥本身，我們是在與造物者對話時，用它們來創造一種讓我們感到舒適的氛圍，不論我們是爲了祈求祂的協助或只單純崇敬祂的存在。

我們對老鷹羽軸的尊崇也源自一個事實：當人類眺望高峰時，他只看得到山的這一邊，而老鷹卻因爲能比其他生物都飛得更高、擁有更銳利的視覺而能同時看見山的兩邊。既然老鷹能

飛得更靠近上帝，我們便請牠帶上我們對祂的祈求。我們當然也能直接祈求造物主，但因爲有那麼多人夜以繼日地呼喚祂，使用這些媒介來傳遞訊息更能表達我們的崇敬。我們是帶著謙遜之心，請求其他生靈爲我們傳達訊息給祂。

如果遠方的親人生病了，我們就會用「四方」、「風」來傳送好的能量。正是永生之神，讓我們得以感覺、體會我們是被顧念的；而我們之所以能常存謙遜之心，更是由於不斷對所愛伸出援手。就算不在所愛身邊，無法握著他們的手對他們說話，我們仍然可以把所愛交給有能力幫助他們的永生之神。

在沒有神聖菸斗之前，我們透過碰觸樹木來與造物者產生連結，因爲祂創造了樹木和我們的生命。如果住在周遭都沒有樹木的地帶，我們就改用泥土——碰觸泥土，再用泥土碰觸身體。我們所崇敬的並不是樹木或泥土，而是創造了它們的造物者；顏色、靈物和四個方位本身並不是神祇，而是代表了強大的、我們的療癒途徑——造物者讓我們有這些事物可以借用，而它們也提供了能與遠高於我們的存在更穩定連結的感應。所以，答案是世上只有一位眞神，而不是很多神祇。

聖靈之地

很多人都知道，不少美國原住民部落都有「聖石之屋」（Sacred Stone People's Lodge）的儀式，更普遍的說法則是「蒸汗屋」。那是把燒熱的石頭放進屋裡的淨化儀式——關上房門後，灑水在石頭上以產生蒸氣。由於蒸騰的熱氣，我們得以藉由流汗而排出積聚體內的毒素。蒸汗屋儀式並不是耐熱力的競賽，而是與造物者溝通的地方。

石頭所產生的蒸氣被當成「聖靈的呼吸」（Breath of Spirit），在拉科塔語中，蒸汗屋的名字是inipi；ini意味「聖靈」（spirit），而pi意味「處所」（place），所以這個字的意思就是「聖靈之地」——我們與高等生靈溝通的地方。你已經聽過了tipi（印第安人居住的圓錐形帳篷）：ti是「生活」的意思，所以tipi就是「生活之處」。

蒸汗屋是個神聖的地方，但即便如此，我們也不稱之為教堂。我們在裡頭祈禱、思考並表現得彷彿就在教堂裡，所以它才會如此神聖。神聖來自它所蘊含的意義——我們為了擺放石頭而挖走泥土、留下坑洞，並以樹枝搭起屋子框架的同時，也進行了祝禱。**有種說法，當你走進一個神聖的地方時，你自己也會跟著變得神聖。**

這就是我的族人想要與更強大的力量溝通時會採用的一種古老方法。我們沒有正式的教堂，所以只能透過淨化自身，以我們能力所及的方式來嘗試聯繫。我們說要以「乾淨的雙手」來到「偉大生靈」（Great Being）的面前時，也意味著純淨的態度、純淨的心靈、純淨的生活，就如我們所能做到的純淨一般。這就是為什麼我們的許多儀式都包含了禁食與流汗，為了在偉大生靈前現身，要內外潔淨如一。

走一趟三溫暖浴室，我們也可以想讓自己流多少汗就流多少汗，但那不是同一回事。當我們進入蒸汗屋時，身邊都是祈禱者；雖然同是潔淨，但除了身體之外更得潔淨心靈與魂魄。我們有如重生一般，通過揮汗以滌淨往昔的過錯、心痛與失望，讓自己能乾乾淨淨地走出蒸汗屋，步上新的人生軌道。

我們怎麼與天上的神溝通情感呢？祕訣就是謙遜。進入蒸汗屋時，由於開放的門口實在太小，所以我們只能靠手掌和膝蓋匍匐而入。這便是第一課——剛進入時，就必須在「偉大生靈」之前展現謙卑。

在蒸汗屋的圓形內部裡，我們首先擺上七塊已經燒熱的石頭。第一塊代表造物者，第二塊代表地球，另外四塊代表四方，最後一塊則是所有存活在大地上的生靈。這麼一來，盤坐其間就有如身處一個小宇宙中，使得我們能在這個小小的空間裡為地球的任何處境祈禱，為了全世界的福祉，我們送上愛心和關懷。不管所在多巨大華麗的教堂或多狹小的建物裡，我們都可以為許多事情祈禱，因為我們祈求的眞神擁有至高無上的威能。

有些人已經放棄了祈禱。曾經有個故事說，一位受到啓發的小男孩這麼開始祈禱：「上帝，我要感謝您賜給我們美麗的山巒、樹木和草地……」他竭盡所能地說，「上帝，我心裡有好多想說的話，但我不知道怎麼祈禱。我是認得一些字母，也許您可以把它們組合成字，將這些字母編組成美麗的祈禱文。」

就算我們不知道怎麼祈禱，也還是可以用心和無上的眞神溝通。雖然祂本就知道我們的感受和人生大約走到什麼景況，但最好還是自己坦白承認，「這就是我的處境，請您幫幫我。」然後就多少可以獲得協助。

一開始祈禱就直指重點是好事。在蒸汗屋裡，我們被教導要事情怎麼樣就怎麼說，而不是要來讓誰印象深刻。每當我帶領一場蒸汗屋儀式時，我總會告訴參與者，禱告不要太冗長，因爲「走出蒸汗屋時，你們都還得和祈禱內容保持一致性，如果祈禱者的禱告太長，禱詞可能會勾纏住某件事上，那麼你就被自己的禱詞障礙了。禱詞要簡短到你能記得住自己祈求什麼，然後你以在蒸汗屋外的生活來實現禱詞內容，事物就會各適其所」。

從發自內心溝通的角度來說，不管禱告者的人生處境如何，眞神都會仔細聆聽，因爲我們祈求的造物者理解我們、也鍾愛我們。我經常看見有些來到儀典之中的老人家，由於英語能力有限而以各自的方言祈禱；他們祈福的對象都是經歷災難的族人，每當聽說村裡又有小男孩和小女孩一夜之間成爲孤兒，他們就會說：「讓照料孤兒的人心中滋生善念，而且對他們說，『我愛你，這些東西是給你吃的，那是陪你一起玩的布娃娃。』」在爲族人的未來、美好而祈禱時，老人家經常淚如泉湧。如果我們的心靈是崇高純潔的，也能爲這些事而祈禱；心靈的運作完全不必考量距離，也不必考量時間。

造物主的心跳

蒸汗屋外的祭壇上，都擺放了現今很多人稱之為「菸斗架」的東西。在還沒要在屋裡抽菸前，我們都會把神聖菸斗放在那兒。根據老一輩的教導，那並不是什麼菸斗架，而是半個葬禮架。有些部落並不土葬死者，而是把死者擺放在葬禮架上，好讓他們與造物者之間沒有距離。這樣的半個葬禮架昭示了，我們來到人間是為了認識這個星球上方的世界，也因此，我們才會用這半個葬禮架來擺放聯繫其他世界的神聖菸斗。

我們打鼓時，知道裡面有靈魂。皮鼓是一種象徵，宇宙中任何賦予生命意義的東西都能包含在皮鼓裡。皮鼓的木頭部分，本是一棵樹在樹皮底下孕育的生命，就有如我們身體裡上下來去的血液；木頭上的獸皮也曾經是生命，包覆過一副活生生的軀體。就因為獸皮與木頭都連結得上逝去的生命，所以能夠幫助仍然活著的生命。

鼓聲是我們心跳的象徵，隨著鼓聲的節奏起舞時，我們的心跳就與造物者的心跳同步，那就是生命力。所以每當大家共舞時，我們就會與同伴諧和一致。

與其說鼓聲是種節奏，不如說是脈動，生命的脈搏。**如果有人感受到強烈的心痛而你又愛莫能助，不妨在等待援手時沉著堅定地擊鼓。**所有生命形式中最重要的生命形式——賦予我們生命的唯一眞神的聖靈會被喚起，那人的心跳也會及時跟上鼓聲的節奏。擊鼓者未必得是醫者，但你必須擁有極大的愛心、深切關懷你的夥伴才做得到。這就是爲什麼我們會視皮鼓爲神聖之物。

另一個具有靈性的東西是火。在印第安人的看法裡，我們會說火是陪伴我們的太陽。每一棵樹木，都曾經被陽光照耀過幾天、幾週、幾個月、甚至好多年，吸收過很多陽光，所以當樹木成了木柴，燃燒而出的火焰就是陽光陪伴我們的另一種形式。

我們也會說，因爲火焰很早很早以前就來到人間，所以它是我們的祖父；而木柴起火後顏色轉成灰暗，就像人變老了、變成祖父，所以我們必須像對待長者般給予尊敬。能在我們的祭典中擔當控火人是極大的榮耀，非印第安人的消防人員是負責滅火，而我們只有生火的控火人。

控火人在掌控火焰時都非常輕柔，因爲有如對待長者；他不會猛堆木柴，因爲對火焰的不敬會自討苦吃。火焰會溫暖我們、給我們能量、幫我們烹調食物，但也會焚燒我們，奪走你我所愛的性命、燒光我們的屋子。所以我們永遠尊敬火焰，永遠猶如面對長者般溫柔以對。

控火人熄滅火焰時，動作也都很溫柔。他們不會只是提桶水來，往火焰上一澆了事；他們不會這麼粗魯，因爲熄滅火焰就有如讓老祖父就寢安眠，所以他們會帶著對老祖父的感恩之心說：「感謝您的協助，現在，您得以歇息。也許沒多久後我們又會需要您的協助而不得不喚醒您，不過，現下我們希望您能暫且休息。」

我們留在壁爐裡的火苗是不滅之火，有如永遠與我們同在的陽光，照亮我們的前程。不論是哪個印第安部族，都會如此尊敬火焰。

神聖環圈

蒸汗屋和圓錐形帳篷都是圓形的。事實上，世界上大多數原住民的住屋都是圓形的不說，我們甚至還有一種舞蹈的名字就叫「圓舞」。圓形沒有終點，任何部位都不存在時間元素。一旦人們圍成圓形，就會形成合一的精神、一種發自我們內心的神聖感受；如果群體的渴望夠強，這樣的圓圈創造出的力量就會包含一種感恩、一種認知。

自古以來的訓誡都說，只要我們能讓「神聖環圈」（the Sacred Hoop）完好無缺，宇宙就會保持和諧狀態。所謂「神聖環圈」，就是所有生命的循環——四方、地球，以及所有存活在地球上的生命，既包括兩隻腳的，也包括四隻腳的；既包括有翅膀的，也包括水裡的生物、地球上的爬蟲類，甚至包括植物的生命。世上的一切都是神聖環圈的一部分，也都彼此相關；也就因為生命如此交織，我們的存活，便得看我們能否在神聖環圈裡與所有生命維持一種平衡的關係。

所以，這個圓形代表了宇宙，代表了所有的生靈、像親屬一般群聚。在認可一種親密關係時，我們會說，「現在起，你的問題就是我的問題，我的煩惱也成了你的煩惱。」當神聖環圈完整無缺時，我們就會有這樣的行爲舉止。只要神聖環圈還沒有離散，我們就會覺得安全無虞；但如今的世道卻是「人人爲己」和「適者生存」，神聖環圈早已因爲人類不再關注同伴、地球及地球上的生物而一再斷裂。

古老的「美國精神」是什麼呢？爲什麼許多年前創立這個國家的先賢，要在紙鈔上加印「我們信靠上帝」（In God We Trust）？多年前，如果一位農夫的房子慘遭祝融之災，幾天內就能重建，每個鄰居都會趕來提供協助、幫忙重建；過往的美國精神便是這麼樂於助人，這麼願意爲同胞的共同利益而付出心力。但在國家成立、政府的角色愈來愈巨大後，我們是不是變得太政治化了？我們是否與賦予生命意義的力量失去了連結？

印第安的每個部落，始終在努力傳授並重視成長中的孩子學到了什麼。如果我們都能遵守這些準則，就能讓神聖環圈保持完美無缺；一旦我們違背幼時的訓誡而變得心中充滿貪婪，只爲了私利而工作，不再感受得到任何旁人、尤其是自己族人的需求，我們就破壞了神聖環圈。保持環圈的神聖絕非想像，那正是我們印第安人和非印第安人很大的差異所在。非印第安人也許懂得我們的生活方式，也能舉行同樣的祭典，卻很難因此明白我們所被教導的那種維持神聖環圈完整無缺的精義。那已植根於我們的精神生活之中。

從今日的文化來看，這樣的環圈已經在很多方面都出現了斷裂，我們所能做的也只是修補的工作。這個環圈牽引我們親近彼此，是個我們可以在融和、寬恕、關愛、容忍的感應之下和諧群聚的地方。如果我們都能這麼過日子，那麼也許我們的世界，也就是最大的環圈，就會是個更好的地方。

你的本質

在我的部族中，不是巫醫才能帶領蒸汗屋的儀式。最重要的是，你必須真心優先考量社群的需要。社群在觀察過你的生活和習性之後，也一定會同意你就是做這件事的恰當人選。

每當我的社群有人相聚時，只要有長者在場，年輕人永遠不會發言，我也是，儘管我已一把年紀，但奧克拉荷馬的老家裡仍然有比我更老的叔伯或祖父母輩。在我走訪過的許多地方，我都是個長者，但只要一回到家鄉，就會變成：「嘿，孩子，過來一下。」只要他們人在附近，你絕對聽不到我的隻字片語，除非他們說：「說吧，孫兒，我們想聽聽你有什麼話要對族人說。」

「遵命，爺爺，我會盡我所能。」

「好，好，孩子。那就說吧。」開口之前，我都必須向身邊的長者致意。那是一份存乎於心的敬重。

你在對印第安部落發言時，儀態、舉止和聲調完全不具意義。不論你只是閒談還是發表意見，坐著的人都會閉上眼睛坐著，仔細聆聽你話語中的精神特質、辨認其中的真實性與誠意，反問自己：「這人過的是怎樣的人生？他究竟是個言行如一的人呢，還是只想靠話語讓眾人對他刮目相看？他是不是個能擔當重任的人、有得以掌控這許多人的能力？」當你的發言告一段落時，他們對你的了解已遠勝於你對聽眾的了解。

帶領蒸汗屋儀式本身就帶有極大的責任。你對來到這兒的每個人都負有責任，包括他們的困擾、他們的健康、他們的一切；而且不只是那個特定的時間點，也包括還沒降臨的未來。即便儀式已經結束，他們仍然期待你能夠致力於在蒸汗屋為他們祝禱的內容。你當下承擔的不僅僅是祝禱，更涵蓋了走出蒸汗屋後的生活態度。這個責任並不輕鬆。

長者教導我們：「在能夠領導族人之前，就要先讓自己有個家。那個家是行動基地，好讓尋求你協助的人知道上哪兒找你。如果你是那種只在這裡稍待一會兒，突然之間又出現在他處，讓人為了跟上你的腳步而疲於奔命的人，你的言語、思想、禱詞和力量也就會變成這樣——四下分散。也許你可以做做樣子，嘗到領導的滋味，但也僅止於此。那只是一種姿態，沒有實質的內涵，你的個性和習性並不堅實可信。」

訓練我坐在蟻丘上的塞米諾爾人長者Nokus Ele'，或說「熊掌」（Bear Paw），是個巫醫。我的族人之一也想當他的學生，所以這麼邀請他：「我希望您能在我家裡過上一晚。」

「熊掌」於是到這人家裡待了一夜，一大早就起床，等了很久才等到東道主終於也醒來。那人跟他說：「早餐已經準備好了，我們一道吃吧。」我的族人通常都在用餐過後才談話，所以一吃完早餐，主人就說：「請告訴我您認為我還不懂得的每一件事。」

「好吧，既然你想知道，我這就跟你說。」熊掌說，「如果你希望過群居生活而且讓人看重，我看到你家前庭到處散落著各種工具，請做個棚子把它們都收集起來，以後需要用時就不會找不到。家裡到處都是雜物，也請你收拾整齊。」

熊掌用這種不傷感情的方式想告訴他的，其實是端正自己的舉止。而既然這人請教的是一位長者，他就不可以回嘴。在學做任何事之前，你都得先學會整理家務，才能讓社群因為你是個負責任的成員而尊重你，旁人以有你這種鄰居為榮。這就是你必須學習的第一課。在學會這一課之前，不要有先學習其他東西的念頭。別人都會透過你的習性和行為來認識你，如果你位居要職，就要在未來的人生裡都保持責任感。我們不會抬出醫生的招牌拉拉雜雜扯上一堆，而是從做人、做事之中邊做邊學。你怎麼督促自己、怎麼控管自己的人生？向別人做了承諾後，你又怎麼實踐諾言？

我在佛羅里達州的朋友比利．奧西歐拉，是塞米諾爾自立浸信會牧師。有一次，一位伊利諾州的非印第安人牧師造訪佛羅里達時，邀請比利去他的教堂宣教。「你希望我哪時候去？」「這個嘛，四月的第一個禮拜天如何？」「沒問題。」這是七月的事，也就是說，他們談的是九個月後的約定。

那個四月來到時，我正住在奧克拉荷馬市，比利打電話告訴我他會順道來訪。他說：「我要去伊利諾州，到一位在那兒認識的朋友的教堂宣教。」打從前一年的七月以來，他們彼此之間既沒有對話、也沒有用書信溝通過，但對比利來說，他已經給了承諾。幾天後，他從伊利諾州回來時又路過奧克拉荷馬市。邀請他的牧師已經完全忘了這檔子事，但對比利來說，他既然已經在九個月前答應要去伊利諾州，就會履行自己這一部分的約定；他沒發現，在白人的文化裡，大多數人都會先寄封信過去確認約定是否不變。

只要原住民給過口頭承諾，雙方就不需要經過公證、不必簽下白紙黑字的合約，更不必在到期前再度確認。這就是爲什麼我們印第安人總說白人是「文件族」，每件事都得寫成書面形式。你們得有出生證明、文憑執照和履歷表，才能證明你是誰和你是做什麼的；每份報告都得製作三份，一份留在這個辦公室，一份送到那個辦公室，另一份讓你在上洗手間時打發無聊。你看，多麼浪費呀！許下承諾就努力實踐，才是我要強調的責任感。書本教不會你這種責任感，你得付出時間、汲取經驗，並且奉獻所能。

一旦你位居領導層級，便會有一種責任常相左右，就彷彿每個來到蒸汗屋的人都這麼對你說：「我就要把我的人生擺放到你手上。如果我的人生託付給你，你會幫助我嗎？」你也就有了一大把的責任要擔。

有一回，有人舉辦了一場盛大的培靈研經會（revival meeting），請來的卻是外地的佈道士。由於大會募集到很多錢，執事們便準備把這些錢交給佈道士，但其中一位執事卻說：「我不覺得應該把這些錢全都交給佈道士。」

「為什麼不應該？」

「一整個星期下來我們只得到一個信教者，所以我覺得給佈道士這麼多錢有點不妥。」

討論了一陣子後，其中一位執事說：「如果大家都覺得不妥當，那就別都交給他。但是無論最後交給佈道士多少，我都要加捐同等金額讓它倍增，因為那位唯一的信教者正巧是我的孫兒，對我而言，單是他的信教就超過這個價值。」

對你來說，一個人生又價值幾何呢？當別人在你身居領導時託付給你的人生，你對每一個靈魂、每一件煩惱都負有責任。這就是與責任常相左右。

13

佩奧特之道

我的兒子馬科過世時，我曾經到奧托印第安浸信會佈道。我認得許多奧托保留區的朋友，自己也被很多不同家庭領養，所以大多保留區的人都聽說了我們的不幸。

馬科過世一個月後某個寒冷的午後，我家響起了敲門聲，三位奧托部落的人來探望我。他們不但都叫我「兄弟」，而且說話開門見山：「過去你一直幫助我們的族人，帶給每一個人心靈上的慰藉；族裡有人過世時，你甚至還和我們一起哭泣，所以我們都非常愛你。我們盼望你能走出悲傷、繼續助人，為了鼓勵你，我們決定舉行一場帳篷內的聚會並為你祈福。你不一定要參加，可以避開，但如果你願意，天亮時不妨進篷和我們共進早餐。我們希望你能待在雪松的環抱中，讓我們為你祈福，試試看能不能讓你振作起來。但在舉辦聚會之前，我們還是必須取得你的同意。」

我說：「你們想幫我的用心非常可貴，萬事俱備而且日期決定時請通知我。我不但會到場，更一定會從開始參與到結束。」我就這麼參與了一場通宵達旦的聚會，也開啓了我與美洲原住民教會的第一次接觸。

美洲原住民教會

美洲原住民教會是由一位名叫夸納・帕克（Quanah Parker）的人，在十九世紀、二十世紀之交所開創的。他是個印第安和白人混血兒，很有生意頭腦也擁有許多馬匹，更是個非常懂得交易之道的聰明人。他本來信的是衛理公會教派，之前在傳統影響下，改信時他有八位妻子（真是猛男啊！我要向他致敬）。有一天傳道去拜訪他，對他說：「夸納，你只能留下一位妻子。」夸納長考過後，才終於對傳道說：「好，你去跟她們說。」果然是個聰明人！

夸納的母親辛西亞（Cynthia），是十九世紀時被科曼奇人俘虜並養大的白人。雖然是個白人，但辛西亞還是以許多天賦而贏得科曼奇部族的敬重。辛西亞的科曼奇丈夫與世長辭時，夸納還只是個孩子，族人說，她可以帶著孩子回到她的白人世界。

她帶著孩子回到德州的故鄉後不久，夸納就生了一場生死交關的重病，嚴重到醫療人員都已宣佈放棄治療。受過印第安式醫療薰陶的辛西亞，便越過邊境去找墨西哥印第安人，懇求他們幫助夸納，而他們來到美國後，用來醫治夸納的就是神聖仙人掌佩奧特（Peyote）。夸納逐漸痊癒後，很想知道這些墨西哥人是怎麼治好他的，他們因而告訴他什麼是佩奧特、怎麼使用佩奧特。他說：「我想把佩奧特引薦給我父親的族人，他們需要這種東西。」他們便幫他完成了這個讓科曼奇人也能擁有佩奧特的心願。此後的幾百年間，這種藥草在白人文化裡被當成是迷幻藥，卻被原住民成功地運用在醫療上。

夸納改信基督教後，不但詳讀《聖經》而且喜歡書裡的教義，但他認定自己是個印第安人，便獨自帶著佩奧特乾芽離家，每逢饑餓時便嚼上幾根，口渴時就拿佩奧特乾芽泡茶喝。他就這麼禁食了好多天，唱歌、祈禱、閱讀《聖經》，直到領受到幻象。最後，他回到部族之中這麼告訴他的族人：「我們應該遵循《聖經》的教誨，但要用印第安人的方式。我們要在塵世的帳篷裡建構一個祭壇，還要服食佩奧特來治療我們的疾病。」

這便是如今我們稱之爲「美洲原住民教會」的先聲，第一間在一九一八年正式核可的教堂位在奧克拉荷馬州的埃爾里諾附近，參與者包括各部落的領袖。因此，它並不是個傳承久遠的印第安傳統，而是從二十世紀初才開始成形。

美洲原住民教會主要是爲了替族眾祈禱而組織起來的，包括生理上的、心靈上的或情感上的需求。教眾的聚會也沒有特定時間，除了少數例外，更不用永久性的建築物來界定教堂所在，聚會總在帳篷裡舉行，也因此以「帳篷聚會」之名廣爲人知。只要哪個人有需要，就可以發起一場聚會。雖然這種聚會是不定期舉行的，但因爲每個聚會中的體驗：祈禱詞、人們說了什麼，都留駐在他們心中，所以每天都找得到參與者。

有需求的人就可以來

除了藉由佩奧特的助力來祈禱，美洲原住民教會其實比它給人的印象更重視基督教教義。夸納所型塑的環圈祭壇，其實是他從《聖經》中讀到耶穌騎著驢子進入耶路撒冷的蹄印，那頭驢子的蹄印，提醒世人莫忘萬王之王（King of Kings）。

印第安帳篷頂端都有塊布簾，每當布簾張開時，就代表基督懸掛在十字架上，需要援手的人便可以前來求助。帳篷的支桿不只來自一處；這裡一根、那裡一根，就像進入帳篷的人們來自不同的地方。若要尋根溯源，這些人的背景或許都不一樣；但只要群聚於此，他們就會合而爲一。進入帳篷之前，每個人都必須彎腰屈膝，意味著向全能的上帝表達謙遜。

夸納因爲讀過第一個男人和第一個女人違背上帝的律法而自慚形穢、上帝只好以無辜的動物毛皮幫他們遮羞的故事，所以每當舉行祭典時，夸納就要他的追隨者先在定音鼓裡裝水再覆上獸皮；在帳篷聚會時使用這塊獸皮，意味著我們都不完美。「我們都會犯錯，需要您的寬貸。因爲我們用上這張獸皮，也許您就能原諒我們。」他們會用繩子上上下下、前前後後地纏繞獸皮，直到在底部形成星圖，型塑了指引智者和牧者來到基督誕生地伯利恆的星辰；再一次，這代表了指引求助者循路來到帳篷聚會的明星。用來固牢帳篷的七塊大理石，象徵的則是創造天地的六天和休息的一天。繩索末端都沒有打結，只是緊緊地塞進石頭底下，意味著昨日、今日與明日的延續不絕。鼓裡的水和空氣、塵埃是地球的表徵，木炭代表的則是火——給予這個宇宙養料的最基本元素，全都包含在皮鼓裡。至於我們每次敲打皮鼓時所發出的聲響，代表的則是造物者的心跳。

然後，我們會在唱歌時搖甩葫蘆。圓滾滾的葫蘆象徵的是宇宙，紅色的流蘇就像血液，代表基督爲人類犧牲時流出的鮮血。流蘇邊的穗飾象徵所愛，而每當我們搖甩葫蘆時，發出的聲響意味著閃電，是來自上帝的自然元素。透過搖甩葫蘆、發出聲響，我們希望能引來祂的關注。

所以我們從不談論聖父、聖子、聖靈三位一體的神性。我們不必談論基督，但藉由這些工具來感受到祂所顯現的性靈。我們也不怎麼談論上帝的大能與大智，以及祂的本事；相反地，我們在內心深處以獨有的方式直接與大神（Great Spirit）交談，說的是我們自己、以及我們所愛之人的需求。這就是我們的溝通方式。

教會聚集時分，我們會整夜歌唱。印第安人始終很愛使用「pitiful」（堪憐）這個字。在許多歌曲裡，我們都用「堪憐」這個字來概括與無能爲力有關的心境。奧托族有這麼一首歌：「如果這世上只剩下一個『堪憐』的人，那一定就是我。我覺得我就是所有生靈裡最『堪憐』的一個，所以我懇求您幫助我、保佑我，賜予您可以讓我用來在這世上走上美好道路的力量；讓我沿著這條道路走向您，堪憐。」pitiful這個字：nah pede，就如此一而再、再而三地出現在歌詞裡。

葫蘆與皮鼓之外，帳篷裡的聚會者總是還會交互傳遞一根權杖。據說這根權杖所代表的就是印第安人打獵時所用的弓，既是他的謀生工具、安全保障，有時甚至是食物短缺時的救星。我的族人就說：「只要能堅守這根權杖，你就能安全度日、通過難關。全看你自己。」

這根權杖也象徵摩西的權杖。當摩西引領以色列人離開埃及時，法老派出軍隊隨後追擊，左右各是崇山峻嶺與無邊沙漠，正前方則是大海，他不知道該怎麼辦，只能禱告，而上帝要他平舉權杖。他遵從指示，大海立刻分成兩半，讓他的同胞得以在乾燥的土地通行。

透過模仿摩西的平舉權杖，我的族人要說的是：「堅持下去，那是你的人生。你的人生也許終究還是一無所有，但只要你能堅守信念，相信上帝能夠排除任何障壁，坦途終會顯現。」

而在這個帳篷裡的教堂中，我們從黃昏時開始聚會，又是歌唱又是祈禱地直到天色大亮。

《創世記》是這麼說的：「第一天是晚上與白天」，而不是說「白天與晚上」是第一天。所以我們從晚上開始，直到天亮才走出帳篷。子夜時分，當新的一天來臨前，祭壇就會清掃一遍，讓每樣東西都恢復乾淨和井然有序；這意味著不論你先前遭遇了多大的難關，如今都已掃除淨盡，在這新的一天裡，你有機會創造新的人生路途，正是這個當下，你可以探尋、發現自己的潛能，承擔自己的責任。

我們爲什麼會成爲今日的我們？我們要追求的是什麼樣的人生？我們是不是長年執迷於追尋卻忘了要先審視自我？在美洲原住民教會裡的子夜來臨前，你可以努力看清自己，看到那些就連你自己都不喜歡的東西。子夜過後，你要審視的是你的潛能、你的志趣，不管是技藝或工程或其他方面；這可能必須花費一整夜，也許需要一連好幾晚，而你確實是在那兒努力探尋自己。**在那兒坐上一整夜的事實，可能會爲你在某些方面辯護，而晨光降臨時你會感到充實，因爲你的心靈和身軀已在神奇的層次上合而爲一。**走出帳篷時，每個人都對你很友善。夥伴情誼最是美好。

這就是美洲原住民教會的早期景況，不但由原住民發軔，而且好一段時日裡堅持不讓非原住民加入。當他們詢問我的意見時，我說：「如果你們當眞希望那只屬於你們自己，就別用教堂這個字眼，換個別的名稱。因爲一旦加進了『教堂』這個詞，就屬於上帝的事務，既然是祂的教堂而祂又創造了全人類，哪個人類都不能自比上帝地說『你不能進來』。」我就是這麼覺得。

佩奧特：造物者的恩賜

遠在佩奧特還沒有成爲美洲原住民教會的重要成分之前，北美印第安人就已經使用很久了，大約有兩千年。阿茲特克人用佩奧特來強化長跑者的耐力，美國的原住民部落則既藉以增強洞察力，諸如探查走失的馬匹或敵人的營帳所在，也拿來治療各式各樣的疾病；事實上，後者也是佩奧特最廣泛的用途。

佩奧特含有五十七種以上的生物鹼，包括可以迷亂體感、嗅覺與聽覺，讓人極其敏感。但科學家已確定它不但不會造成依賴性，而且的確有其醫療效果。在一項研究裡，科學家先在二十隻老鼠體內注入葡萄球菌感染劑，其中十隻同時注入佩奧特鹼（peyocactin），一種在佩奧特裡發現的元素，結果是，另外十隻老鼠病死時，這十隻注射了佩奧特鹼的老鼠全數存活。這項研究還只是探查佩奧特醫療功效的許多研究之一。

我的原住民族人服食佩奧特時，並不關心它含有什麼，他們不了解什麼生物鹼，或其他實驗室裡辨識出的其他成分。族人不是爲了佩奧特而祈禱，而是因爲感謝造物者給了我們佩奧特用來醫療、幫助族人，不妨說佩奧特是我們的阿斯匹靈，即各種精神、情感、身體不適的藥方。我們不會拿來讓自己「嗨一下」，也不會以神學之名搞什麼聚會，我們之所以走進帳篷聚會，都只因爲求助無門、迷失方向、需要力量與勇氣。佩奧特能讓人的視野與聽覺都更敏銳，更覺察得到周遭與內心的種種，讓我們更能崇敬上帝；就像基督徒在聖餐儀式中和猶太人在慶祝逾越節時使用酒水，我們也以佩奧特爲象徵性的聖物。我的同胞會說，我們服食佩奧特不是爲了產生幻覺，而是希望可以看見能夠教導我們的景象。

時至今日，佩奧特依然幫得上我的同胞的忙。我在榮民醫院裡碰到的一個奧托族人就曾對我說，他透過佩奧特的幫助看到了兒子參與韓戰時的活動。他是這麼跟我說的：「某個星期六我待在家裡，很擔心兒子的安危，心頭的沉重感怎麼都揮之不去。我不想去鎮上，因爲如果去了只會喝醉，所以我決定留在家裡而且吃點佩奧特，再以自己的方式祈禱。我希望能聽聽有沒有兒子的好消息，看看他是不是安全無虞。除此之外，我別無他求。」

他服用了一些佩奧特，然後閉上眼睛，等他張開眼睛時，他發現自己正一邊在天空飛翔，一邊往下看。他看見他的兒子正和四或五位軍人結成一小隊，而且被敵軍團團包圍：「其他弟兄都被俘虜後，眼看我的兒子也在劫難逃，但我看見他在草叢中匍匐前進，而長草似乎幫他引路，讓他跌進乾河床裡。由於四周都是長草，誰也瞧不見他，他在一片籬笆下爬行，直到進入樹叢圍成的安全地帶。我這才安下心來，再次閉上眼睛。當我又張開眼睛時，才發現我還是躺在床上，哪兒也沒去。我不知道那段過程持續了多久，但的確就發生在我眼前。」

他跟妻子說了這個故事。兩個月後他們收到兒子的來信，信中所述竟和這個父親先前看過的情景毫無二致，就好像他眞的看過，不由得你不信。這位父親之所以能「看見」，只因爲他服食了佩奧特；而從那個當下起，他再也沒沾過一滴酒。

有些事，就是沒有邏輯可言

負責主持美洲原住民教會聚會的人，我們稱之爲「領路人」。有如蒸汗屋的領導者，領路人必須爲來到聚會、團坐於地的民眾擔起責任，所以他必須品德、知識與智慧都夠強，才能在聚會的目的之外，還能處理所有圍坐在那個圓圈裡的人的各式各樣困擾。

在我自己也成爲一個領路人之前，除非被邀請，我從沒在帳篷聚會中發言過，因爲參與聚會的人幾乎個個都比我年長。有一回我們正在祈禱時，一個爛醉如泥的人闖進了帳篷，讓大多數人都忍不住笑並拿他來鬧著玩；我卻不但沒摻合其中，反而陷入沉思，觀察到這個情景的領路人知道我有看法，所以他要求我爲此發言。

當時是個任命會議——袋與狐族（Sac and Fox）的領路人之一最近過世了，舉行會議的目的，就是選出一位續任者來塡補他留下的空缺。我們的原則是：獲選者的人格特質與德行，必須近似族人、家人眼中的過世領路人。

我說：「這個醉漢在我們祈禱時闖進帳篷。我們眼中的醉漢，要不是個低等人、可笑的東西，最少也不希望與之爲伍；我們總拿這種人來說笑，事實上，我就聽說過一個很棒的醉鬼笑話。

「有個老印第安人很喜歡一隻白人的狗，『孩子，你的這隻狗長得眞好。』這位白人因爲有點急事，趕著去別的地方，這個印第安人就問他，『你想不想賣掉牠？』

「『不想，我沒打算賣掉牠。』

「『我會付你很多錢。』

「『我說了不賣。』

「這個印第安人還是很想擁有這隻狗。『牠是哪種狗啊？』

「那個白人被這印第安人糾纏得很煩，『噢，牠是半印第安半醉鬼混種。』

「印第安人終於掉頭走開，卻又很快回過頭來說：『既然這樣，你可得好好照顧牠，因爲牠各有我們一半血統。』」

直到帳篷裡的笑聲止歇，我才又接著說：「現在，想想剛剛過世的這個人——喬治．哈里斯，我的袋與狐族父親。你哪時看過他背棄無家可歸的人？孤兒只要曾經走進他家裡，哪一個沒帶著一雙新鞋或一些食物離開？他關心任何可能遭到遺棄的人，甚至合法地收養了一位孤兒。他就是這樣一個人。醉漢的闖入，更凸顯了即將接手喬治職務的人必須考慮到：就算走得跌跌撞撞的醉鬼也是有生命的，同樣是創造了我們的造物主的作品，同樣有生存權。既然領路人必須為圍坐在那個圓圈裡的人擔起責任，就要能看出這一點；他必須敏於察覺別人的需求，而且引領這些人獲取所需。」

我們常在美洲原住民教會的聚會裡如此發言，提醒彼此我們該如何過生活。

＊　＊　＊

我們都說佩奧特是「藥品」，因為很多時候帳篷聚會看來更像醫院而非教堂，許多病人在那兒吃了佩奧特而好轉，所以有些領路人也因而被稱之為「佩奧特醫生」。每當帳篷裡有人抱病，治療的工作通常要到子夜過後、大家都攝取了佩奧特時才會展開，這也是因為子夜過後，我們就會開始期待日出時光的來臨，以象徵意義上來說，疾病也會離開病人。我們會頌唱名為「晨歌」的歌曲來迎向黎明，而歌詞裡就有這麼一句：「今天早上我就會痊癒。」

當該說的都說了、該做的也都做了之後，在信仰系統這方面，有病在身者的痊癒之路還很漫長。如果病患對祝禱有極強的信念，信念本身就擁有療效，能讓他們轉好；不過，有時病患還是需要那種教堂氛圍的助力，許多醫生都已放棄救治的病人，病況往往在佩奧特的協助下好轉。

很早以前就流傳著許多威力強大到令人不可思議的佩奧特醫生故事，其中一個說的是龐卡族印第安人怎麼治療一位生了重病的女士：當時的她已好一陣子沒有進食，也吞嚥不下任何食物，生命正逐漸流失；然而，在佩奧特醫生與她一同在帳篷聚會中努力之後，她開始感覺到飢餓，佩奧特醫生便對他的火夫說：「出去後往南走，你就會看到一個果園，折下第一株果樹的一根樹枝後，帶回來給我。」

沒多久，帳篷裡就多了一根樹枝，但因為那時是冬天，樹枝光禿禿的。佩奧特醫生把樹枝插進柴火中央，然後說：「我要唱四首歌。」他一開始唱歌，禿枝便長出樹葉、嫩芽；唱到第二首時，小小的果實逐漸冒出枝椏；隨著第三首歌的歌聲，原本的禿枝已滿佈綠葉和嫩芽；唱完第四首歌時，小小的水梨也跟著熟成。他說：「摘下其中四顆給這個女人。」火夫照做後，他又說：「接下來，給這裡的每一個人一顆梨子。」梨子不多不少，剛好夠給帳篷裡的每個人一顆。親眼目睹的人之中，就有我熟識的人。

即便到了今日，偶爾有人生病時，我們還是會在帳篷裡為他的健康祈禱。所以，我們是為了這些病人的福祉而吃下藥品，而在吃下藥品的同時，我們也會對大能說：「吃下這個藥品後，我希望那位病患的感受就能和我一樣美好。」我們不但為病患求情，也轉送好的能量給他們。

我還待在奧克拉荷馬州時，某個復活節早上，肖尼族的叔父就在我的奧托兄弟住處舉辦了一場聚會，大家用了一整個週六夜晚來爲我兄弟患有氣胸的孫女祈禱。她那天早上才剛在波尼印第安醫院確診爲氣胸，但醫院沒辦法立刻讓她入院治療，而是要她下週一上午回診。

週日清晨，也就是聚會已到尾聲時，我叔父才帶她進帳篷。那時炭火上已放了雪松，而她也已經被一根鷹羽揮撣過；她在帳篷裡繞行一圈，以我們用來表達謝意的方式和帳篷裡的每個人都握了握手。隔天，當她又回到醫院並接受醫生的複診時，結果卻是平安無事，她的肺部運作正常。她既沒有從頭到尾參與聚會，更完全沒有服食佩奧特，只因爲參與聚會者都吃了佩奧特並爲她祈福，她就化險爲夷了。那就是重點，有些事就是沒有合乎邏輯的解釋。

一旦發現誰有嗑藥或酗酒的問題，我們都會施以援手。這些人只要走進圓圈之中，我們就會視之如親人，甚至以「家人」來稱呼他們；從心理層面來看，他的自尊馬上獲得提升。坐進帳篷內的圓圈中央擁有精神上的眷顧，有點像在母雞的羽翼下或母堂（mother church）之中。如果你是在鄉村裡長大的，你就會知道每當雷鳴電閃時，小雞是怎麼聚集在母雞身下，因爲牠們覺得那裡最安全。我的族人則把帳篷當作避風港，而且相信只要大家聚在一起就會平安無事。

難過的時候，我們也彷彿一起溺水。在帳篷裡的地面坐上一整夜，可不是件容易的事；尤其是子夜過後，那種不舒服會讓你很想到帳篷外伸展一下筋骨，好像你已經坐了很久很久。帳篷總是四周低中間高，所以我們也都得向前傾斜地坐，黎明時終於起身後，更是個個只能彎腰駝背著走，我們稱之爲「佩奧特漫步」。雖然如此，只要能熬到黎明到臨，我們所服食的藥品和說過的禱詞、聽過的頌歌，以及一起歷經的過程，似乎全都在那時匯集起來，讓我們身心舒暢，不只是身體上，就連精神上也覺得值回票價。

只要有台電腦或電子計算機，一個非印第安人可能只需幾秒鐘就能解決一道數學問題；換作印第安老者，爲了解決同樣的問題，他也許只能「一加一加一……」地算下去，這會讓他花上不少時間，但只要能得出正確答案，其他的就沒那麼要緊了。我們的做法也差不多——花上一整晚來向造物者傾訴我們的煩惱和需求。只要坐在帳篷裡，不論你是誰，都可以用自己的方式來祈禱，沒人會說你坐進帳篷聚會就得服食佩奧特，只會告訴你帳篷聚會處是個神聖的所在，而且不論你的禱詞是否清晰可聞，你的心思都會融入禱詞的氛圍之中；每當有人在炭火上加了雪松，松煙便會將你的心思提升爲祈禱。也許你懷想的是一己所愛或你自己的煩惱，思慮都會以禱詞的形式顯現，清晨來臨時一切都會合而爲一，走出帳篷外時，你會覺得自己確實曾親臨某個境界。

這一切，不過只是我們在向這位全能者懇求時浮上心頭的一些想法，我們只是盡力而爲，好讓某人能因此獲益。他們會因此而心懷感激，但我們只是一種工具，透過我們進行療癒，但眞正的醫者還是祂。我們之所以屢屢不敢居功，就是因爲我們眞的只是略盡棉薄、恨不得還能多做一些。

律法不能用來約束至高性靈

不久之前，一大片烏雲籠罩了在美洲原住民教會祝禱的印第安人。一九八〇年代早期，有些奧勒岡州的上班族只因爲是美洲原住民教會成員，就遭到了解僱的惡運，連帶失去了多年辛勤工作所累積的退休俸與所有福利。

在你我眼裡，司法系統向來都是正義的象徵，但不管是負責裁決的法官或辯護律師，都根本不曾深入探查美洲原住民教會內部結構，就讓案子一路進入最高法院，到了一九九〇年，最高法院竟讓奧勒岡州的律法凌駕聯邦政府對宗教的保護，同意禁止民眾在行聖禮時服食佩奧特。這些人爲什麼能在明知「教堂」一詞代表著屬於偉大神靈的某種象徵、卻還強行通過攸關教堂的立法？

我們並不崇拜佩奧特。造物者創造了它，是要我們用來治病，用來幫助我們坐在大地之上，並直接與造物主對話的族人虔誠祝禱、爲所有人類和後代子孫祈福。這些人以法之名從我們身上所奪走的，是我們在教堂裡相互協助時非常重要的東西；佩奧特的立法禁用，很可能會連帶影響其他形式的禮拜。

世上有許多教派，民眾遵循很多教規，有冥想的教規和祈禱的教規，光是浸信會就有十七種左右，更別說還有循道會、神召會……，就像一株開枝散葉的大樹，粗枝會分出細枝，細枝末端也會長出嫩枝，長出嫩枝的地方會有個小小的節疤，象徵的就是我們的美洲原住民教會。世上到處都有矗立壯麗尖頂的宏偉教堂，而我們的教堂只是一個可以坐在地上的處所，但這個小小的節疤仍然是大樹的一部分，而非獨自存在於外太空。通往上帝之心的路途只有一條，也就是精神之路。我們爲了走在上面而奮鬥不歇。有人對我說：「我已經迷失了，我得幫我的人生找到方向。」我說：「擔憂方向之前，要先確定你自己是不是站在正確的道路上。」一旦你發現自己是堅定地行走在精神之路上，正確的方向就會自然展現。

攤開美國的歷史，印第安人爭取宗教自由的奮鬥從未停歇。第一次世界大戰期間，以族群比例來說，自願從軍者最多的就是印第安人，而我們也因此與許多親愛之人永別，爲了讓我們能自由地在任何時間、任何地方禮拜，他們奉獻了生命。

面對禮拜方式的不再受到保護，我的族人都不知道如何是好。我們能寫各式各樣的信，但卻依然相信至高的性靈肯定願意介入這種景況，只要我們都這麼對祂說：「請開創一條路途，讓我們美洲原住民教會的自由精神能再延續下去。」我們可以呼求至高的性靈，而且不只是爲了我們自己，而是每一個人、所有種族，尤其是我們的子子孫孫，好讓我們可以留給全人類恆久存在的美好事物。

一九九五年時，可敬的新墨西哥州國會議員比爾．理查森（Bill Richardson），爲美洲原住民教會提出了一項法案，這個法案認爲，不但各州的原住民教會都應該准許使用佩奧特，而且還要給予保障。法案最後通過了，也證明當我們的心與靈合而爲一時，我們的信念與祝禱就能得到上天的回應。

14

神聖菸斗

你大概聽說過「和睦菸斗」（peace pipe）吧？每當白人和印第安人相聚一堂，打算討論合約或和平往來時，印第安人這邊就會先抽一口菸斗，好讓至高性靈見證雙方的會談。就因爲白人總是從菸斗聯想到和平往來的商談，所以便稱之爲「和睦菸斗」；但對印第安人來說，那是「神聖菸斗」（Sacred Pipe），一種與造物者溝通的工具。

讓大家都有一支菸斗

每個部族拿到神聖菸斗的途徑都不一樣。溪族人擁有菸斗時，可能是我們還在阿拉巴馬州的幾個世代以前的事。拉科塔地區所流傳的一個古老故事說，太陽和月亮本來是一對夫妻，而且有個女兒——晨星（Morning Star），她不但以「無雙美女」（Most Beautiful One）聞名於世，也眞只有那個名字。後來她奉命帶給世人菸斗，因此化身爲白色水牛犢降臨凡塵。雖然她以水牛之身降世，但很快就以白鹿皮打扮成未婚少女的模樣，而且隨身帶著一支菸斗。兩個男人遇見了她，其中一個心裡立刻升起淫念，很想知道和這樣的女子在一起是什麼滋味。能夠讀出心思的她，便喚他過來；一等那男人在她身前站定，一股淺藍色的旋風，心靈之風，立刻出現並裹住了他。旋風止息後，只見那男子幾乎只剩下一身骨架，少數留存的血肉也被蛇吞吃淨盡。

另一個男子很敬重她，她便要他把幾座帳篷合而爲一，而且必須大到能夠讓所有族人聚集，「我有個神聖的東西要送給大家，也會教大家怎麼使用、怎麼照料它。」就這樣，她送出了神聖菸斗。

祈求上天的幫助

我有五支菸斗：用在治病上的醫療菸斗、進行蒸汗屋儀式時用的祭壇菸斗、我對遙遠的病患治病的遠距醫療菸斗、用在一般性祈禱上的工作菸斗，以及一支個人菸斗。

每當我希望得到更強大的力量好達成特定的請求與需要時，我就會用上那支個人菸斗。比如有一回，一個生來就沒有雙手的孩子這麼問我：「上帝能不能給我失去的手臂？」我只好先回答他：「我很想和你談談這件事，但我現在有點忙，所以稍晚一點我們再坐下來好好聊。」當我使用個人菸斗時，心裡明白照理說不是這樣的選擇，但我沒打算治療他，所以用不到我的醫療菸斗，而是用個人菸斗來尋求力量與指引，好給他一個讓他能接受自身狀況又能在未來的歲月中不會感到絕望的說法。我知道他很羨慕別的孩子能玩球，期盼自己也能從事類似的活動，因此，我必須仰賴天上的神給我更多力量和智慧來開導他。

稍晚我又遇到他時，我說：「當我們來到世上時，上帝也同時賦予我們獨特的任務；而祂之所以沒有給你手臂，一定是因爲給了你非常特別、不需用上雙手的生活天賦。只要你繼續上學，有一天你就會被某些事物、你會非常樂在其中的事物所吸引，你要做的，就是找出它來好好理解、深入鑽研；說不定，那就是你將來最擅長的領域，不論機會多少，你都可以掌握得住。眼前的許多狀況的確不利於你，但從任何角度來看，你都不算傷殘。現今的社會裡，有很多專門幫助你這種小朋友的機構，說不定能幫你裝上義肢，讓你也能做到像寫字、開車這一類的事。即使以眼前而論，你也還能思想、談話、觀看、傾聽，而光是這些天賦，就能讓你的人生有意義。所以，別只光想改變眼前的自己，而要接受它的樣貌，並對自己這麼說：『這就是上帝的旨意。因爲祂給了我其他天賦，所以我要用這些天賦來成就自己。我可以做自己想做的人。』」

我們就這麼聊開了。要和滿心期望的這類孩子談心可不是件容易的事，但個人菸斗給了我力量。

萬般事交託給祂

據說菸斗的嘴代表的是宇宙，菸管則象徵我們人類，所以，菸斗的形狀可以提醒我們自己與萬事萬物的關聯；而塡進菸嘴中央的菸草所代表的則是全知全能的萬物之父，既存在於人類出現之前，也是宇宙中的第一個生靈。

正由於菸斗對我們來說無比神聖，不必爲了祈禱而祭出菸斗。神聖菸斗既不能增強、也不會減弱祈禱的力量，力量的源頭是天上，如果祈禱者心念不正，只爲了一己之我而祈禱，菸斗、念珠、蠟燭、燃香或任何人們可能用在祈禱儀式上的東西就都毫無意義，只是美化表象的玩意兒。我們必須將自己的人生託付給至高力量，因爲這般的順從才能獲取來自天上的力量、祈求我們渴望的任何事物。

因爲我們的任何心念都能傳遞給上帝，祈禱的形式並不重要，但儀式卻能幫我們聚焦與指點方向。我們都知道陽光有焚燒紙張的能力，但平常的陽光並不會讓紙張起火，除非我們用放大鏡聚集陽光的能量，紙張才會起火燃燒。同樣地，造物者的能量也滿佈你我周遭，可我們並不時時在特定的領域裡聚集這些能量；而一旦我們聚集了這些能量，就會領受到更強烈的成就感。看著神聖菸斗的氤氳升起時，我們彷彿也看到祝禱飄升到造物主那兒，創造了一種鼓勵我們繼續祈禱的氛圍。人生裡有很多時候，我們看祝禱詞似乎到不了天花板，起因就是自己的精神太過衰弱，而神聖菸斗可以提升我們的精神狀態。

由於我們都會以祈禱來跟上帝訴說自己的人生，以及別人的、從嬰兒到老人的人生，所以使用神聖菸斗時必須特別謹愼。神聖菸斗的點抽，是祈求一個健康的身軀能有健全的態度，這是我們所求的。抽神聖菸斗時，我們並不吸入，因爲我們不是爲了享樂而抽菸，而是爲了讓煙霧帶走我們的祝禱，重要的不是煙霧本身，而是我們藉此與上天交談。除非是在祭典之中，印第安長者不但大多不抽菸，也經常告誡我們要小心使用神聖菸斗，因爲天上有位見證者在觀照我們的心念與禱詞。我們也不會用神聖菸斗來給人留下深刻印象。我們之所以抽起神聖菸斗，都只因為心頭有事、腦中有思，而且很想一一說給祂聽。神聖菸斗擁有為我們拭去眼淚的獨特力量：「我會把你的痛苦帶給唯一能幫你處理的眞神。」

體現神聖

有個古老的訓誡：我們在公共場合上、而不是在祭典上如何表現，反應了我們所代表的是什麼。一旦走進公共場所，我們就再也不只是我們自己。如果你是個神聖菸斗的攜帶者，如果你對任何屬靈之道有所承諾，你就是神聖事物的代表，不是只代表一個星期或一個月，而是必須一生信守的承諾。

伴隨神聖菸斗而來的訓誡，也就是菸斗攜帶者努力要達致的美德多不勝數，而首要之務就是謙遜。很難謙虛，因為你不能炫耀——假如你眞的謙虛的話。

我的奧托養父喬・卡森，來自海狸家族。當族人從一地遷往另一地時，海狸家族會先替其他族人選好營地，「酋長的帳篷放在這兒，戰士的放在那兒；醫者的帳篷放在這兒，其他人都住在那兒。」他們自己則永遠走在隊伍的最尾端，紮營在遠離其他部族、可以監看整個營地的地方，這麼一來，不管營地裡有何需求，他們都關照得到。時至今日，這個家族的成員還是不准擔當酋長，可以成為巫醫或戰士，就是不能居於領導之位，而且除非有人要求，否則都不能在公開場合發言。他們的主要任務就是服務族人，並且把為人服務視為一種莫大的榮幸。

喬老是這樣說：「海狸家族的職責是服務族人，而我就是個海狸族人；只不過我還是個孤兒，日子很不好過。我也和別人一起排隊用餐，但總是排在隊伍後頭，等終於排到我了，食物已經所剩無幾；傷心時，不會有爸媽呵護。這種人生總是坎坷。就因爲我是個可憐人，所以只要有人對我好，我總是感激到用印第安人的手語來表達謝意。」印第安人說「謝謝」的手語，是舉起一隻手來，用張開的手掌做出鞠躬狀。「可我這個人呢，實在是一窮二白，所以不只用手，而且連身體也跟著鞠躬，一直彎腰到手指觸地。我就是這麼恭順，這麼堪憐，這麼滿懷感激，因爲我只是個小人物。」

有一天，坐在奧克拉荷馬州紅岩區帳篷裡的他突然喚我過去：「孩子，過來一下。」我於是坐到他的身邊。「仔細看著這些木炭。」他說，接著起身走到火堆邊，頌唱幾聲，便把手放在媒炭上方，然後徒手捧起幾塊木炭。「注意看。」他把雙手合成杯狀包住灼熱的木炭，但張開時，卻赫然飛出一隻金翼啄木鳥（yellow hammer bird，或譯蒿雀）。可他還是說，自己只是個小人物。

喬也是美洲原住民教會的佩奥特醫生，每當他要讓病患服藥時，他會先咀嚼藥物，在病患的嘴巴前舉起一把金翼啄木鳥羽毛做的扇子，然後透過扇子把咀嚼過的藥物吐出去。在你還沒搞清楚是怎麼回事前，藥物已經進了病人的嘴巴裡，而病人的嘴巴根本都還沒張開呢。如果他是小人物，那我就眞的跟他沒得比了，叫我「零」（nil）吧。

真正的謙卑絕非懦弱。有人中傷你或佔你便宜時，你可能很容易就想得到各式各樣的回應之辭，但要緘默以對就困難許多。人家會中傷你，也許是心懷嫉妒、見不得你功成名就，巴不得你因爲聽說了而無法冷靜；相反地，我們尋求菸斗的協助，但不是爲了報復，而是交給大智者來料理，「這就是我的處境，因爲只有您能理解，所以我除了感激您的陪伴，也藉由這股青煙把這個煩惱交到您手上。我安坐在大地之上，好讓大地母親帶走我的淚水、以歡樂之感驅走傷心之痛。我希望感受到美好，不只是對我自己，也包括那些中傷我的人，請您接受我的祈求。」我們把煩惱交給神聖菸斗，它就不會再深深纏繞、折磨我們，如此一來，我們既能成爲更堅強的人，也更擔當得起神聖菸斗的攜帶者身分。

只要有人中傷你我，不論有沒有事實根據，都會或多或少地對我們的人格造成傷害。萬一確有其事，做爲菸斗攜帶者，我們就應該要有坦然面對的勇氣；但如果只是單純的中傷，我們也要勇敢地對造謠生事的人說：「我知道這件事是你說的，但我並不怪你。你會那樣說，是打從心裡認定那是事實，而你也有權力愛怎麼想就怎麼想、想怎麼說就怎麼說。我之所以仍然對你伸出友誼之手，是因爲雖然我知道那不是事實，卻也明白無風不起浪，我應該更深刻地檢視自己的所作所爲。促使我自省的是你，所以我要謝謝你。」一旦我們有勇氣向這個人伸出友誼之手，自己也會獲益匪淺，因爲我們會因此而更經得起往後的考驗。愈是重視自己的良心，我們就愈覺得自由自在。

所以我們能夠昂首闊步、直視他人雙眼地生活下去。這樣面對問題，我們才能說是爲神聖菸斗爭光、忠於神聖菸斗。有人就說：「只要你肯支持神聖菸斗，有需要時，神聖菸斗就會捍衛你。」

我的族人也常說，一旦怒氣攻心就會輸掉戰役。因此你也可以說，做爲菸斗攜帶者，如果我們讓憤怒蒙蔽了心智，行爲也會偏差。放不下心頭之怒，有時會塞住菸管而讓神聖菸斗背棄我們；一旦心中充滿負面情感到煙霧都出不了菸管，也就是我們的心思紊亂四竄的時刻。就算你只想用一種觀點過單純的生活，你也得先有個清淨的心念。

有關神聖菸斗的重要訓誡之一，就是永保菸管整潔乾淨。神聖菸斗是什麼樣子，我們的生活就是什麼樣子。當我們檢視菸管時，裡頭是潔淨的嗎？同樣地，我們的生活夠純淨嗎？我們的心靈純淨到可以向神靈祈求嗎？反問自己這類問題可以讓我們常保謙遜，因爲我們的堅持守護神聖菸斗，也就像堅守自己的人生；我們必須保持超然的態度，因爲我們只是工具、管道。我們必須常保菸管暢通，因爲只有這樣，菸管這一頭的人和那一頭的造物者才能對話。生活中也一樣，和他人對話時，當下的我們就是一種管道。

神聖菸斗只能用在正面事務上，絕對不能向神聖菸斗提出負面的請求。就算我們已經一貧如洗，也絕不使用神聖菸斗來祈求錢財，只能這麼懇求：「我有不少債務，請您指引我一條道路，我希望能夠一一償還。」我們並不直接要求金錢，而是祈求眼前所需；我們不把它當作常態的祈請，只在眞正有需要時才用神聖菸斗祈求。

另一項菸斗攜帶者的必備美德是惻隱之心。很多人希望常懷惻隱之心，只是不知該如何做。比如有個人對你說「我已經兩天沒有吃東西了」，要是你這一生從未嘗過飢餓的滋味，這種話對你來說就一點意義也沒有；但如果你有過好幾天一粒米未進的經歷，像我的族人在「靈境追尋」時的體驗，那麼，你就會懂得這人說的是何等痛苦，也才會油然升起眞正的惻隱之心。

如果一個具有影響力的領導者想要對族人有一番貢獻，他的配偶也要能被認同。整個社群是怎麼評價她的？她言語刻薄嗎？她會離間族人情感、謾罵族人嗎？她會隨時都打算撒手不管嗎？又或者她是個性隨和、有同情心、母性堅強的人？這不是什麼法條，但人人都感受得到。也許這個配偶絕少開口，卻不論配偶做什麼都全力相挺，人們感覺得到、意會得到。任何在神聖事物上的眞心誠意都掩蓋不住，遲早都會以某種方式、某種形式顯露出來。

謙遜、勇氣、忠誠、惻隱之心，只是我的族人想爭取成爲神聖菸斗的攜帶者時，必須養成的部分美德。不論是哪個印第安部族，能成爲領導者的都不僅僅只是英勇的戰士；神聖菸斗攜帶者必須具備的美德，就和部族領袖毫無二致。時至今日，領導者仍然必須以身作則，充當成長中年輕人的榜樣；領導者必須時時以部族利益爲重，而不是先爲自己著想。領導者必須讓那些信任他並投票使他成爲領導者的人無可非議，不能讓這些人失望；他必須運用所知所學，改善整個部族的現況，並以此要領制定可以在經濟面、社會面，以及最重要的精神層面，能帶給未來一代美好遠景的計畫。

這就是一個優秀的領導者必須謹記在心的事項。過去族中長者禱告時，祈福的對象總是他們的後代子孫；心頭所想，不是「眼前的東西，我要怎麼做才能到手」，而是「我要怎麼做，才能讓後來者福分綿延」。

過去，我們的酋長都是族中最窮苦的人。每當他出獵歸來時，都得先送獵物給寡婦和無法出門狩獵的人；誰家有需要，他就心甘情願地送上獵物，只能留給自己和家裡人一點點。我們的領導者過去就是這麼生活的：爲了族人辛苦，而不是光想自己能不能再多拿點。《聖經》裡，希望進入天堂國度的人都得先回答兩個問題：「有人飢餓時，你給他們東西吃嗎？有人衣不蔽體時，你給他們衣服穿嗎？」我們的領導者都能用「有」來回答這兩個問題。

今天何其美好

獨自與天上的神溝通時，除了支持、勇氣、力量與指引，我們還會感到深受保護；這一切，本就存在於我們與造物者的關係之中，所以不論我們想做什麼，都不能忘記自己並不孤單。工作也好，遊戲也罷，造物者的本體，以及我們所信仰的事物本質，全都緊緊跟隨著我們。

以往，即使是部族中少之又少的妨礙治安者，也能以印第安部族的方式展現個性的力量，與認同族人的方式。印第安部族剛被移置到保留區時，美國政府准許我們保留自己的政府與不損及白人的部族法律，當時負責爲部族執法的人，即帶領罪犯接受審判、懲處的人，被稱之爲「輕騎兵」。我們的法律非常嚴厲：亂倫、強暴和謀殺都會被判死刑；犯下偷竊罪者，就算只偷了一條手帕，背脊也得接受十下鞭刑，再犯者加重到二十下，三度偷竊增加到五十下，超過三次就被公認爲是個偷竊慣犯，而慣竊的懲罰便是死刑。很久以來，這都是我的族人所遵行的執法方式。

印第安人沒有監獄，所以只要有人被判死刑，法庭就會這麼告訴他：「今天起的兩個夜晚之後，在這棵樹的影子覆上那塊岩石時，你就得回來站在岩石前等待行刑。」然後他就可以回家準備身後之事。死刑犯有指名行刑者的權力，通常也都會選擇自己最親密的朋友。行刑之日來臨時，無需牢籠，不必有人押解或戴上手銬，這些死刑犯都會自己現身。我們不必強行拘提，因爲他根本就不會逃走。這些人大有機會一走了之，但幾乎每一個都會回到行刑之地，讓好朋友用來福槍給自己的心臟致命一擊。

我還沒出生前，同母異父姊姊的爸爸傑克森．奈特，就曾因爲被朋友指名爲行刑人而輾轉難眠了好幾晚，但爲了成全好友的心願，他再不情願也得好好扮演那個角色。他的朋友很清楚這件事怪不得傑克森，只是他個人自作自受，一點也不覺得傑克森必須爲他的死亡承擔任何責任；可傑克森還是深感困擾，所以行刑後他說：「請讓我送他最後一程。」因為奪走朋友性命的是他，所以他必須確保友人的安葬不失尊嚴。

當受刑者在行刑時出現，他展現出對我們族人方法的認同。他不希望讓親友蒙羞，不願意讓人對自己的子女說：「嘿，你爸爸是個懦夫。」我們就是這麼維護與執行法律，也因此不會有太多人違法犯紀。

但在一九〇七年印第安保留區納入奧克拉荷馬州之後，一切都改變了，白人的律法接管了我的族人，以部落議會取代了執行令。

＊　＊　＊

原住民總喜歡說，他們要努力「跟隨神聖菸斗」。這個說法，其實是他們會盡一切努力在生活中體現像神聖菸斗攜帶者的特質，而在與神聖菸斗一同祈禱時許下的就是、也永遠是神聖的承諾。雖然美國的政府官員也會在簽署和平協議後抽抽菸斗，卻顯然並不把伴隨著神聖菸斗的許諾視為神聖之事。美國政府與原住民部落總共簽署了超過三百七十個協議，從來沒有一個能信守到底。

因小大角（Little Big Horn）戰役而聞名於世的喬治・阿姆斯壯・卡斯特（George Armstrong Custer），對印第安人一直懷有某種執迷；具體的事例之一，就發生在他駐防於奧克拉荷馬州西北境的薩普利堡時。美國官方當時與夏延族簽署的停火協定還在有效期限內，所以，夏延族應該可以在那個地區生活、狩獵，但謝爾丹將軍（General Sheridan）決定不顧協議屠滅印第安人，並且把這個工作交給卡斯特。一八六七年的冬天到一八六八年初，在部族領袖黑壺的帶領下，一群始終努力與白人和平相處的夏延人就在瓦希塔河邊紮營。根據和平協議的條文，夏延人可以在冬季時分狩獵以求生存，所以這不但是個狩獵營地，裡頭也有不少婦孺。他們紮營之處人稱「馬靴山」，其實只能說是外形酷似馬靴的平頂山丘，之所以很適合紮營，只因為階地提供了風障。

卡斯特一收到斥候發現黑壺營地的回報，便立刻漏夜帶兵前往。那天晚上氣溫極低，但卡斯特仍嚴令軍士不得發出任何聲響，甚至連點根香菸都不准，以防夏延人察覺，就這麼在營地北邊躲了一整夜。凌晨時分，一位外出撿拾枯柴的婦女偶然抬頭一望，正巧發現美軍寂靜無聲地從山丘兩側包圍了營地，便趕緊回營警告黑壺酋長；而這位酋長，又正巧很熟悉美軍無緣由且冷不防地攻擊印第安營地的歷史，於是馬上下令撤營：「快做好撤走的準備，美軍來了。」

他們才剛準備撤走，已經完成包圍的美軍便已發動攻擊。由於黑壺妻子的坐騎中槍倒地，黑壺只好把妻子拉上自己的馬，讓她坐在身後。他高舉手臂做出和平的手勢，反而引來美軍的子彈，就這麼和妻子雙雙隕命。只有幾個孩童逃過一劫，無論男女，幾乎每個成人都被當場擊斃。美東的報紙把卡斯特形容成一位徹底消滅一大群劫掠的野蠻人的英雄。

這是一個無庸置疑的和平印第安營地，所以在遭受攻擊的整個過程中，他們雖然有很多擊殺卡斯特的機會，卻因爲尊重神聖菸斗見證下簽定的停戰協定，從頭到尾都沒有還手。他們只想趕快撤離卻換來了屠殺。我們就是這麼深受菸斗的影響，它就是如此神聖。夏延族人認爲上天見證了菸斗的啓用，看到他們做出了承諾，所以即使付出性命也必須信守到底。

卡斯特和他的弟兄繼續攻擊印第安營地，盡其所能地殺害男人、姦淫女性，因而導致印第安部族的團結。卡斯特殘殺了太多人的所愛，所以他們決定非殺了卡斯特復仇不可。拉科塔族、夏延族與其他部族拋開歧見，共聚一堂，軍事戰略也趨於一致。

一八七六年，就在小大角，卡斯特以爲他又出其不意地發現了一個印第安營地，因此不等援軍到達就發動攻擊。一見印第安人明顯正在倉皇撤離，卡斯特就說：「我們要把他們打得落花流水。」卻反而掉進了陷阱之中。在印第安勇士早就部署埋伏的地方，卡斯特和他的人馬落入重重包圍之中。這場戰役，因而成了流傳後世、每個小學生都讀過的「卡斯特最後之戰」。

歷史書上沒有提到的是，印第安人志在生擒卡斯特，而且一旦成功虜獲，就要讓族中婦女來酷刑卡斯特。女性同胞有志一同地折磨囚徒時，場面向來令人不忍卒睹。她們會用尖銳物品刺入犯人的生殖器，再把這人活生生地送上火堆，而這只是她們折磨囚徒的形式之一。復仇心切的印第安女性不但還有很多手段，更由於認定卡斯特是強暴、殘殺她們所愛的罪魁禍首，因此打算一一在他身上如法炮製。

這個故事的印第安版本是，因爲很清楚自己會遭到酷刑折磨，卡斯特寧願選擇自盡。戰役過後，印第安人並沒有割下他的頭皮。由於卡斯特髮長披肩、迎風飄揚，因此有個「長髮」的外號。但印第安人只會割取心目中勇敢戰士的頭皮，而在印第安人眼中，卡斯特卻是個十足的懦夫，沒人想要他的頭皮。

在這場戰役裡，印第安人都有戰死方休的理由，他們是在爲無辜的受害者報仇雪恨：被強暴的婦女，枉死或成了孤兒的孩童，完全沒有能力保護自己的敬愛老人家。衝殺之間，他們呼喊的是：「這是個英勇赴死的好日子，就算橫死沙場，我也要多殺幾個來陪葬！」戰鬥的精神則是：「別遲疑、別閃躲，因爲我們是來這兒保衛所愛。這是個英勇赴死的好日子。」他們都這麼砥礪彼此。

因此，伴隨著血痕斑斑的歷史，在祖先果然英勇赴死之後，今日的美國原住民才能重振旗鼓，而且這麼宣告：「因爲他們的犧牲，我們才能夠擁有美好的今天。這是我們繼續舉行祭典、分享精神價值、好讓過去彼此攻殺的白人和紅人能在精神上眞正合而爲一的好時光。只有我們在戰場上的呼嘯都能隨風而逝，才能讓不只印第安人、而且是所有人都能眞心地說：『今天何其美好！』」

15

靈境追尋

我還在上學的某段時期，很想多點零用錢可以花用，有天便到鄰居那裡攬下幫他挖除前院樹椿的活兒。乖乖，那時挖掉個樹椿看似很容易，但等我終於砍斷樹椿周圍的樹根、剷光附近的泥土，樹椿卻仍然不動如山。又忙了一陣子後，一位老農剛好經過，「嘿，小鬼頭，你在幹啥呀？」

「我要挖掉這個樹椿。」

「那麼，你切斷主根了嗎？」

「什麼是主根？」

「就是樹木底下最中央、深入地底的那條根。這棵樹就有這麼一根，只要它還在，你就別想挖走樹椿。」

切斷那條主根後，我才總算拔起樹椿。沒錯，只要主根還連結著樹幹，我就別指望能完成這個工作。

爲了成爲正直、堅強的人，我們也必須在人生的早期階段就深種根基。如果你的人生植根於堅硬的土壤裡，人生的強風豪雨或許還是難以避免，也或許你會被吹得前搖後擺，但只要你把握住維持生命的力量，就能夠屹立不倒。

坐牛

你聽說過漢卡帕帕蘇族酋長「坐牛」(Sitting Bull)❶的名號嗎？「坐牛」的名字源於坐在山丘上的公水牛——不是因爲牠累了，也不是因爲牠放棄了；相反地，牠會坐下，是爲了回顧自己走過的路途，看看自己對別人有什麼影響。坐牛之所以深受印第安族人崇敬，則是由於牠代表了存活所需的一切：食物、衣服，以及居所之源頭。但在非印第安人眼裡，牠只是消遣運動之物、瀕臨絕種的動物。牠會回顧以往，而在短暫的回顧之後便轉頭望向未來。

人生裡，我們總會在適當的點駐足，回頭審視過往經歷、從中尋求前進的動力，捫心自問：「過去的我學到了什麼？裡頭有哪些東西可以讓我繼續往前邁進？」我們的經歷，包括傷痛、失望與恐懼時分都形塑了我們、描繪了我們成長的軌跡，有些時候，我們不得不在絕望中奮力前行；處境萬分凶險、可怕時，我們甚至懷疑自己還有沒有明天。面對那種彷彿這整個星球都無處可去、沒人可以交談的感覺，總讓我們很想放棄一切；我們建立了許多執著，需要一場生命的龍捲風來吹拂淨盡，前程才能因此豁然開朗。不論我們的身軀可能有多衰弱，內心深處總還有邁步向前的力量。

因此，像水牛坐下來自我審視，偉大的印第安坐牛便以此得到了他的名號。你不可能時時都往前或走或跑，偶爾還是得坐下來看看周遭。如果你天天從屋子裡進進出出，也許草坪上有株長草始終直挺挺地看著你來來去去，你卻因爲只想準時去工作而從來沒意識到它的存在。你會揣測交通狀況，你會思考這一天可能有什麼事會發生，「一到辦公室，我就要做這個、再做那個」，完全沒注意有株小草像個保護者伸長了身子，以自己的方式過濾空氣，所以我們可以呼吸得更好。這株長草和它的親緣有益你的健康，所以下回你匆忙出門時，請停下腳步、往地上看，而且在離去前對青草說聲「謝謝」。你這是在爲生活注入樂與美，而那株小草就和我們一樣有個人生。**坐下來感受你周遭的世界吧！**

如果這位坐牛如今還會說話，你覺得他會對我們說什麼？他會教導我們什麼？他擁有強大的力量，他是人群的領袖，其他人都唯他馬首是瞻，所以他也得爲他們的安全負責；而他之所以瞻望，不只是回首前塵，也在審視未來。我的心與靈都覺得，他會經常抬頭仰望那些先他而逝的人。誰佔有你人生的一席之地而且造就今日的你？當你回首前塵時，誰曾經提攜過你？當我說我的母親從嬰兒時期就開始教導我時，其實還有許許多多人都參與過我的人生。**記起已逝之人時，我們的生活會變得更有意義。他們替我們開路，所以我們深懷感激。**

就像坐下來的公水牛，熊也會爲了評估前景與恢復活力而略做歇息，牠會在年中餵飽肚皮

❶坐牛是傳奇印第安領袖，曾經帶頭對抗美國政府軍的圍剿，並贏得關鍵勝利。他後來投降，加入水牛比爾的狂野西部表演團體。美國政府害怕他再度領軍抵抗，終於將他誘殺。

好讓自己度過寒冬。冬眠時，當牠窩在安全又溫暖的洞穴時，不只軀體，就連心靈都會完完全全休息。

同樣地，在我的部族裡，我們也會在寒冬來臨前就準備妥當。我們會把多出來的食物掛在煙燻屋裡，盡量儲存柴火，不論多寡，都可以說做好了過冬的準備，也就讓我們可以放慢腳步並沉思，回顧過往這一年，也盤算春天來臨時可能的景況。我們會在這時訂下計畫、享受片刻清閒，朋友和族人會到我們家裡來，一起談天說笑。對我的族人來說，這正是講述我們的傳說和開懷大笑的時分，有那麼一陣子，我們不會再讓一成不變的日常事務來煩擾自己。擺脫一切，讓自己休生養息以恢復活力。

我們的所作所為開啓了我們的人生。想要再次注入新的能源，我們就得先放空自己，才有空間接受更多。從這個角度來說，我們把自己變成了容器，先舉起一隻手接受祝福，再張開另一隻手好使自己成為渠道，讓那些祝福流溢到別人的生活裡。

靈境追尋

如果我們眞的很想了解自己，那麼在人生的某些時刻裡，我們就不能不臣服於最了解我們的弱點、過錯與潛力的最高智者。許多美國原住民部落，會透過我們稱之為「靈境追尋」的修行方式來做這件事——將時間和空間放一旁，獨自置身自然之中探索至高性靈，並與之對話；

在某個時空，我們的追尋就會得到答案。這是個讓我們能更了解自己、以及找出人生面臨抉擇時某些選擇的機會。

最初，靈境追尋是爲了各部落的安全而進行。由於戰爭與戰役帶來的劇變，需要力量與知識的年輕戰士或必須尋求指引與解答的領袖們，就會獨自離開部落，在至高性靈的面前進行禁食。他們會仰觀天空，因爲神靈似乎來自那兒；但很多時候又似乎來自大地，或者來自風中。偉大的神靈可能來自任何領域，所以他們的祈求不會拘於形式，只是單純地敞開心胸迎接啓示；他們並不認爲那是禱告，只是一種溝通。即便在今日，一場靈境追尋還是要求長時間冥想、禁食、不做任何日常生活中安適之事，好讓靈境追尋者能完全放掉執著、達致隨時都能接受指引的情境，而在禁食與等待溝通之際，靈境追尋者就會開始領受到所謂的「洞見」。

有一回正當我在爲了舉辦一場祭典而整理隨身用具時，某人走來坐到我身邊。落座之後，那人跟我打了聲招呼：「嗨，兄弟。」

我看了他一眼，「有事嗎？」

「我想跟你說，我要參加你的祭典，而我是個盲人。」

「噢，你看不見啊？」

「沒錯，我是個瞎子。」

「你知道，造物者以看得見景象的形式賜予我們美妙恩典。很多人可以看見美麗的落日、閃爍的星辰，以及照亮漆黑夜空的滿月；我們也能欣賞一幅圖畫或朗讀一首詩。但如果我們看不見景象，祂就會賜予我們更寶貴的東西，我們稱之爲洞見，即使盲人也能擁有。」

他說：「謝謝你，兄弟。」

看得見是件好事，但能對事物擁有洞見則是更棒的天賦，這也是爲什麼我的族人要透過靈境追尋來探索自我。他們的洞見不是從學校裡學來的，而是透過交流得來；也因爲透過這樣的溝通，他們才開始多懂得自己與生命一些。

＊　＊　＊

二十幾歲時，我在南達科塔州的熊丘（Bear Butte）做了一次靈境追尋；那已經是我第四次嘗試靈境追尋了，而當時帶我去那兒的夏延族長者，如今也早已不在人世。禁食到第三天，我手握菸斗坐在靈境追尋的位置上時，一頭大熊迎面向我走來。那不是幻視或夢境或幻覺，眞的是一頭如假包換、活生生的大熊。我才剛放下菸斗，那頭熊便站立起來。熊一旦站立起來，就是攻擊的前兆。爲了不被一頭大熊撲倒在地，我也立刻站起身來；可我都還沒站穩呢，一隻熊掌就拍打了我的右肩。雖然牠未盡全力，但那沉重的力道還是把我推得往後倒；等我又爬起站好，另一隻熊掌又打得我臥倒在地。

但我還是掙扎起身，用我的母語對牠說：「我父親是熊族人，所以熊就代表我父親。有人要我來這兒對我父親說話，所以現在我要站在這裡跟你說話。你想在我身上留下什麼印記都隨你，反正你高興就好，但我尊敬你一如我父，所以我不會怕你。我不會和你打鬥，而且也不會逃走。」那頭大熊彷彿完全聽得懂我，一等我說完就轉身離去。

我走下山丘，向帶我來靈境追尋的長者說了這件事，他的看法是：「那頭熊打倒了你兩次，你不但完全沒有反擊，反而對牠說話，而牠也聽進去了。不得不保衛自己時，人們大多藉助武力，但比起自衛的行動，解釋自己的處境往往更有效果，比如你對待這頭熊的方式，你說明你會做什麼、不會做什麼，一旦取得共識，就再也不需動武。由於你站起身來面對牠，既不逃跑也不戰鬥，你展現了熊的靈性與大勇之心，因此你贏得了『熊心』（Bear Heart）這個名號。」

所以在那次的靈境追尋裡，我了解了自己的某些部分，以及在人生中所扮演的角色，同時掙得了我的名號。

高地之上

美國原住民的領導者都做過很多很多次靈境追尋，因爲每次的追尋都不一樣。我們會持續增加，因爲要學習的東西太多，不可能一次全都學會。每當大奧祕（Great Mystery）掀開一點簾幕，包羅萬有的內涵我們畢竟只能以管窺豹，所以我們透過靈境追尋的體驗，一次累積一點知識。

現在，不只男性，女性也開始經由靈境追尋來探求人生的方向。這些人之所以從事靈境追尋，並不是爲了躋身領導階層，而是爲了自己，達到身、心、靈調和的狀態。能夠身心完整的處於世上，而不是把自己的哪一部分遺留在某處，是很重要的事。你可能身體坐在這兒，腦子想的卻是五百哩外的某件事，那便不是身心完整的境界。

如果可以的話，我們通常會在高山進行靈境追尋，這也是爲什麼我們會把靈境追尋說成「到山上去」。山比較好，因爲高山能讓我們在觀看這個世界時有更好的視野。提升外在高度時，內在的高度也會跟著提升，因爲我們所拓寬的不只視野，也包含了內在，這兩樣東西總是攜手並進。高地似乎總能讓我們感受山峰的威力，而且我們可以接受它的能量，有點像是在大教堂或廟宇中敬拜的氛圍。我們的信念會因爲身處高地而轉強，往下看時並不帶著高高在上的心情——看到所來之處如此低下，反倒讓我們更謙卑。人在高地時彷彿就能創造一種更貼近造物主的氛圍，祂可以更輕易地來到我們身邊。山下是我們與其他人從事大多數日常活動的地方，所以，我們的目的便是讓自己遠離日常生活的牽絆，藉由攀登高處尋求另一種靈性溝通。

如果鄰近之處沒有高山，任何地方都可以從事靈境追尋。根據族中老者的教誨，你所站立之處，地球上的任何一點，就是宇宙的中心，而宇宙的中心也就是至高之神與我們常相左右的地方。

只要是我安排的靈境追尋，這人不管到哪兒去，都必須在沒有食物和飲水的情況下，在任何地點待上一到四天。這種方式，可以讓人拋下日常生活以尋求和至高性靈對話的契機。禁食不飲的確很難熬，但如果目標一蹴可幾，勝利的榮耀或成就感又從何而來？只有在辛苦掙得成果時，你才會因爲自己的耐力而深受鼓舞。這就是爲什麼我總說，要是一位戰士身上都沒有傷疤，誰說得出他有勇士的印記、參與過哪場戰役？只有在看見一位傷痕累累卻仍英勇向前的人時，你才會說：「他是個好勇士。」

目前爲止，我已經送過四位博士去從事禁食四天的靈境追尋。雖然這些人的同僚都說，不吃東西不喝水，沒有一個人能活著回來，可這四位卻全都安然歸來。要收受什麼東西前，我們總得先清出空間。如果一個杯子裡裝滿了鵝卵石，就會因爲石塊佔據了空間而裝不了多少水；如果我們有太多的執著，日常活動太繁雜，上天的賜福就會少之又少。透過禁食，我們不只在生理上清空了自我，也滌淨心靈與態度來接受更多思想與概念。這就是我們在靈境追尋時要做的事：清空自我以領受靈性的溝通，加深自我的了解。

只有上帝知道你是誰

從事靈境追尋的人總是心有所求。有些人不是弄不清楚該在自己的人生裡扮演何種角色，就是嘗試過很多途徑卻似乎徒勞無功。人們往往會以外在的方法來滿足內在的渴求，但有時候他們就連自己要什麼也不知道，以致平添焦慮，不管做什麼事都覺得沒有成就感。

那麼，靈境追尋時你該做什麼事呢？你怎麼連結你的內在意識？以我的部族為例，自覺的進程包含問自己三個問題。第一個問題是：我是誰？不論你想成就任何事，你都必須倚賴強大的自我認同。你認同什麼或認同哪種人，唯有深入內心才找得到答案，不可能單靠外在方式滿足內在渴求。你必須在它自己的內在之地找到。

族中長者的教導是，別人不能說：「這就是你。」也許你會努力成為別人眼中的那個你，但當所有外在的名相都剝離了之後，真正的你是什麼樣貌？最初的認定自己是很關鍵的，因為那不只和我們面對的環境有關，更和我們的雙親與文化背景緊密相連。弄懂你是什麼樣的人非常重要。也許你以為很了解自己，但有可能是你一生的所作所為才是別人識別你的依據，因為人傾向於以事業的表現來界定他人。你也可能認為自己就是那樣的人，但未必是內裡的那個真正的你。

華盛頓有個我們稱之為「無名英雄墓」的墓地，但墓碑上鏤刻的卻是「只有上帝知道」（known only to God）。**你有一種身分來自賜予你生命的神，祂知道你是誰。找出那條道路，然後再也別偏離。**

不曾認清自我，也就擁有不了智慧。你的人格特質是什麼？你的信仰是什麼？你會為什麼挺身而出？你是個有勇氣、而且能帶來變革的人嗎？或者你的個性相對溫和及具滋養的本質，能夠因材施教、鼓勵身邊的人努力向上？這便是我們必須獨自在外進行靈境追尋的理由——再多了解我們自己一點。我既不能代勞，也沒有別的人能代勞，只有你自己才能一勞永逸地認清自己是什麼樣的人。

一旦認清了自己，緊接著你就得問下一個問題：從原本的我有了什麼樣的轉變？

很早以前就有人說過，我們的生命是造物者的恩賜，所以我們以這個生命成就的人生就是給造物者的回報。你有個讓你尊敬的母親嗎？有個讓你景仰的父親嗎？也許他們都已不在人世，但你還是能用你的生活態度來顯耀他們。你是不是哪個人的榜樣？如果是，你在人生中扮演的又是哪種角色？年紀比你小的人願意追隨你的腳步嗎？你必須做何改變？你是透過許多體驗，才把自己牽引到如今的地位嗎？你可曾考慮過問問造物者，你是否在對的地方做對的事？有沒有什麼應該隨之增長的東西？你又是否樂在其中？這是你正確的道路嗎？或者只是未來更美好之路的跳板？

透過這些自問自答，你才能判定你是什麼樣的人、成爲什麼樣的人，然後也才能接著問自己第三個問題：爲什麼我會在這裡？我們不但以人類的形體四處遊走，理應還擁有高等智能，但我們的行動是否有個目的？如果我們迸出只有一個問題的問卷：「你人生的目的是什麼？」收集到的答案一定很有趣。有些人總會錯把目標當目的，目標可以帶有趨向目的的意涵，卻不會是終點。或許你有著成爲律師或醫生的目標，但如果你心中所想僅止於此，也許就很難達成人生真正的目的。在正義的領域裡，不論你是執法者或在法庭上發揮辯論天賦，你眞的是在追求正義嗎？或者只是爲了潛藏其中的金錢報酬而努力？

你會走到人生的這一站一定有個原因，但你可曾想過探究這個原因是什麼？你激發出所有潛力了嗎？推動著你、讓你成爲現在的你的是什麼？是金錢和物質的不斷堆積，還是別的東西？如果你是個廚師，你不但能帶著愛心烹調食物，還很清楚你所準備的食物會讓吃下肚的人生命因此延長；如果你是個醫生、店主、律師或木匠，不論身在任何領域，你都有讓別人的生活更豐足的機會。你的工作可以帶給你成就感，然而與此同時，你也可以心懷謙卑，因爲你選擇的這個職場給你爲他人服務的機會。

這就是你在進行靈境追尋時，全程都緊纏著你的三個問題。你不必非得在獨處荒野時強求找到解答，但這些問題卻會開啓一些新的道路，是你在人生上從未考慮過的。一旦有了結論，你或多或少都能確立人生的方向，也會更有信心。這當然並不表示人生之路就會更好走，卻一定值得你往下走。

來自微小事物的力量

靈境追尋時，溝通可能會以夢境或心念的形式出現，媒介則也許是鳥、動物或甚至植物；如果靈境追尋途中有隻鳥或動物靠近你，就要尋思其中的涵義。這是你的觀察力最該發揮作用的時候：那隻鳥或四足動物有哪些特質？你如何在自己的人生中善用那些特質？那隻動物是被指派來幫你忙的，所以你得盡己所能的悟出其中涵義。

不論我送了誰去靈境追尋，事後他們都會對我講述其間的經歷：那段時間裡他們看到了什麼、聽到了什麼、夢見了什麼。在我一一幫忙解譯時，他們往往會由此領悟某些重大難題的解答。

很多人都以爲，靈境追尋會讓人看到某些異象。有一回我送一位非印第安人去靈境追尋時，他還特別攜帶了一本附有厚厚一疊黃色活頁的記帳用筆記本；我猜想，他一定以爲這一趟會看到很多異象。當他詢問我禁食期間能不能帶著筆記本時，我這麼回答他：「要帶也可以。反正你會一直記掛在心，帶著說不定好一點。」

幾天後我去帶他下山時，筆記本上滿是素描、詩句和哲理，可是他看起來卻失望透頂。顯然，他上山前就有個先入爲主的想法，以爲自己會看見一頭白水牛或一隻老鷹或什麼不尋常的事物，但從頭到尾他只看見：「我的正前方有一小叢野草，不管我怎麼東張西望，最後我的視線一定會回到草叢正中央的那一片草葉。」

「那就是你的能量圖騰。」

「你說什麼？」

「我說你的能量圖騰是一片草葉。假設你看到一隻老鷹，我們就拿鷹羽來和這片草葉比較一下。如果你是個百步穿楊的神射手，那你一定可以一箭就把鷹羽射成兩半；但如果你對這片草葉同樣射上一箭，柔軟無比的它卻只會隨箭後仰一下，然後便馬上彈回原處。同樣地，不管風勢有多大，強風過後，草葉就會再度挺立。無論人生處在何種境地，我們都可以從環境裡學到東西，即使只是一葉小草；它要教你的，是面對任何困難後都能再站起來的適應力。

「力量並非永遠來自雄偉的事物，你期待的是大事物，但帶給你巨大能量的卻可能是微不足道的事體。**當我們命定過著單純知足的生活，卻想著：『我的生命是一場盛大演出』，那是會讓生命變得複雜的。**讓小事物幫助你成就夢想與靈感。」

隨煙遨遊

進行靈境追尋的人都需要指導與建議，以便了解自己應該尋找什麼，所以最好有個懂得其中奧祕的合格協助者。每當我協助靈境追尋者時，在帶領每位追尋者上山之後，我並沒有讓自己完全離開那個區域，因爲我還負有照顧這些人的責任。同一時間裡，可能會有一到十五人都在禁食冥想，只是各處一方，我則以我的方式和每一個身在山上的人保持聯繫，直到他們全都下山爲止。

追尋者還沒上山禁食之前，我就會在蒸汗屋裡升起火堆，並且常保火焰不熄，那是靈境追尋之心，而我就與這團火同心協力保護我所協助的靈境追尋者。有些地方，我得在有人進行靈境追尋時確保熊與山貓不會靠近，更常得隔離蛇類，尤其是響尾蛇。如果當地常有響尾蛇，我就會用木炭型塑出響尾蛇的樣子，然後放些甜草上去，再與響尾蛇的屬靈交談，請求牠別傷害靈境追尋者，同時也祈求上天保佑響尾蛇。如果是其他猛獸，比如熊或山貓，我便用木炭塑造出類似那種猛獸的圖案，同樣請求牠們、也為牠們祈福。

到了晚上十點左右，我就會在菸斗裡填入菸絲、點燃菸斗、送出煙霧來圍繞追尋者，以保護他或她免於傷害——身體的、情緒的、思想的、心靈的傷害。子夜時分再來一次，然後是凌晨兩點、四點。只要他們還在山上，我就幾乎都不睡覺，直到最後一位靈境追尋者下山前，我幾乎每晚都熬夜到天色大亮、時時照護他或她。一感覺到有人需要協助時，我就會起來，在選定的時刻前就點燃菸斗。我的心靈會隨著神聖菸斗的煙霧遊走於靈境追尋者周遭，以確保他或她安全無虞；透過神聖菸斗，他們需要幫助時，我不必親臨現場就會知道，而且也能夠照料他們。

有些時候，靈會在靈境追尋者眼前現身，而追尋者馬上就會知曉。那個靈不但能量極強，更有話要對他或她說。那種強大的能量，往往會使追尋者心生恐懼；我們的身體並沒有做好與精靈世界的靈同處的準備——他們存在一個我們不習慣的高速感應共鳴狀態。如果靈一直待在身邊，就會讓我們染患精神疾病；但如果我們只是偶爾一瞥靈，便可從他們那兒獲得指引與建議。

但我們還是不能就此認定靈都帶著善意，也因此，協助者一定得擁有保護靈境追尋者的能力。某些靈也許會說：「嘿，和我一起散個步吧。」然後誘引追尋者在暗夜中墜落懸崖，或者引領他們到猛獸等著撲擊的地方。也有可能靈是想透過追尋者而挑戰協助者，「為了見識他的本事，我要對某個靈境追尋者這樣做，看看他遠在山下的菸霧能奈我何。」燃抽神聖菸斗時，我會祈求靈境追尋者不受任何形式的傷害，「環繞每一位靈境追尋者並保護他們，請一定要去到他們身邊，賜予他們力量以面對可能侵擾身心的誘惑或感受，讓他們接收到美好的交流。」這就是我燃抽菸斗時所用的禱詞。

最後，我還得會見每一位下山來的靈境追尋者，幫忙解讀追尋期間的所見所感，得出有助人生的啟示。然而，做為協助者，這一切也還只是我為靈境追尋者所做的部分工作。

我曾經讓兩位靈境追尋者到遠處進行，但我待在家裡，因為我深信，藉助神聖菸斗威力的交流不受距離遠近的限制，再遠我都能讓菸霧環繞他們。有個女孩帶了菸絲來拜訪我，和我一起祈禱後，就隻身遠赴南達科塔州靈境追尋；我則待在新墨西哥州，有如就在她身邊似地為她燃抽菸斗，一切平安無事。她是經歷一些艱難的處境，但在回來會見我時，我都能一一為她解讀其中涵義。之後，按照慣例，她會給我一些供養。

一年後，她決定重回南達科塔州獨自嘗試靈境追尋。因為她沒有能力送禮，便不好意思再找我當她的協助者。如果我早點知道，我還是會照料她，但她就連要再去靈境追尋都沒有告訴我。

她完成靈境追尋後，有人在鄰近拉皮德市附近發現她的卡車徹底故障，而她不但陷入昏迷，背脊還有三處骨折，大多數頭髮和底下的皮肉都不見了，就有如被剝去了頭皮。雖然她的骨肉傷痛後來都痊癒了，但由於遭受腦震盪的摧殘，靈境追尋時的某些記憶始終一片空白。我並不是說沒有協助者的靈境追尋者都會有這種遭遇，但在靈境追尋時，追尋者會曝露在不同情況之下，一定要尋求某種形式的保護：既能確保追尋者得以經歷美好的交流，並且不誘引出任何負面的事。

存在我們內心的沉靜

靈境追尋不是爲了尋求鬼魂或靈，透過禁食，你讓自己成爲一個容器，盡量清空自己，以感受來自至高性靈對你展現某些日常裡可以使上力的訊息：「那就是我該做的事，這就是我的道路，能夠幫助我的就是這個。」

那是你與「唯一源頭」對話的時刻，而且當你回到日常作息時，你能保持精神層面與外在世界一致運行流暢。我們這個社會的存續，要倚靠能與心靈有良好連結的人。那是我們的救贖，如果失落了這種連結，整個社會就會陷入算計與貪婪的泥淖之中。那種景況，幾乎天天都在我們眼前上演。

用心觀察美國人民時，我總是在想，對照所有人口而言，靈性的存在有多大。也許住在我們內心的只是個侏儒，因爲我們根本沒在生活中滋養屬靈的潛力，從來不給它養分、鍛鍊它。我們眞的是屬靈的嗎？還是只是教堂的會員？那可不是同一回事。

那麼，我們該怎麼培育內心的那個侏儒呢？遠離那種看似無止盡輪轉的所有活動的中心。靜默之美、偶爾遠離繁華擾攘，都能幫助我們收束心神與聚焦生活重心，好讓我們在回到這個忙亂的社會中並重歸工作崗位時得以常保平靜。藉由在日常生活中融入這種沉靜，我們便能夠處理人生中的種種挑戰；那份沉靜正是至高性靈的顯現，始終與你我常相左右，即便是在繁華街市裡。逃離塵囂，再次探索人生應該擁有的樣態，讓身與靈取得平衡吧。宗教的種類很多，但靈性只有一個，而且無論走到哪兒，不只在這個國家裡，還包括在全世界，我們都需要。

也許你會說，「現在可是一九九〇年代了。你說的這些東西，在水牛還在這個星球上趴趴走的時代也許有點用，但對城市生活又有什麼好處？如果我一回到水泥叢林，靈境就會離我而去，透過靈境追尋接收靈性的訊息有什麼用啊？何必花費那麼多時間與精力？」

假如你的交流做得夠好，就算達成它需要某種寧靜與隔離的狀態，不論你人在洛杉磯、紐約或芝加哥，它都與你同在。安排出能夠獨處的寧靜時刻，即使是在衣櫃或淋浴間，都試試這種交流。

多年前就在這兒的同一個靈性源頭，依舊帶著完整無缺的力量等著你我去汲取。但如果我們無法讓那源頭顯現於今日的社會，又有什麼用？聖靈存在商業世界之中，存在影藝世界之中，聖靈無所不在。如果你覺得要把美國原住民的傳統價值融入今日社會中、融入你的行事中會很艱難，那你對聖靈的認識一定有誤。不管你是商辦大樓裡的主管或急診室的護士，神靈都在。

16
人人都能有貢獻

我還記得有個長輩這麼告誡過我：「孩子，世上萬物皆有其目標。看見那隻蝴蝶了嗎？沒多久牠就會飛走，但牠會飛走不只是因爲牠有翅膀，而是牠有目標。那邊的蚱蜢只會暫停一下，然後便會跳走，因爲牠也有地方要去。每一件事都有個目的和緣由，你要謹記在心。在人生的旅途上，心裡要隨時有個目標，別只像風滾草般隨風飄蕩。」

新墨西哥州到處都是隨風飄蕩的風滾草。有時候，心中有個目標便意味著你得逆風而行，才到得了要去的地方。

＊＊＊

在《與狼共舞》這部電影裡，一個年輕人之所以志願從東部來到西部，就只爲了瞧瞧美國西境和多點經歷。找啊找，找啊找，他找到了伴侶，但更重要的是找到了他自己。整個故事最重要的關鍵就在結尾——過去的那個自己已經不見了，如今的他與狼共舞，拉科塔族人和他自己都完全認同這個新角色。

尋找眞正的自己，往內看，正是人生中最重要的事。「這是我立足之地，這個我才是我。」一旦了然於胸，你就能克服任何迎面襲來的難關，以身爲自己爲榮，不在乎別人的看法。也許早在幼年時光，你的雙親就對你的夢想與願望潑過冷水，也可能你的某些朋友會說：「我不覺得你該做這個。」他們懂什麼呢？行走那個人生的又不是他們，而是你自己。你能從自己內心找到什麼美好的東西，才是最重要的事。如果你能與你自己、你的心、你的身體和你的靈魂取得合諧，還有什麼好擔心的？世上再也不可能會有你克服不了的難關。

有人曾經對我說：「我眞希望自己也有你的那種靈氣。」我看著他說：「我們身上都有同樣的靈氣，你不比我少，我也不比你多；不同個體的差別，只在於誰願意讓至高性靈擁有多一點的你。」差別就在於此，對靈性更虔誠。看起來已經很虔誠的你，說不定還有很多方面都舉棋不定。

不管是透過靈境追尋或內省與沉思，放開心胸從至高性靈那兒尋求人生方向的指引，一般都說是「內在追尋」——探索內心，嘗試帶引出眞正的你，包括你的情感與信仰。每一個人都有值得行走的路途，人生就是這麼回事。很多人都跟我說：「我想學習你的人生態度。」這我沒意見，但我寧願大家都試著找出自己的人生態度，而同樣重要的是怎麼用那個態度去實踐人生。

探求智慧

「探索」是每個人打從孩提起都做過的事，從學齡前、上幼稚園直到讀大學，你都在探索知識。傳統上，溪族人評價一個人時最看重的並不是他有多聰明，而是他有多大智慧，怎麼讓小本事發揮大作用。

我一直很喜歡那個車子輪胎剛好在精神病院前脫落的故事。很明顯地，幫駕駛修輪胎的人沒鎖緊螺絲，所以開了一段路後輪胎就從輪軸上脫落了；他花了不少時間才用千斤頂把車子抬到適當高度後，這才發現螺帽早就不知道掉在什麼地方了，根本沒辦法再把輪胎裝回去。

一個站在鐵絲網後看著這一切的精神病患喊他：「嘿，老哥！你要我告訴你怎麼在開到修車廠前鎖住那個輪胎嗎？」

這位已經又熱又煩又累的駕駛沒好氣地回問：「你？」

「對，就是我。」

「好啊，說來聽聽。」

「從其他三個輪胎上各取下一顆螺帽，鎖在這個輪胎上，就能讓你開到想去的地方了。我也許是個瘋子，卻不是個笨蛋。」

你也許能拿到任兩門學科的雙博士學位，但如果沒在增廣知識時也培育智慧，你就麻煩大了。有時我會造訪監獄，和一些囚犯對談，碰上的博士可多了。這些人全都知識淵博，卻沒有善用知識的智慧。我們都是一邊學習一邊成長的，但你怎麼運用所學，就要看你多有智慧了——引導知識的智慧。

我的孫子巴比才十三歲時就有一百八十八公分、八十一公斤，有一天他正在學校裡排隊買午餐時，站在他身旁的朋友拿走了他手上的錢。這筆錢，其實是巴比鬧著玩地從排在前面的朋友那兒拿來的，他的朋友拿走後再往後傳，一路傳到了隊伍盡頭，才又回傳過來；可等到這個朋友拿回他的錢時，數額卻短少了。校長介入調查後，便要巴比正在上班的媽媽趕來學校，因爲巴比不肯交代誰拿走了錢。他也不確定是誰拿了錢。他的媽媽罰他禁足，在這件事水落石出前都不許再玩任天堂，不能找朋友來家裡，更不能到朋友家裡過夜。

不知怎的，我這孫兒始終希望追隨我的腳步。我從來沒要他效法我，可他就是堅持要學習我的人生之道，而我也的確與他長談過怎麼處理各種狀況。他被禁足了，也被剝奪了一些特權，但他還是寧願三緘其口。他不想欺騙朋友，卻也不願意當告密者，因而陷入了兩難。

隔天他放學回來時一副若無其事的樣子，媽媽便問他：「那件事有結果了嗎？」

「沒事了。」

「『沒事』是什麼意思？」

「兩個小朋友跟校長說，錢是他們拿走的。」

「他們怎麼願意承認自己偷了錢？」

他不動聲色地說：「我要他們去認錯。」

如此這般，他便解決了那個兩難的局面；十三歲，他已經開始運用小小的智慧。

＊　＊　＊

因此，智慧很值得追尋，或說探索。對我們每個人來說，智慧的源頭都是再多了解自己一點，努力探尋你的眞性情、你的人生角色、你的潛力，以及你的極限。明白這一切後，成長的路途中你就有了奮鬥的方向。

翻越高牆

《聖經》裡有個名叫雅各的人，有史以來最偉大的一場摔跤賽，就是他爲了得到賜福而與天使捉對廝殺。臀部都已經被天使摔到脫臼了，他還是奮戰到底，不得賜福絕不認輸❶。雅各之所以終能求得賜福，正因爲他的不屈不撓，即使有傷在身也不輕言放棄。藉由這個例子，我們也可以說不論你對人生有何期待都可能達成，雖然達成的路途也許相當坎坷。如果目標值得期待，就能鼓舞我們奮力前行。我們總愛用商業成就來定義成功，但在我眼裡，所謂成功則是不計代價地盡己所能。

林肯早在成爲美國總統之前，就已經受到許多政治上的挫敗。他的長相不僅飽受嘲弄，有人甚至說他看起來就像一頭人猿；但林肯在當上總統後，卻延攬這位嘲弄過他的人進入內閣，只因此人最符合資格。林肯的長處，就是不在意別人的詆毀與輕蔑，廣納賢才。我們都聽過眼

❶見《聖經・舊約・創世紀》。

盲詩人與耳聾作曲家的故事❷，的確很難想像，但只因爲心中有個聲音說他們做得到，就讓他們寫出了詩、譜出了曲；這告訴了我們，只要你的渴望夠強又夠努力，再難的事你都做得到。也許不是一蹴可幾，但你的堅持一定會讓你獲勝。

我們總是躲在自己的安全小窩裡，審視人生中的一切，然後這麼對自己說：「我多希望自己能成爲那樣的人，我多希望自己能做到那件事。」不論你從事的是哪個領域的工作，總有誰比你優秀那麼一點點，可那又如何？表現得比我們傑出的人都值得我們讚美，但你一定有某些地方強過他。永遠切記這一點，別老是把眼光擺在別人做得比你好的事情上。也許你有兩個強項勝過別人，如此就會達到一種平衡心態。心存這樣的信念，努力於你的目標。重要的是：永不輕言放棄，認同自我、以自我爲榮，而且常懷感恩之心；但也別因此沖昏了頭，永遠都要腳踏實地。

奮力往目標邁進是對的，但在設定計畫時，我們的眼光應該就要超越那個目標，要不然，一旦達成目標豈不就無路可走了？每個目標其實都只是一個起點，達成之後，新的計畫便開始實行，我們也就順其自然地從這個起點往另一個領域邁進。

我還住在奧克拉荷馬州時，曾經到過好幾所監獄去探訪印第安囚犯。我知道，許多印第安罪犯都很有才華，所以某次我造訪史純因鎮的監獄時，就對這些印第安囚犯說：「我之所以到這兒來，並不是爲了讓你們覺得我有什麼了不起。不論從膚色、種族或傳承來說，我們都很相像，都是一體的，我也不是來評斷誰罪有應得，或指著這個人說他做了這種壞事、那個人做了那種壞事。我來這兒，是認同你們每一個都是獨立的個體。雖然你們的人身自由受到限制，但有些東西就連柵欄或門或圍籬也箝制不了，比如思想的自由。你們依然可以擁有渴望、夢想與遠景，而且就算空間極其有限，也還能有所作爲。你們之中有好幾個詩人、好幾個藝術家，爲什麼不攜手合作、聯繫一些商業團體，爲你們的作品尋找出路？諸如此類的嘗試，不過是你們的心靈可以超越這些高牆的部分途徑。」

聽了我的建議後，他們果然找到願意合作的藝品公司並開始創作。有些才華洋溢的藝術家，後來便透過鄰近城鎮的商會，在幾個月裡成功售出了一些作品，累積一些報酬。最後，在那一年的學期結束時，他們選上一所印第安育幼院，出錢讓那些印第安孩童與家長同遊加州迪士尼樂園。

他們在有限的空間裡找到了自由並有所作爲。**只因爲你從馬背上摔下來，並不代表你就只能躺在地上。**萬一只能爬行，那就爬行；如果站得起來，那就走路；要是只能跛著腳走，便找根拐杖來幫你向前行；不管怎麼做，就是永遠別說「到此爲止」，然後放棄。想想那些孩子收到邀請，能夠一遊迪士尼樂園、親近書上角色時的激動心情，你難道能爲這種興奮標上價格

❷作者或許指的是詩人荷馬和作曲家貝多芬。

嗎？那些囚犯又由此獲得了什麼呢？

假設你遇到兩個一起工作的人，問其中一個：「你在做什麼？」他很驕傲地說：「我一小時可以賺到十二塊半美元。」然後你問另一個：「你在做什麼？」他的回答卻是：「我正在蓋教堂。」他的工作和報酬都和夥伴完全一樣，但當你知道自己的工作有助於他人時，不但動機和感受大不相同，工作本身也變得更有意義。那個方案能爲囚犯療傷止痛，比起送他們去接受心理諮商，還不如給予一點點鼓勵：「光靠你自己，就能做出有建設性的事。」而他們也眞的做到了，讓我深深以他們爲榮。

＊＊＊

此生之中，你我都能有所貢獻，無一例外。我不在乎你是何出身、從哪所大學畢業、在哪個領域安身立命，有雙博士學位也好，就學時從沒拿到過D以上的成績也罷，你都有些能夠付出的東西；我們，每一個人，都能有所貢獻。

鐵道開始建造時，也就是說，早在美國國鐵開通前，印第安人還擁有奇甫田、紐約中央區，以及巴爾的摩和俄亥俄，而這些地方我每個都騎馬去過。那時有個鐵道公司的僱員爲了工作所需，一出門就得忙上好幾天才能回家，他的家人就住在鐵道邊的公司宿舍裡，前院沒有草坪，只是一片泥土地，屋子後方則是田野。他有三個子女，年紀較大的一男一女很正常，但四歲大都還不會走路的老么則發育得有點遲緩，只能在地上爬行。

每逢爸爸預訂回家的日子，孩子們就會一邊遙望鐵道盡頭、搜尋他的蹤影，一邊在心裡想：「爹地就快回來了。」當拎著外套和便當盒遠遠走來的父親顯現身影時，年紀較大的那兩個便會同時跑向屋後的田野，各自選摘野花、合成花束，不等父親走近家門就衝上前去迎接。「爹地，送你一束我摘的花。」他則會一手各抱一個、親吻他們後，再一起回家。那幅情景十分感人。

小的那一個呢？他既不能跑到田野摘取美麗的花朵，甚至寸步難行，所以一等他能爬到前院的泥地上，他就撿拾地上的石頭。雖然不是什麼特別的石頭，只是到處都是的小石塊和小樹枝，可他還是捧著幾塊石子和幾根細枝，一等父親走上前院泥地就高聲叫喊：「把拔，把拔！」因為他也想表達心意。

這也正是為什麼我敢說不論你恰巧在人生扮演什麼角色，都不可能無可奉獻，而且最好的付出時刻就是今天，而不是十年之後。

你我的存世都是為了映照人生的美好——那些掠過我們眼前的，樹木、青草、走獸、飛鳥、河川之美。所有美好事物都可能隨著時光的過往而消失，但只要我們還在世上，難道我們能夠不對這塊土地、這片環境懷抱感激與愛，努力在我們辭世前為身後的人類留下堅實又美好的事物？我們這些據有此時此地的人可曾盡力建造堅實的基礎，好讓年輕世代都能茁壯成長並擁有正向的創造力？

也許我們的最佳教導方式之一就是以身作則，讓年輕世代從中學習你我的期望。我們的所作所爲，勝過千言萬語。比起老是指著別人慨嘆「眞不知道這些年輕人將來會是什麼樣子」，我們更應該先檢視一下自己。當你我全都離開這世上之後，孫子們也許只能在我們製造的惡劣環境裡滿身病痛地成長，每當又有朋友無緣無故地遭到槍擊時，你我的孫子會問：「爲什麼他們要放任幫派橫行、開車掃射？」

很長一段時間裡，印第安人從來沒聽說過有哪個族人自殺；即使聽聞，也是少之又少的特例。但在許多人撇下保留區與傳統價值觀、投身都市叢林後，他們的孩子便曝露在蹺課、派對與吸大麻的環境中。處在競爭劇烈世界中的雙親也許都必須不停工作，抽不出多少時間來監督孩子的生活，青少年因此染上除非有個體面工作、否則根本負擔不起的毒癮，而本來有著體面工作的人則會因爲毒癮而維持不住。每況愈下的結果，就是許多印第安人因爲離開了源祖、失去了目標而自殺。

這也導致了一九九四年時發生於阿布奎基的悲慘事件。一個十六歲的孩子和他的兩位青少年朋友，只因爲祖父母不許他們在家裡喝啤酒，便動手殺害了祖父母。我要強調的是人生的價值，我們可以怎麼得到這些價值觀？只有回歸根基一途。在印第安人的祭典中，我們努力找尋給予人生意義的東西。我們怎麼以帶有建設性的方式來呈現自我？這就是今天我們必須以身作則給學校孩子看的東西。

初學射箭時，族中長者都會教導我們，不先往後拉弓就射不出箭；這便是印第安人最根本的訓誡——自知之明。早在你往前行之前，就應該先回頭理解自己是什麼樣的人、弄清楚你不喜歡自己的哪些性格，以及有何潛能，然後才開始邁步向前。印第安人的孩子都會先從射得愈遠愈好開始學起，然後才學習控制方向與瞄準目標；換句話說，一旦你從自己身上學到了什麼，下一步便是自律。我們有很多學習與環境和諧共處的途徑，但在那之前，我們得先學會與自己和諧共處。如果我們都無法做自己的主人，哪裡還能掌控別的事物？

努力了解自己，就愈能讓我們在學習謀生前教會自己怎麼生活。如果我們忽略了那個「怎麼生活」，也許照樣有個工作，但如果股市突然崩跌或者收入的來源突然斷了呢？要是我們不懂得生活的真義，一旦賴以維生的外來資源消失，也許我們就會一蹶不振；但如果你我都能先學會怎麼生活，就可以無視挫折奮勇向前，找到人生得以延續的康莊大道，而那人生也會更有意義。這就是我希望如今的年輕一輩多多親炙傳統的理由，因為那正是我們真正賴以存活的工具、帶給人生意義的途徑。

饋贈之道

很多人都聽過「印第安式送禮」：送禮後又馬上回收的說法，但其實這是對印第安文化由來已久的一種誤解。我的族人或許都很貧窮，卻也都很慷慨，早先我已經說過，雙手空空的美國原住民很難開口致謝，我們的人生全都離不開饋贈。

眞正的「饋贈」傳統，是以送上一點禮物來表達感激。當大家聚在一起進行某種印第安儀式時，某人也許會突然呼喚你的名字、當眾送上禮物，也許只是一條毛毯，或者甚至就直接送錢。那時你可能正好生活困窘，因而銘記在心，所以在三、四年後的某次大型聚會裡，換成你叫喚那人的名字。這次輪到你了，你對他說：「我一直沒有忘記，多年前你讓我非常開心。爲了表示我有多銘感五內，我特別爲你準備了這個，而且希望你能收下。」然後你才送上禮物，這就是我的族人道謝的方式。眞正的印第安式送禮，是在獲得別人的饋贈後找機會還禮。送禮者都會獲得回贈，但不會是同樣的東西。

這種饋贈的傳統，源自某些我們送走所愛時的喪禮。當我們爲這種場合舉辦宴會時，逝者的家屬會因爲有那麼多人前來向所愛之人致意、讓他走得風風光光而備感欣慰，於是呼喚某人、送他一條毛毯或圍巾。這麼一來，就能稍稍減輕、減緩你的憂傷。你不但是眞心饋贈，而且是代替所愛饋贈，這便是我們大多數饋贈的緣由，然後才延伸到日常的致謝型態之中，造就了我們的饋贈之道。

我要叫你「兄弟」

印第安的傳統裡也有「領養」這回事。我自己就有從很多部族領養來的親戚，其中之一是我的養兄弟雷蒙·巴特勒，他來自奧克拉荷馬州奧托部落。我兒子過世幾個月後，雷蒙爲我和家人舉行了一場大型宴會，用餐途中，他站起身來說道：「兄弟，我母親去世時，你幫我爲她送行，還說了些我永生難忘的好話；從那時起，我倆就以『兄弟』相稱，感情也愈來愈親密。蒙你相助的不只是我的家人，整個部落都知道你有多樂於助人，只要見到有人傷心哭泣，你就會來到他們身邊而且幾乎每次都出力照料。現在，那個因爲深受失去親人之痛而流淚的人變成了你，雖然我很願意，但這種事誰也幫不了你。我的妻子和我之所以召喚你來，是因爲我們希望和你共有長子，讓你還有個人能叫你『爸爸』、而你可以叫他『兒子』。」緊接著，他就在我肩頭披上一條毛毯，塞了些錢到我手裡。這就是我們的領養之道。

我們的關係改變了。從那個片刻起，布比·巴特勒便有如我的親生兒子一般。每年的父親節我都會收到他寄來的賀卡，有時則是含有禮物的包裹；這種關係，就和有個親生兒子一樣美好。我會到他家裡祝福他的孩子，而他會在我舉行帳篷聚會時負責打鼓。他是個極好的鼓手，而且熟稔我的歌曲，每當我因爲主持太多聚會而嗓音粗啞，他便會即時接手幫我唱完那些頌歌。

布比是美國政府的房屋及都市發展計畫部落負責人，不得不在通知多次後依法回收兩個家庭的房舍，因爲他的主管說：「這是你的職責。」爲了報復他，那兩家子人騷擾了他一整個夏天。他正爲了兒子的十五歲生日舉行帳篷聚會的那個晚上，一切本來都很順利，由於他的夏延族兄弟幫他照料聚會種種，布比只需好好擊鼓。

子夜時分，那兩家子的孩子們來到聚會現場，騷擾外頭的族人、朝帳篷丟擲啤酒空罐不說，還用刀子割破那頂全新的帳篷。這可是爲了兒子舉辦的聚會、是他的場子，所以布比認爲他得挑起責任，便暫停打鼓跑出篷外一瞧究竟。鬧事的孩子等待的就是這一刻，馬上一擁而上，讓某人趁他手忙腳亂時往他背上猛刺一刀。等他撲倒在地時，他們更踢踹他的臉，殺死了他。

帳篷裡的人聞聲而出時，看到的已是一具屍體。大夥抬起他來，才發現他手上還緊握著鼓槌，他對神懷抱信念的忠誠象徵，至死都不肯離手。

我的孫子從此每逢生日就因爲想念逝去的父親而傷心難過。我照料過各行各業的許許多多人，雖然他們的傷痛各不相同，我總試著全力以赴；但這一回，身爲一個巫醫，做爲一個人，最大的挑戰是悉聞養子被謀殺事件的當下。這種事究竟要怎麼面對？就算相隔遙遠，我也有讓那些孩子裡的每一個都付出代價的能力，但那麼做的我，並不比那個奪走我兒子性命的孩子好上多少。

我的神聖菸斗不容許我用它來報復。我只能塡滿菸絲，然後讓祂來處理這樣的事。我必須爲這件事祈禱，所以我對至高無上的神說：「我無法寬恕他們犯下的惡事，但那些孩子畢竟仍是您的子民，而只要我還心中有愛，就要能愛各式各樣的人、愛全人類。您一定看得出我的處境：因爲我愛我的兒子，所以我無法放下私心；我想以您的方式來愛這些人，但我就是做不到。我只能請求您透過我來繼續關愛他們，讓我終能理解您是怎麼愛人的——不是掛在嘴上說說的愛，而是能體驗並且流傳下去。」

我從墨西哥州趕往奧克拉荷馬主持了整場葬禮。根據奧托族的傳統，逝者都得在第四天下葬。那天以前每晚都會有人上台說話，而我必須在擺放棺木的體育館裡對著一大群人做最主要的致辭。每位送行者都進入會場後，輪到我談這個兒子對我的意義。

我對著人群說：「我兒子的生命之中有個靈魂，而世上沒有一把刀的長度能碰觸到這個靈魂，它還是完整無缺。他的軀體已經被摧毀了，但那只不過是靈魂的居所；從這個角度來說，我深信他還活得很好。每當你拿走一樣東西，如果只用單純的算術看，我們稱之爲減法，只是一條水平線符號。奪走，就是這些孩子想做的事，奪走他的生命。

「我的兒子曾經是神聖皮鼓的照料者，就連族人抬起他的屍身時，他的手都還緊握著鼓槌，至死都保持虔敬又忠誠；那支鼓槌正是他篤信至高性靈的象徵，從他的心直通造物者的心，因而畫出了一條垂直線，讓那個減號變成了加號。」

如果你的心靈正處在黑暗之中，如果你的人生有個減號，請想想我前面說的這個故事。如果奧克拉荷馬州紅岩地區奧托族保留地的這個年輕人都能爲信念而死，爲了他的忠誠信仰而死，爲期望他的兒子和家人能夠受到祝福而死，你與我就一定也可以爲了什麼而活。帶著信念、信仰而活下去，爲了好事終將來臨的期望活下去，而且不只活在此時此地，還要爲後代子孫而活。

「紀念」這個詞並不在表明有誰死去，而是有誰曾經活過的象徵。做爲這樣活的象徵，你要在身後留下什麼？我又將留下什麼？我們現在爲什麼會在這裡？我們的存在，是爲了增加、建設、維護一點東西，以便留下一些美好的事物給即將來到我們這個世界的下一代。但願你的心與靈裡的動力都已堅實到讓你能說：「我要爲了這個挺身而出，我要爲了這個好好過活。」

禱詞

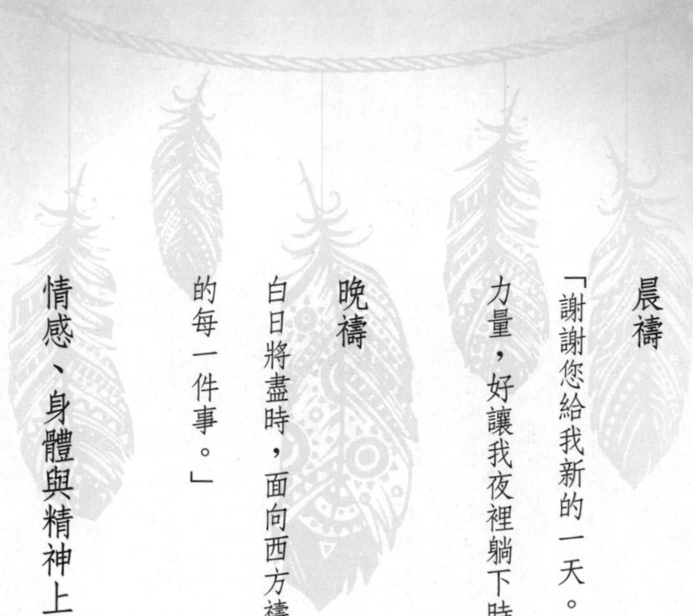

晨禱

「謝謝您給我新的一天。我要請求您賜予我無愧地走完這一天的力量，好讓我夜裡躺下時不會感到羞愧。」

晚禱

白日將盡時，面向西方禱告：「不論好壞，感謝您讓我經歷今天的每一件事。」

情感、身體與精神上的健康

面向北方、整個人趴在大地上禱告：「大地母親啊，請把您的能量送進這副軀體裡，並讓心、身、靈回復平衡。」

為難題找尋答案

面對東方，心中想著你的難題，這麼禱告：「太陽祖父，您每天都來驅散黑暗，我請求您讓我同樣地分享您的光芒，好讓我能看清該向哪裡踏出下一步。」

如果有親人過世

面向南方誦念禱詞：「請讓我知道，我所愛的人正與至高性靈同在並找到了安寧與平靜。有一天我們會再次相聚，但在那一天來臨前，祈求您幫我安度往後的人生。」

後記

二〇〇八年八月，九十歲的熊心回到了祖先的身邊。先他而逝的老師們顯然沒看錯他，因爲他的一生致力於幫助他人。即使他的生命只剩幾個月或幾個禮拜，他也都還在助人、教人，以及爲每位來訪者釋疑解惑。

受邀在熊心的喪禮上說幾句話的我，很清楚自己要在致辭時保持平靜有多困難，所以我決定朗讀一段《風是我的母親》的內文，選用的則是第四章「我將再度行走」裡，熊心談到他已過世的師長其實並未離去、因爲熊心薪傳了他們的醫療之道的其中一段話。他是這麼說的：「如今我可以安坐一旁，靜觀我藉由辛勤教導他人而播下的種子如何長成果實了。」

其中涵義清楚明白：火炬已經交到了每個理解他的心意、珍惜他的教誨的人手中，只看我們能不能好好過活、並在這個世界上展現正面的影響力。這不只是有幸得識其人的我們，也包括有福展閱其言的讀者。

我剛受到激勵、決定撰寫《風是我的母親》時，心思只單純地放在分享熊心教人怎麼豐盈人生的美好訊息上，期望讀者也能像我一樣，從他身上得到同樣的協助與啓發。當時的我怎麼也料想不到，這本書竟能產生如此深遠的影響力，十五年後的今天仍在印行，也已被翻譯成十幾種語言，顯然在世界各地都能扣動讀者心弦。十五年來，從四面八方寄給熊心與我的信函與電子郵件，內容幾乎都在訴說《風是我的母親》如何幫助了他們，以及向共同寫出這本書的我們致謝。有些人說，本書讓他們意會到了遍尋多年的人生目標、方向或啓發；一位訴訟律師告訴我，這本書讓他反思並重新規劃職業生涯；更有許多人說，他們熱愛本書的程度僅次於《聖經》。我也聽說，有些即將接受手術的病患帶著本書進入開刀房，好讓本書的美好能量加快病情的療癒；另一位讀者則告訴我，她都把本書擺在床頭，每當心頭有疑問時，她就隨緣翻看、尋求書中意味深長的指引。

能在這份寶藏中佔有一角，讓我既惶恐又感激。我希望藉出熊心的話來啓發大家的目標顯然已經達成，但我還是想像不到，他的言語和教誨竟然也對我造成如此巨大的影響。

動手撰寫本書時，我已和熊心相識三年多，雖然讀過不少這方面的書，但不論從哪方面來看，我都算是精神領域的生手。我與熊心一起做過靈境追尋，也曾參加很多其他的儀典，並在我熱愛的美國原住民「紅路」中頗受肯定，但我很快就明白自己還有很多知識要學，而且如果無法明智地運用，知識再多也屬枉然。

熊心始終是我心目中最偉大的典範。每當我遭逢難關時，總是尋思他會怎麼做或怎麼說，讓他的精神自然而然地引導我走出困境。在熊心的教誨指引之下，我不斷地練習寬以待人、日復一日心懷感恩、摒棄負面的言語和想法，以及保持樂觀積極的心態。在身爲人師方面，我更以熊心爲典範，努力培養慨人胸懷及善用幽默，因爲心情愉快的人才會是好的學習者。凡此種種，我都已寫入本書之中。

熊心也是個溝通大師。當察覺到必須更正別人的說法時，他既從來不會提高音量，更不會當眾批判，相反地，他會找尋溫和的方法來引導對方走上新的方向；他是古老智慧教示的絕佳傳承者，「話語出口前，先在心裡問自己三個問題：這是眞實的嗎？這樣說親切嗎？眞有其必要嗎？」在與熊心共事的那段期間裡我經常犯錯，但他糾正我時從未讓我自覺人微言輕。以結果論，他既讓我在後來尋找良師時標準提升許多，也讓我在教導學生時自我要求更高。透過熊心的親身示範，我學到爲了激發出別人最好的那一面，打壓別人也絕對不是必須、恰當與有建設性的方法。

除了熊心，我沒見過那麼徹底實踐寬恕之道的人，說「駕馭」也許更精確。就算他因爲助人或教導非印第安人而受到攻訐或指責，我也從來沒聽過他批評別人。舉個例子來說，《風是我的母親》出版後，有人請他到洛杉磯去演講，但演講場地的代表卻聯絡我說，一個美國原住民團體打電話、寫信給他們，聲稱熊心根本不是馬斯科吉溪族人，所以要到現場表達抗議。我轉告熊心這個消息時，他卻請我給他帶頭抗議者的姓名和電話，好讓他能跟對方聯絡。巧合的是，熊心不但認得這人的家族，還在他的兄弟剛從第一次伊拉克戰爭除役回來時幫忙主持過一場療癒的儀典。熊心打了那個電話，直接就以馬斯科吉溪語和那人交談，同時交代了他們雙方的關聯。原來那人並不知道，熊心其實就是他們都認得、幫助過他兄弟的那個族中長者馬塞勒斯·威廉斯（Marcellus Williams）；談開之後，那人不只連番道歉，更說無論熊心要到哪裡演講，他和他的團隊都會全力支持。你我之中，有多少人能冷靜地打電話給恐嚇我們的人，而且毫無芥蒂地一一解開嫌隙？

與母親大地的懇談

來自全球各地原住民最偉大的教誨之一、也是熊心最看重的課題之一，便是世上的一切都互有關聯。以拉科塔語來說，這叫 *mitakuye oyasin*，直譯是「我們是相互關聯的」，但更高層的意義則是：「我領會得到天地間的生靈都是我的親緣。每一片草葉、每一棵樹、每一隻動物，我既不比他們高尚，也不比他們低下，我們是一體的。」

正如琳恩·麥塔嘉（Lynne McTaggart）在她的著作《療癒場》（*The Field*）裡所談到過的，近年來量子物理學已經能夠證明這件事：地球與宇宙中的萬物不但都有關聯，而且還會相互影響；許多我們都互有關聯的量化事實，解釋了何以地球上的原住民都能與自然界水乳交融，也都那麼懂得照料地球。由於對動物王國的敏銳觀察技巧與尊重，生活於海岸邊的泰國莫肯族人才能在二〇〇四年十二月從海水出現的徵兆與動物的行爲中，察覺災難即將到臨，因此全族逃往高地。儘管海嘯還是席捲了他們的村落和船隻，但在從泰國到東非總共有二十八萬人羅難的這場海嘯中，莫肯人卻全都因此保住了性命。

在現代社會變得如此依賴科技之前，經常與地球保持基本互動的人都早就學會怎麼與她溝通。我的朋友吉姆．葛里森，是密西根州西南部已傳承了好幾代的農民子弟；祖父早就告訴過他，春日時分，當山胡桃樹的葉子長到松鼠耳朵那麼大時，田裡的土壤溫度最適合播種。吉姆後來進入大學攻讀農業，學到怎麼用溫度計測量土壤最適於播種的溫度時，果不其然，正是山胡桃樹葉與松鼠耳朵一般大小的時候！熊心肯定會非常喜歡這個故事，但話說回來，他腦袋裡這一類有關「科技不會比大自然更聰明」的故事，信手捻來大概就有上百個。

就像熊心在本書第五章裡提到過的，他在庫柏山祈雪的故事一般，每當我們心懷虔敬、不是爲了自我野心而是更崇高的目的尋求協助時，大自然的力量就會伸出援手。

那些年裡，我參加過很多次必須天氣晴朗才能順利進行的美國原住民祭典，舉行前，族中長者都會祈求有個好天氣，也都能如願以償；晴朗的天氣不但都會持續到祭典結束，而且幾乎全無例外，祭典一完成就會下雨。

我自己親眼所見的這類祈禱，就有一個非常戲劇化的例子。

那是一九八八年時，我與熊心在洛杉磯郊外進行靈境追尋（也有人稱之爲「靈境禁食」）期間發生的事。我們選擇的地點是位於荒僻峽谷中的一處牧場，雖說離洛杉磯市區只有一小時車程，但雨季時只有四輪驅動車才開得進峽谷。一旦去到那兒，你就很難想像大都會區竟然近在咫尺。

開始靈境追尋後，熊心便待在牧場主人擁有的小屋裡，但這個基地可說十分簡樸：一所小屋，一個火坑，幾張椅子，以及給支援團隊用的帳篷。當時約有八位靈境追尋者與六位照看火堆、料理熊心所需的後勤人員，禁食者則分別獨處於峽谷深處，直到完成靈境追尋後才各自回到基地。

追尋者中，有好幾位才剛歷經個人的悲傷時刻。我自己是在病床邊看著最親近的叔叔逐步被死亡吞噬，一對夫妻因爲流產而失去了孩子，另一位女性最要好的朋友則剛因癌症過世；無以言喻的悲傷氛圍籠罩著小小的營地。

第三天時，完成兩天禁食的我回到營地。那是個大晴天，而那兒也就像洛杉磯的大多數地區，沒有什麼不尋常的天氣型態，但就在我與幾個後勤人員圍坐火堆四周時，我們突然聽見一陣彷彿火車開進峽谷般的聲響，而我們都很清楚任何車輛都不可能在那條泥土路上高速奔馳，因此每個人都轉頭望向峽谷入口，這才赫然發現，有個高達二十呎的龍捲風正朝著我們呼嘯而來。在這個小龍捲風通過營地、往峽谷上方牽引的那段時間裡，我們全都蹲在牆下，手護著頭圍繞火堆。狂風過後，我們互相扶持地站起來，就趕緊去禁食地點查看還在峽谷中靈境追尋的人。還好，全都平安無事。整個營地被吹得亂七八糟，帳篷全都躺平，戶外用椅東倒西歪，但破壞也僅此而已，更沒有人員受傷。而且就像大多數人面對臨身的大災難時，我們的其他煩憂相對變得微不足道，每個人都有了新的領悟。

過了好一會兒，熊心走出他的木屋，檢視紊亂不堪的營地並確認沒有人受傷之後，才開口說道：「風是我的母親，現在一切都潔淨了。」

母親大地就有如此這般的療癒力量，有些人就是能這麼和她交流。我很確信，這是熊心希望我們都能學會、然後薪傳不止的最重要課題之一。

Mah-doh！（謝謝你！）

茉莉・拉肯（Molly Larkin）

二〇一〇年十二月

橡樹林文化 ❖❖ 衆生系列 ❖❖ 書目

JP0001	大寶法王傳奇	何謹◎著	200元
JP0002Y	當和尚遇到鑽石（二十週年金典紀念版）	麥可・羅區格西◎著	380元
JP0003X	尋找上師	陳念萱◎著	200元
JP0004	祈福 DIY	蔡春娉◎著	250元
JP0006	遇見巴伽活佛	溫普林◎著	280元
JP0009	當吉他手遇見禪	菲利浦・利夫・須藤◎著	220元
JP0010	當牛仔褲遇見佛陀	蘇密・隆敦◎著	250元
JP0011	心念的賽局	約瑟夫・帕蘭特◎著	250元
JP0012X	佛陀的女兒	艾美・史密特◎著	240元
JP0013	師父笑呵呵	麻生佳花◎著	220元
JP0014	菜鳥沙彌變高僧	盛宗永興◎著	220元
JP0015	不要綁架自己	雪倫・薩爾茲堡◎著	240元
JP0016	佛法帶著走	佛朗茲・梅蓋弗◎著	220元
JP0018Y	西藏心瑜伽	麥可・羅區格西◎著	300元
JP0019	五智喇嘛彌伴傳奇	亞歷珊卓・大衛一尼爾◎著	280元
JP0020	禪　兩刃相交	林谷芳◎著	260元
JP0021	正念瑜伽	法蘭克・裘德・巴奇歐◎著	399元
JP0022	原諒的禪修	傑克・康菲爾德◎著	250元
JP0023	佛經語言初探	竺家寧◎著	280元
JP0024X	達賴喇嘛禪思365	達賴喇嘛◎著	400元
JP0025	佛教一本通	蓋瑞・賈許◎著	499元
JP0026	星際大戰・佛部曲	馬修・波特林◎著	250元
JP0027	全然接受這樣的我	塔拉・布萊克◎著	330元
JP0028	寫給媽媽的佛法書	莎拉・娜塔莉◎著	300元
JP0029	史上最大佛教護法一阿育王傳	德千汪莫◎著	230元
JP0030	我想知道什麼是佛法	圖丹・卻淮◎著	280元
JP0031	優雅的離去	蘇希拉・布萊克曼◎著	240元
JP0032	另一種關係	滿亞法師◎著	250元
JP0033	當禪師變成企業主	馬可・雷瑟◎著	320元
JP0034	智慧81	偉恩・戴爾博士◎著	380元
JP0035	覺悟之眼看起落人生	金菩提禪師◎著	260元

JP0036	貓咪塔羅算自己	陳念萱◎著	520元
JP0037	聲音的治療力量	詹姆斯・唐傑婁◎著	280元
JP0038	手術刀與靈魂	艾倫・翰彌頓◎著	320元
JP0039	作為上師的妻子	黛安娜・J・木克坡◎著	450元
JP0040	狐狸與白兔道晚安之處	庫特・約斯特勒◎著	280元
JP0041X	從心靈到細胞的療癒	喬思・慧麗・赫克◎著	300元
JP0042	27%的獲利奇蹟	蓋瑞・賀許伯格◎著	320元
JP0043	你用對專注力了嗎？	萊斯・斐米博士◎著	280元
JP0044	我心是金佛	大行大禪師◎著	280元
JP0045	當和尚遇到鑽石2	麥可・羅區格西◎等著	280元
JP0046	雪域求法記	邢肅芝（洛桑珍珠）◎口述	420元
JP0047	你的心是否也住著一隻黑狗？	馬修・約翰史東◎著	260元
JP0048	西藏禪修書	克莉絲蒂・麥娜麗喇嘛◎著	300元
JP0049	西藏心瑜伽2	克莉絲蒂・麥娜麗喇嘛◎等著	300元
JP0050	創作，是心靈療癒的旅程	茱莉亞・卡麥隆◎著	350元
JP0051	擁抱黑狗	馬修・約翰史東◎著	280元
JP0052	還在找藉口嗎？	偉恩・戴爾博士◎著	320元
JP0053X	愛情的吸引力法則	艾莉兒・福特◎著	300元
JP0054	幸福的雪域宅男	原人◎著	350元
JP0055	貓馬麻	阿義◎著	350元
JP0056	看不見的人	中沢新一◎著	300元
JP0057	內觀瑜伽	莎拉・鮑爾斯◎著	380元
JP0058	29個禮物	卡蜜・沃克◎著	300元
JP0059	花仙療癒占卜卡	張元貞◎著	799元
JP0060	與靈共存	詹姆斯・范普拉◎著	300元
JP0061	我的巧克力人生	吳佩容◎著	300元
JP0062	這樣玩，讓孩子更專注、更靈性	蘇珊・凱瑟・葛凌蘭◎著	350元
JP0063	達賴喇嘛送給父母的幸福教養書	安娜・芭蓓蔻爾・史蒂文・李斯◎著	280元
JP0064	我還沒準備說再見	布蕾克・諾爾&帕蜜拉・D・布萊爾◎著	380元
JP0065	記憶人人hold得住	喬許・佛爾◎著	360元
JP0066	菩曼仁波切	林建成◎著	320元
JP0067	下面那裡怎麼了？	莉莎・瑞金◎著	400元
JP0068	極密聖境・仰桑貝瑪貴	邱常梵◎著	450元
JP0069	停心	釋心道◎著	380元

JP0070	聞盡	釋心道◎著	380元
JP0071	如果你對現況感到倦怠⋯⋯	威廉．懷克羅◎著	300元
JP0072	希望之翼：倖存的奇蹟，以及雨林與我的故事	茱莉安．柯普科◎著	380元
JP0073	我的人生療癒旅程	鄧嚴◎著	260元
JP0074	因果，怎麼一回事？	釋見介◎著	240元
JP0075	皮克斯動畫師之紙上動畫《羅摩衍那》	桑傑．帕特爾◎著	720元
JP0076X	寫得快樂比寫得好更重要！	茱莉亞．卡麥隆◎著	400元
JP0077	願力的財富	釋心道◎著	380元
JP0078	當佛陀走進酒吧	羅卓．林茲勒◎著	350元
JP0079	人聲，奇蹟的治癒力	伊凡．德．布奧恩◎著	380元
JP0080	當和尚遇到鑽石3	麥可．羅區格西◎著	400元
JP0081	AKASH阿喀許靜心100	AKASH阿喀許◎著	400元
JP0082	世上是不是有神仙：生命與疾病的真相	樊馨蔓◎著	300元
JP0083	生命不僅僅如此——辟穀記（上）	樊馨蔓◎著	320元
JP0084	生命可以如此——辟穀記（下）	樊馨蔓◎著	420元
JP0085	讓情緒自由	茱迪斯．歐洛芙◎著	420元
JP0086	別癌無恙	李九如◎著	360元
JP0087X	什麼樣的業力輪迴，造就現在的你	芭芭拉．馬丁&狄米崔．莫瑞提斯◎著	420元
JP0088	我也有聰明數學腦	盧采嫻◎著	280元
JP0089	與動物朋友心傳心	羅西娜．瑪利亞．阿爾克蒂◎著	320元
JP0090	法國清新舒壓著色畫50：繽紛花園	伊莎貝爾．熱志-梅納、紀絲蘭．史朵哈、克萊兒．摩荷爾-法帝歐◎編	350元
JP0091	法國清新舒壓著色畫50：療癒曼陀羅	伊莎貝爾．熱志-梅納、紀絲蘭．史朵哈、克萊兒．摩荷爾-法帝歐◎編	350元

橡樹林文化 ❖❖ 成就者傳記系列 ❖❖ 書目

JS0001	惹瓊巴傳	堪千創古仁波切◎著	260元
JS0002	曼達拉娃佛母傳	喇嘛卻南、桑傑．康卓◎英譯	350元
JS0003	伊喜．措嘉佛母傳	嘉華．蔣秋、南開．寧波◎伏藏書錄	400元
JS0004	無畏金剛智光：怙主敦珠仁波切的生平與傳奇	堪布才旺．董嘉仁波切◎著	400元
JS0005	珍稀寶庫——薩迦總巴創派宗師 貢嘎南嘉傳	嘉敦．強秋旺嘉◎著	350元
JS0006	帝洛巴傳	堪千創古仁波切◎著	260元

橡樹林文化❖❖善知識系列❖❖書目

JB0001	狂喜之後	傑克・康菲爾德◎著	380元
JB0002X	我，為什麼成為現在的我	達賴喇嘛◎著	360元
JB0003	佛性的遊戲	舒亞・達斯喇嘛◎著	300元
JB0004	東方大日	邱陽・創巴仁波切◎著	300元
JB0005	幸福的修練	達賴喇嘛◎著	230元
JB0006	與生命相約	一行禪師◎著	240元
JB0007	森林中的法語	阿姜查◎著	320元
JB0008	重讀釋迦牟尼	陳兵◎著	320元
JB0009	你可以不生氣	一行禪師◎著	230元
JB0010	禪修地圖	達賴喇嘛◎著	280元
JB0011	你可以不怕死	一行禪師◎著	250元
JB0012	平靜的第一堂課——觀呼吸	德寶法師 ◎著	260元
JB0013X	正念的奇蹟	一行禪師◎著	220元
JB0014X	觀照的奇蹟	一行禪師◎著	220元
JB0015	阿姜查的禪修世界——戒	阿姜查◎著	220元
JB0016	阿姜查的禪修世界——定	阿姜查◎著	250元
JB0017	阿姜查的禪修世界——慧	阿姜查◎著	230元
JB0018X	遠離四種執著	究給・企千仁波切◎著	280元
JB0019X	禪者的初心	鈴木俊隆◎著	280元
JB0020X	心的導引	薩姜・米龐仁波切◎著	240元
JB0021X	佛陀的聖弟子傳1	向智長老◎著	240元
JB0022	佛陀的聖弟子傳2	向智長老◎著	200元
JB0023	佛陀的聖弟子傳3	向智長老◎著	200元
JB0024	佛陀的聖弟子傳4	向智長老◎著	260元
JB0025	正念的四個練習	喜戒禪師◎著	260元
JB0026	遇見藥師佛	堪千創古仁波切◎著	270元
JB0027	見佛殺佛	一行禪師◎著	220元
JB0028	無常	阿姜查◎著	220元
JB0029	覺悟勇士	邱陽・創巴仁波切◎著	230元
JB0030	正念之道	向智長老◎著	280元
JB0031	師父——與阿姜查共處的歲月	保羅・布里特◎著	260元

JB0032	統御你的世界	薩姜・米龐仁波切◎著	240元
JB0033	親近釋迦牟尼佛	髻智比丘◎著	430元
JB0034	藏傳佛教的第一堂課	卡盧仁波切◎著	300元
JB0035	拙火之樂	圖敦・耶喜喇嘛◎著	280元
JB0036	心與科學的交會	亞瑟・札炯克◎著	330元
JB0037	你可以，愛	一行禪師◎著	220元
JB0038	專注力	B・艾倫・華勒士◎著	250元
JB0039X	輪迴的故事	慈誠羅珠堪布◎著	280元
JB0040	成佛的藍圖	堪千創古仁波切◎著	270元
JB0041	事情並非總是如此	鈴木俊隆禪師◎著	240元
JB0042	祈禱的力量	一行禪師◎著	250元
JB0043	培養慈悲心	圖丹・卻准◎著	320元
JB0044	當光亮照破黑暗	達賴喇嘛◎著	300元
JB0045	覺照在當下	優婆夷　紀・那那蓉◎著	300元
JB0046	大手印暨觀音儀軌修法	卡盧仁波切◎著	340元
JB0047X	蔣貢康楚閉關手冊	蔣貢康楚羅卓泰耶◎著	260元
JB0048	開始學習禪修	凱薩琳・麥唐諾◎著	300元
JB0049	我可以這樣改變人生	堪布慈囊仁波切◎著	250元
JB0050	不生氣的生活	W. 伐札梅諦◎著	250元
JB0051	智慧明光：《心經》	堪布慈囊仁波切◎著	260元
JB0052	一心走路	一行禪師◎著	280元
JB0054	觀世音菩薩妙明教示	堪布慈囊仁波切◎著	350元
JB0055	世界心精華寶	貝瑪仁增仁波切◎著	280元
JB0056	到達心靈的彼岸	堪千・阿貝仁波切◎著	220元
JB0057	慈心禪	慈濟瓦法師◎著	230元
JB0058	慈悲與智見	達賴喇嘛◎著	320元
JB0059	親愛的喇嘛梭巴	喇嘛梭巴仁波切◎著	320元
JB0060	轉心	蔣康祖古仁波切◎著	260元
JB0061	遇見上師之後	詹杜固仁波切◎著	320元
JB0062X	白話《菩提道次第廣論》	宗喀巴大師◎著	550元
JB0063	離死之心	竹慶本樂仁波切◎著	400元
JB0064	生命真正的力量	一行禪師◎著	280元
JB0065	夢瑜伽與自然光的修習	南開諾布仁波切◎著	280元

JB0066	實證佛教導論	呂真觀◎著	500元
JB0067	最勇敢的女性菩薩——綠度母	堪布慈囊仁波切◎著	350元
JB0068	建設淨土——《阿彌陀經》禪解	一行禪師◎著	240元
JB0069	接觸大地——與佛陀的親密對話	一行禪師◎著	220元
JB0070	安住於清淨自性中	達賴喇嘛◎著	480元
JB0071/72	菩薩行的祕密【上下冊】	佛子希瓦拉◎著	799元
JB0073	穿越六道輪迴之旅	德洛達娃多瑪◎著	280元
JB0074	突破修道上的唯物	邱陽．創巴仁波切◎著	320元
JB0075	生死的幻覺	白瑪格桑仁波切◎著	380元
JB0076	如何修觀音	堪布慈囊仁波切◎著	260元
JB0077	死亡的藝術	波卡仁波切◎著	250元
JB0078	見之道	根松仁波切◎著	330元
JB0079	彩虹丹青	祖古．烏金仁波切◎著	340元
JB0080	我的極樂大願	卓千拉貢仁波切◎著	260元
JB0081	再捻佛語妙花	祖古．烏金仁波切◎著	250元
JB0082	進入禪定的第一堂課	德寶法師◎著	300元
JB0083	藏傳密續的真相	圖敦．耶喜喇嘛◎著	300元
JB0084	鮮活的覺性	堪千創古仁波切◎著	350元
JB0085	本智光照——功德寶藏論　顯宗分講記	遍智　吉美林巴◎著	380元
JB0086	普賢王如來祈願文	竹慶本樂仁波切◎著	320元
JB0087	禪林風雨	果煜法師◎著	360元
JB0088	不依執修之佛果	敦珠林巴◎著	320元
JB0089	本智光照——功德寶藏論　密宗分講記	遍智　吉美林巴◎著	340元
JB0090	三主要道論——出離心、菩提心、空性正見	堪布慈囊仁波切◎著	280元
JB0091	千手千眼觀音齋戒——紐涅的修持法	汪遷仁波切◎著	400元
JB0092	回到家，我看見真心：讓家成為修行的空間	一行禪師◎著	220元
JB0093	愛對了：用正念滋養的親密關係，最長久	一行禪師◎著	260元

衆生系列　JP0092X

風是我的母親：一位印第安薩滿巫醫的傳奇與智慧

作　　者／熊心（Bear Heart）／茉莉・拉肯（Molly Larkin）
譯　　者／鄭初英
編　　輯／陳怡安
業　　務／顏宏紋

總 編 輯／張嘉芳
出　　版／橡樹林文化
城邦文化事業股份有限公司
台北市民生東路二段141號5樓
電話：(02)25007696　傳眞：(02)25001951
發　　行／英屬蓋曼群島家庭傳媒股份有限公司城邦分公司
台北市民生東路二段141號5樓
書虫客服服務專線：(02)25007718；(02)25001991
24小時傳眞專線：(02)25001990；(02)25001991
服務時間：週一至週五上午09:30～12:00；下午13:30～17:00
劃撥帳號：19863813；戶名：書虫股份有限公司
讀者服務信箱：service@readingclub.com.tw
城邦讀書花園網址：www.cite.com.tw
香港發行所／城邦（香港）出版集團有限公司
香港灣仔駱克道193號東超商業中心1樓
電話：(852)25086231　傳眞：(852)25789337
E-mail：hkcite@biznetvigator.com
馬新發行所／城邦（馬新）出版集團
【Cité (M) Sdn.Bhd. (458372 U)】
41, Jalan Radin Anum, Bandar Baru Sri Petaling,
57000 Kuala Lumpur, Malaysia.
Tel: (603) 90563833
Fax:(603) 90576622
email:services@cite.my

版面構成／歐陽碧智
封面設計／周家瑤
印　　刷／韋懋實業有限公司

初版一刷／2014年7月
二版一刷／2022年12月
ISBN／978-626-7219-04-1
定價／350元
城邦讀書花園
www.cite.com.tw

國家圖書館出版品預行編目（CIP）資料

風是我的母親：一位印第安薩滿巫醫的傳奇與智慧／熊心（Bear Heart），茉莉・拉肯（Molly Larkin）著；鄭初英譯. -- 二版. -- 臺北市：橡樹林文化，城邦文化事業股份有限公司出版：英屬蓋曼群島商家庭傳媒股份有限公司城邦分公司發行，2022.12
面；　公分. --（衆生系列；JP0092X）
譯自：The wind is my mother : The life and teachings of a Native American shaman
ISBN 978-626-7219-04-1（平裝）

1.熊心（Bear Heart）　2.巫醫　3.傳記　4.印第安族

536.51　　111017059

廣 告 回 函
北區郵政管理局登記證
北 台 字 第 10158 號

郵資已付 免貼郵票

104 台北市中山區民生東路二段 141 號 5 樓

城邦文化事業股份有限公司

橡樹林出版事業部 收

請沿虛線剪下對折裝訂寄回，謝謝！

|橡|樹|林|

書名：風是我的母親：一位印第安薩滿巫醫的傳奇與智慧 書號：JP0092X

橡樹林文化

讀者回函卡

感謝您對橡樹林出版社之支持，請將您的建議提供給我們參考與改進；請別忘了給我們一些鼓勵，我們會更加努力，出版好書與您結緣。

姓名：______________ □女 □男 生日：西元__________年

Email：______________________________

● 您從何處知道此書？

□書店 □書訊 □書評 □報紙 □廣播 □網路 □廣告 DM □親友介紹

□橡樹林電子報 □其他__________

● 您以何種方式購買本書？

□誠品書店 □誠品網路書店 □金石堂書店 □金石堂網路書店

□博客來網路書店 □其他__________

● 您希望我們未來出版哪一種主題的書？（可複選）

□佛法生活應用 □教理 □實修法門介紹 □大師開示 □大師傳記

□佛教圖解百科 □其他__________

● 您對本書的建議：

____

____

____

____

____

我已經完全瞭解左述內容，並同意本人資料依上述範圍內使用。

______________________（簽名）

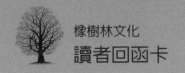